Rüdiger Lux
Hiob

Biblische Gestalten

Herausgegeben von
Christfried Böttrich und Rüdiger Lux

Band 25

EVANGELISCHE VERLAGSANSTALT
Leipzig

Rüdiger Lux

Hiob

Im Räderwerk des Bösen

EVANGELISCHE VERLAGSANSTALT
Leipzig

Rüdiger Lux, Dr. theol., Jahrgang 1947, studierte Evangelische Theologie in Halle/Saale und in Greifswald. Er war Gemeinde- und Studentenpfarrer in Cottbus und Halle/Saale sowie nach seiner Promotion (1977) und seiner Habilitation (1992) Dozent für Altes Testament an der Kirchlichen Hochschule in Naumburg. Seit 1995 ist er Professor für Exegese und Theologie des Alten Testaments an der Universität Leipzig.

Die Deutsche Bibliothek verzeichnet diese Publikation in der Deutschen Nationalbibliographie; detaillierte bibliographische Daten sind im Internet über ‹http://dnb.ddb.de› abrufbar.

© 2012 by Evangelische Verlagsanstalt GmbH · Leipzig
Printed in EU · H 7501

Umschlaggestaltung: behnelux gestaltung, Halle/Saale
Satz: Steffi Glauche, Leipzig

ISBN 978-3-374-02878-8
www.eva-leipzig.de

INHALT

Vorwort   7

A Einführung

   1. »Widerstand und Ergebung«   9
   2. Vom Leiden als »Fels des Atheismus« 14
   3. *Unde malum* – Woher das Böse? I 22

B Darstellung

   1. »Hiob« im Alten Orient 28
   1.1. *Ludlul bēl nēmeqi* 29
   1.2. Das »Gespräch des Lebensmüden
        mit seinem *Ba*« 43
   2. Hiob außerhalb des Hiobbuches 52
   3. Das Hiobbuch – Aufbau und Entstehung 57
   4. Der Prolog 66
   4.1. Hiobs Glück 69
   4.2. Satans erster Anschlag 82
   4.3. Hiobs erste Bewährung 95
   4.4. Satans zweiter Anschlag 108
   4.5. Hiobs zweite Bewährung 119
   Exkurs 1: Hiobs Frau? 122
   4.6. Hiob und seine Freunde 132
   5. Die Dialogdichtung 139
   5.1. Hiobs Klage 141
   5.2. Die Freundesreden 152
   5.2.1. Elifas: Unheil wächst nicht aus
        dem Acker … 153
   Exkurs 2: *Unde malum* – Woher das Böse? II 156
   5.2.2. Bildad: Frage doch die vor dir waren … . . 167
   Exkurs 3: Ich weiß, dass mein Löser lebt 174
   5.2.3. Zofar: *Dies irae* – Tag des Zorns 181

5.2.4. Gescheiterte Seelsorge!? 187
5.3. Wo will man Weisheit finden? 191
5.4. Bilanz eines Lebens 196
5.4.1. Seine Leuchte über meinem Haupt 198
5.4.2. Ein Bruder der Schakale bin ich 204
5.4.3. Wäge mich auf gerechter Waage 207
5.5. Elihu – der verspätete Freund 212
5.5.1. Da entbrannte der Zorn 213
5.5.2. Gott ist größer als der Mensch 215
5.5.3. Ferne sei es, dass Gott frevelt 221
5.5.4. Blicke zum Himmel auf 224
5.5.5. Wer ist ein Lehrer wie er? 226
5.6. Gottes Reden aus dem Wettersturm 231
5.6.1. Wo warst du, als ich die Erde gründete? . . 232
5.6.2. Hast du einen Arm wie Gott? 245
Exkurs 4: Wie viel Macht hat der Allmächtige? . . 252
5.6.3. Darum widerrufe ich 258
6. Reden über Gott – reden zu Gott? 265
7. Mehr als ein Happy End! 271

C Wirkung

1. Stimmen der Neuzeit 283
2. Sören Kierkegaard – Welt als Wiederholung? . 284
3. Rudolf Otto – Vom Recht des Irrationalen 290
4. Carl Gustav Jung – Wandlungen Gottes 294
5. Ernst Bloch – Wandlungen Hiobs 298
6. Vom Trost der Musik – eine Hiobspredigt 303

Literaturverzeichnis 313
Abbildungsverzeichnis 320

VORWORT

Der Mensch kennt viele Gestalten des Leidens. Nicht über jede Erfahrung im Räderwerk des Bösen kann er reden. Es gibt eine Leidenswucht, die ihn auf den Mund schlägt und verstummen lässt. Oft hat er sich dann, wenn ihm die eigenen Worte fehlten, die Sprache anderer Leidender geliehen. Was er selbst nicht sagen konnte, fand er in den Erzählungen, Klagen und Gebeten Israels wieder. Der sprachlos Leidende richtete sich auf an der Sprache derer, die vor ihm gelitten hatten, an Hiob, dem leidenden Gerechten. Mit seinen Klagen und Anklagen brachen die Verstummten ihr Schweigen. Denn was in diesem Buch verhandelt wird, das war ihnen keine fremde Geschichte, das wurde zur eigenen Geschichte.

Selbst wenn die Geschichte des Hiob zu keiner Zeit so geschah, frei erfunden ist, sie ist auf ihre eigene Weise eine wahre Geschichte. Wahrhaftiger, echter und tiefer ist sie als jede gewissenhafte Chronologie des Bösen es jemals sein könnte. An einem Einzelnen wird die Leidensgeschichte der Menschheit demonstriert. *Johann Gottfried Herder* hat davon gesagt: »Seine (des Hiobbuches) starke und tiefe Poesie machts zur Geschichte wie es wenige gibt: es wird die Geschichte aller leidenden Rechtschaffenen auf der Erde.« So verwundert es nicht, dass dieses Buch immer wieder das Interesse von Malern, Dichtern, Musikern, Philosophen, Psychologen und vielen anderen fand, um mit ihm den Erfahrungen des Leidens und des Bösen standzuhalten, die unser Leben und Wissen verdunkeln.

Das vorliegende Buch ist aus Vorlesungen und Seminaren hervorgegangen, die ich in 25 Jahren Lehrtätigkeit an der Kirchlichen Hochschule in Naumburg und an der Theologischen Fakultät in Leipzig gehalten habe. Dabei haben sich mit den Jahren die Perspektiven immer wieder verschoben. Ständig erschienen Hiob, seine Freunde und der Gott des Hiobbuches in einem anderen Licht. Dazu hat nicht nur die neuere Hiobforschung beigetragen. Eine Auseinandersetzung mit ihr konnte dem Charakter der Reihe der »Biblischen Gestalten« entsprechend nur am Rande geführt werden. Der Kenner weiß ohnehin um die Probleme, die auch hinter den in diesem Band vertretenen Positionen stehen.

Neben der zu Rate gezogenen Forschungsliteratur, von der im Literaturverzeichnis nur eine Auswahl geboten wird, waren für mich im Prozess des Nachdenkens und Schreibens die Fragen und Anregungen der Studierenden wichtig, die oft mit Eifer bei der Sache waren. Ihnen sei an dieser Stelle für ihr Mitdenken und ihre kritischen Rückfragen gedankt.

Ein besonderer Dank gilt meinen Mitarbeiterinnen und Mitarbeitern. Leonie Ratschow hat Literatur beschafft, das Manuskript sorgfältig durchgesehen und wertvolle Hinweise zur sprachlichen und sachlichen Gestaltung des Textes gegeben. Friederike Kaltofen hat gewissenhaft Korrektur gelesen und Daniel Schumann die Druckvorlagen für die Abbildungen erstellt. Meinem ehemaligen Assistenten, PD Dr. Raik Heckl, danke ich für viele wichtige Anregungen und Gespräche im Vorfeld der Entstehung dieses Buches. Frau Dr. Annette Weidhas und den Mitarbeitern des Verlages, die mit der Lektorierung, dem Satz sowie der Herstellung und Drucklegung beschäftigt waren, sei für die gute Zusammenarbeit gedankt. Bleibt schließlich nur der Wunsch, dass auch der Hiob unter den »Biblischen Gestalten« seinen Weg zu interessierten Lesern finden möge.

Leipzig, am Reformationstag 2011   *Rüdiger Lux*

»Dieses Buch ist für den einzelnen, der durch die Finsternis gegangen ist. Wir, die wir nicht auf diese Art gelitten haben, sind nicht ermächtigt, seine Antwort zu der unseren zu machen. Natürlich können wir in Ijob einen ›Reiter in die Morgendämmerung‹ sehen – doch dazu müssen wir ihm zuerst einmal durch die Finsternis folgen.«

Albert H. Friedlander

A EINFÜHRUNG

1. »Widerstand und Ergebung«

Die Lektüre des Hiobbuches gleicht einer Reise in die Dunkelheit. Dabei handelt es sich aber nicht um jedes Dunkel schlechthin, sondern um eine ganz bestimmte Finsternis. Man kann sie als *Gottesfinsternis* bezeichnen, von der *Martin Buber* gesagt hat, sie sei »in der Tat der Charakter der Weltstunde, in der wir leben«.[1] Wer sich auf diese Reise einlässt, kann allerdings die Erfahrung machen, dass ihm dabei ungeahnte Kräfte und ein tiefer Trost widerfahren. Denn das Hiobbuch ist keine Schrift, die ihren Lesern lediglich die sprichwörtlich gewordenen *Hiobsbotschaften* präsentiert, Botschaften von bösen Schicksalsschlägen und tiefem Leid. Dieses Buch wird sich bei näherem Hinsehen und einer ernsthaften Auseinandersetzung mit ihm auch als ein *Trostbuch* erweisen, das viele Menschen im

---

1   M. Buber, Werke, Bd. I, 520.

Räderwerk des Bösen stärkte. Es ist ein Buch von wahrer und falscher Freundschaft, von tiefer Einsamkeit und dem verzweifelten Ringen um einen letzten Halt, von tabulosen Fragen und vorläufigen Antworten, von *Widerstand und Ergebung*. *Dietrich Bonhoeffer* hat in einem Brief aus der Haft an den Freund *Eberhard Bethge* deutlich gemacht, wie aus beidem ein Ahnen hervorgehen kann, dass menschliches Leben und Leiden mehr ist als ein blindes Schicksal. Er schrieb am 21. Februar 1944:

»Neulich mußte ich einmal anläßlich Hiob cap. 1 daran denken, daß der Satan sich vom Herrn die Erlaubnis holt zu versuchen, mich in dieser Zeit von meinen Freunden zu trennen – und daß ihm das nicht gelingen soll!«[2]

Für den Häftling in der Militärabteilung des Gefängnisses in Berlin-Tegel wird das Hiobbuch zum Spiegel eigener Erfahrung. Die Haft wird zur Versuchungsgeschichte. Die satanische Prüfung besteht in der Trennung von den Freunden, im Versinken im Abgrund der Einsamkeit. *Bonhoeffer* ist jedoch gewiss, dass der »Satan« an ihm und den Freunden scheitern wird. Aber diese Gewissheit kommt nicht besserwisserisch und selbstsicher daher. Es ist eine suchende, um den rechten Weg ringende Gewissheit, die Gott nicht für sich und das eigene Leben vereinnahmt. Vielmehr respektiert sie die Freiheit Gottes, sich auch hinter einem undurchschaubaren und nur schwer zu ertragenden Geschick zu verbergen:

»Ich habe mir hier oft Gedanken darüber gemacht, wo die Grenzen zwischen dem notwendigen Widerstand gegen das

---

2   D. BONHOEFFER, Widerstand und Ergebung, 332.

›Schicksal‹ und der ebenso notwendigen Ergebung liegen. Der Don Quijote ist das Symbol für die Fortsetzung des Widerstands bis zum Widersinn, ja zum Wahnsinn – ähnlich Michael Kohlhaas, der über die Forderung nach seinem Recht zum Schuldigen wird – […] der Widerstand verliert bei ihm letztlich seinen realen Sinn und verflüchtigt sich ins Theoretisch-Phantastische. […] Ich glaube, wir müssen das Große und Eigene wirklich unternehmen und doch zugleich das selbstverständlich- und allgemein-Notwendige tun, wir müssen dem ›Schicksal‹ – ich finde das ›Neutrum‹ des Begriffes wichtig – ebenso entschlossen entgegentreten wie uns ihm zu gegebener Zeit unterwerfen. Von ›Führung‹ kann man erst jenseits dieses zwiefachen Vorgangs sprechen, Gott begegnet uns nicht nur als Du, sondern auch ›vermummt‹ im ›Es‹, und in meiner Frage geht es also im Grunde darum, wie wir in diesem ›Es‹ (›Schicksal‹) das ›Du‹ finden, oder m. a. W. […] wie aus dem ›Schicksal‹ wirklich ›Führung‹ wird.«[3]

Das Hiobbuch lotet diese Spannung zwischen *Widerstand und Ergebung*, die das Leben Hiobs förmlich zu zerreißen droht, bis in eine Tiefe hinein aus, die ihresgleichen in der Literatur der Antike wie auch der Moderne sucht. Es schreit nach dem *Du* Gottes, der die teilnahmslose Larve des *Es* trägt. Einerseits widersetzt sich Hiob mit all seiner ihm verbliebenen Kraft dem Geschick, das über ihn wie aus dem Nichts hereingebrochen ist und für das er doch keinen anderen als Gott selbst verantwortlich zu machen wüsste. Er *klagt* vor Gott und den Menschen (Hi 3), ja, er geht so weit, dass er Gott selbst mit einer Schärfe *anklagt*, die dem frommen Leser den Atem raubt. Dabei schreckt er nicht davor zurück, Gott als seinen Feind zu brandmarken, der seine giftigen Pfeile auf ihn abgeschossen

3   D. BONHOEFFER, Widerstand und Ergebung, 333 f.

und seine Nieren gespalten habe (Hi 6,4;16,3). Schlimmer noch! Hiob macht Gott einen geradezu ungeheuerlichen Vorwurf:

Die Erde wurde in die Hand eines Verbrechers (rascha') gegeben.
Das Angesicht ihrer Richter verhüllt er.
Wenn nicht (er), wer ist es denn sonst? (Hi 9,24)

Gott ein Verbrecher, der die Augen der Richter verhüllt, diejenigen mit Blindheit schlägt, die für Recht und Gerechtigkeit einzustehen haben? Gott ein seelenloses *Es*, ein Ding, das wie eine gewaltige Kriegsmaschine die Menschen ohne Ansehen der Person in Staub und Asche legt? So hatte noch keiner gewagt, von Gott zu reden. In dieser Freiheit hatte noch keiner dem widerstanden, aus dessen Hand er bisher alles widerstandslos hingenommen hatte, das Gute und das Böse (Hi 2,10).

In Hiob kommt damit zweierlei zum Durchbruch: Das Ende der Geduld, auch der Geduld mit Gott, und die Freiheit des Leidenden *Widerstand* zu leisten, zu klagen und anzuklagen. Aber nach schmerzhaften Dialogen und Monologen, in denen sich weder Hiob und seine Freunde, noch Gott und Hiob gegenseitig etwas schenken, folgt schließlich auch jenes dem Leser beinahe ärgerlich und kleinlaut scheinende Wort der *Ergebung*:

Darum verwerfe ich (meine Anklage) und bereue
– auf Staub und Asche! (Hi 42,6)

Ist Hiob mit seinem Widerstand gegen Gott am Ende doch gescheitert? Sind Ergebung und Unterwerfung der Preis, den er zahlen musste, um am Ende schließlich doch gerechtfertigt (42,7) und wieder hergestellt zu werden (42,10–17)? Und war dieser Preis angesichts des abgrundtiefen Leides, das ihm widerfuhr, nicht viel zu hoch? Oder konnte sich Hiob am Ende in sein Geschick ergeben, weil sich ihm die Gottesfinsternis aufgehellt hatte, weil er hinter der undurchsichtig-dämonischen Maske des *Es*, eines blinden Fatums, das *Du* des lebendigen Gottes entdeckt hatte, eines Gottes, der auch in der Finsternis auf der Seite der Leidenden steht? Ja, konnte er schließlich jenseits von *Widerstand und Ergebung* und im Abstand dazu so etwas wie Gottes führende Hand in alledem entdecken?

Das Hiobbuch ist ein in hohem Maße riskantes Buch. Einerseits riskiert Gott in ihm die Absage seines treuen Knechtes Hiob. Ja, er riskiert, dass in der himmlischen Wette am Ende der Satan Sieger bleibt. Andererseits riskiert aber auch der anklagende Hiob den Verlust Gottes, des Gottes, der ganz darauf setzt, dass er, der Dulder, die Kraft finden wird, dem Satan zu widerstehen, dass auch das Leid ihn nicht von Gott weg, sondern zu ihm hinführen wird. Was hier riskiert wird, das ist die *Gottesbeziehung* – die Hiobs zu Gott und die Gottes zu Hiob. Sie wird durch das Leiden einer geradezu erbarmungslosen Prüfung unterzogen. Und dabei ist das Scheitern keineswegs von Anfang an ausgeschlossen. Gibt es nicht genug Hiobsgestalten in der Geschichte des jüdischen Volkes und der Völker, denen ihr Gottvertrauen unwiderruflich zerbrach? Und werden diese leidgeprüften Glaubensstreiter nunmehr in einer undurchdringlichen Gottesfinsternis versinken? Oder ist gar das Scheitern ihres Glaubens ein erster Schritt in die Freiheit, eine Freisetzung der Vernunft, die endgültig darauf verzichtet, Gott als Argument in die Debatte der großen Welt- und Lebensrätsel einzuführen, zu denen das Böse gehört? Ist der Abbruch der Gottesbeziehung also kein Absturz in die

Gottesfinsternis, sondern der Mut, sich fortan nur noch vom Licht der eigenen Vernunft leiten zu lassen?

2. Vom Leiden als »Fels des Atheismus«

Im 3. Akt des Dramas »Dantons Tod« von *Georg Büchner* (1835) trifft man auf eine Runde von Gefangenen im provisorisch zur Haftanstalt hergerichteten Palais du Luxembourg, die auf ihre Hinrichtung warten. Unter ihnen kommt es zu einer lebhaften philosophischen Debatte über die Revolution, den Sinn des Lebens, den Tod, die Unsterblichkeit und Gott. In ihr deklamiert der Häftling Payne:

»Schafft das Unvollkommene weg, dann allein könnt ihr Gott demonstrieren; Spinoza hat es versucht. Man kann das Böse leugnen, aber nicht den Schmerz; nur der Verstand kann Gott beweisen, das Gefühl empört sich dagegen. Merke dir es, Anaxagoras: warum leide ich? Das ist der Fels des Atheismus. Das leiseste Zucken des Schmerzes, und rege es sich nur in einem Atom, macht einen Riß in der Schöpfung, von oben bis unten.«[4]

Dieser Debattenbeitrag im Schatten der Guillotine ist in mehrfacher Hinsicht von Interesse. In ihm wird die Theodizeeproblematik, die Frage nach der Gerechtigkeit Gottes angesichts einer unvollkommenen von Naturkatastrophen, Seuchen, Kriegen und vielfältigen Leiden heimgesuchten Lebenswirklichkeit, auf den Punkt gebracht. Wie kann Gott angesichts des Bösen in der Welt zugleich allmächtig und gut sein? Müsste die Welt nicht, wenn er allmächtig *und* gut wäre, vollkom-

---

4   G. Büchner, Dantons Tod, 51.

men sein? Kann also nur eine Welt der Vollkommenheit und ungetrübten Harmonie Gott *demonstrieren*,
ihn glaubhaft und einsichtig machen, ja, gar beweisen?
Und wäre eine solche Welt nicht der Garten Eden, den
Adam, der Mensch, längst verspielt hat, das Paradies,
der Himmel auf Erden? Eine Welt unserer Träume?

Aber, das Gedankenexperiment sei gewagt: was für
ein Gott wäre das, was für eine Welt und was für ein
Mensch, die keine Brüche, Risse, Spannungen, Kämpfe
und Streit, keine Übel, Schmerzen, Leiden, Trauer, Tränen und Tod mehr kennen würden? Ist uns eine solche
Vollkommenheit überhaupt vorstellbar? Und sollte
dies der Fall sein, wäre sie wirklich wünschenswert?
Eine Welt, in der alles bestens geregelt ist, ohne Absurdes, Widersinniges, Erschreckendes, Verwegenes, un-
angenehm Überraschendes, Mühsames, ohne Mangel
und Not, wäre sie nicht zeitlos, da ohne Veränderun-
gen unterwegs zwischen gestern und morgen? Gefangen in vollkommener Harmonie, in sich selber krei-
send? Wäre es nicht eine Welt ohne Geschichten und
daher auch ohne Geschichte, weil ohne Vergänglichkeit und Tod? Und könnte sie wirklich Gott demonstrieren? Vielleicht den Gott der Philosophen, das *ens
perfectissimum*, das »vollkommenste Wesen«, nicht aber
den Gott der Bibel, der sich aufs Unvollkommene einlässt, auf den Menschen und seine Welt, auf Leiden,
Schmerz, Vergänglichkeit und Tod. Der Mose der Tora,
die prophetische Urgestalt Israels schlechthin, weiß
sehr wohl darum, dass die Abschaffung der Unvollkommenheit nicht notwendig zur Gotteserkenntnis
führt, sondern eher die Gefahr der Gottvergessenheit
mit sich bringt:

*Wenn dich JHWH, dein Gott, in das Land bringt, von dem er
deinen Vätern Abraham, Isaak und Jakob geschworen hat, es dir zu*

geben, große und gute Städte, die du nicht gebaut hast, Häuser, an-
gefüllt mit allerlei Gutem, die du nicht gefüllt hast und ausgehau-
ene Zisternen, die du nicht ausgehauen hast, Weinberge und Öl-
baumgärten, die du nicht gepflanzt hast, und wenn du dann isst
und satt wirst, dann hüte dich davor, dass du JHWH nicht ver-
gisst, der dich aus Ägyptenland geführt hat, aus dem Sklavenhaus.
(Dtn 6,10–12)

Israel hatte offensichtlich ein feines Gespür dafür, dass
eine vollkommene Welt des Guten und der Fülle der
Güter nicht zwangsläufig dazu geeignet ist, Gott zu er-
innern, ihn zu demonstrieren und im Gespräch mit
ihm zu bleiben. Vielmehr überlässt sie sich in ihrer
Gottvergessenheit nur zu gern einem praktischen
Atheismus. Verführt das Vollkommene, wenn es zum
Normalen wird, zur Undankbarkeit?

Die Vorstellung von einer vollkommenen Welt kann
auch Angst machen, da die Unvollkommenheit immer
noch das Maß des Menschlichen ist. Könnte eine lü-
ckenlos perfektionierte Welt nicht auch zum Ort eines apathischen, leidenschaftslosen und leidenslosen
Menschen degenerieren, in Gang gehalten von einem
gleichmütigen, an die ewigen Gesetze des Kosmos, der
Sterne und der Seele gebundenen höchsten Wesen?
Und wäre sie dann im besten Falle nicht eine Welt gnadenloser Langweiler? Gegen derartige Überlegungen
ließe sich einwenden, dass die so beschaffene Welt
dann eben nicht vollkommen sei. Aber dieser Einwand
macht lediglich deutlich, wie schwer es uns fällt, ein
solches vollkommenes Weltkonstrukt zu denken.

Das Hiobbuch nötigt uns vielmehr dazu, unsere
Welt-, Menschen- und Gottesbilder radikal infrage zu
stellen, und sie nicht mit unseren Wünschen zu verwechseln. Ist unser Glaube an einen guten und allmächtigen Gott, unser Verständnis von dem, was Güte

und Allmacht bedeuten, nicht viel zu naiv? Es besteht kein Zweifel: Leid und Schmerz sind derjenige Ort, an dem sich die Gottesfrage wie ein Vulkan mit geradezu eruptiver Gewalt auftut. Aber wenn man der Versuchung nachgibt und sich dazu durchringt, sie ein für allemal im Sinne des Atheismus zu beantworten, das Geheimnis Gottes als erledigt zu den Akten zu nehmen, dann ist damit ja nicht das Ende aller Fragen gegeben. Nebenkrater der Sinnsuche öffnen sich, Lavaströme des Zweifels und Selbstzweifels werden aus dem brodelnden Urgrund der menschlichen Existenz an die Oberfläche geschleudert: Wie eigentlich steht es mit der Güte und der Bosheit des *Menschen*? Wie mit seiner Macht? Wie weit reicht seine Vernunft? Warum ist er so, wie er ist? Woher die Kette der Störungen und Kränkungen des Lebens, die nicht abreißen will und meinen Weg säumen? Warum hat die unheilbare Krankheit, der Unfall, das große Beben ausgerechnet diesen und keinen anderen getroffen? Wird eine Welt ohne Gott vernünftiger, durchsichtiger? Ist der Mensch ohne Gott – ganz auf sich selbst zurückgeworfen – eher und besser dazu in der Lage, die schmerzlichen Kontingenzerfahrungen zu bestehen? *Emanuel Lévinas* hat den vermeintlichen Gewinn an Vernunft, den atheistische Denker mit der Abschaffung Gottes als großen Befreiungsschlag häufig für sich in Anspruch nehmen, eindrücklich infrage gestellt:

»Was bedeutet dieses Leid der Unschuldigen? Zeugt es nicht von einer Welt ohne Gott, von einer Erde, auf der allein der Mensch das Gute und das Böse misst? Die einfachste, normalste Reaktion wäre, auf Atheismus zu erkennen. Auch die gesündeste Reaktion für alle diejenigen, denen ein etwas einfältiger Gott bisher Preise verteilte, Sanktionen auferlegte oder Fehler verzieh und in seiner Güte die Menschen wie ewige Kinder behandelte. Doch mit welch borniertem Dämon, welch merkwürdigen Zauberer habt ihr denn euren Himmel bevölkert, ihr, die ihr ihn heute für verödet erklärt? Und weshalb sucht ihr unter einem leeren Himmel noch eine vernünftige und gute Welt?«[5]

Auch der Atheismus löst die Frage des Menschen nach sich selbst und seinem Schicksal nicht. Im Gegenteil, an ihm bricht sie mit einer ganz unvermuteten Wucht wieder auf, die Frage des Schmerzes, des Versagens, der Schuld und der Vergänglichkeit. Jetzt, nachdem er Gott abgeschworen hat, muss der Mensch diese Fragen mit sich selbst ausfechten, gefangen in einer unendlichen Kette der Monologe und Selbstthematisierungen. Das Gegenüber, nach dem Hiob in seiner Verzweiflung geschrien hat, ist ihm abhanden gekommen. Er bleibt mit seinen Fragen, seinen Klagen und mit sich allein zurück, schwankend zwischen der Hoffnung auf die Allmacht der Vernunft und der Verzweiflung abgrundtiefer Einsamkeit. Im Atheismus bleibt Hiob kein Gegenüber und keine Chance.

Odo Marquard hat in diesem Zusammenhang darauf aufmerksam gemacht, dass mit dem Ausfall Gottes dieser auch nicht mehr vor das in der neuzeitlichen Philosophie als Theodizee bezeichnete menschliche Tribunal zitiert werden könne. Die Folge davon ist eine zunehmende »Tribunalisierung der modernen Lebenswirklichkeit«.[6] Wenn Gott nicht mehr zu rechtfertigen ist, dann hat sich das Nichtgöttliche, also der Mensch und die Welt, alles und jedes zu legitimieren:

---

5   E. LEVINAS, Schwierige Freiheit, 110.
6   O. MARQUARD, Entlastungen, 124.

»Denn heute bedarf offenbar alles der Rechtfertigung: die Familie, der Staat, die Kausalität, das Individuum, die Chemie, das Gemüse, der Haarwuchs, die Laune, das Leben, die Bildung, die Badehose; nur eines bedarf – warum eigentlich? – keiner Rechtfertigung: die Notwendigkeit der Rechtfertigung vor allem und jedem.«[7]

Und weil dieser Rechtfertigungsdruck der Moderne sehr schnell zu einem unerträglichen Überdruck werden kann, hat der Mensch eine Reihe von überaus ambivalenten Entlastungsstrategien entwickelt, um ihm auszuweichen.

Die *Autonomisierung*: Autonomie wurde zum Zauberwort der Moderne. In der Hierarchie der Werte hat sich die Selbstbestimmung auf den Thron des Schöpfers gesetzt. Mit der Entmachtung Gottes ermächtigt sich der Mensch »zur Autonomie des Übermenschen«,[8] der glaubt, in einer gewaltigen Eruption oder durch das lebenslange Diktat der Arbeit an seiner Selbstbefreiung jede Form der Heteronomie, der Fremdbestimmung überwinden zu können. Weil damit aber der »böse Schöpfer« als Verantwortungsträger für die bleibenden Weltübel ausfällt, und der »Übermensch« für sie die Verantwortung weder übernehmen kann noch will, flüchtet er sich immer wieder in die Rolle des »guten Erlösers« seiner selbst, der sich um der künftigen Erlösung willen von der Verantwortung für alle Übel freispricht. Und wo ihm das nicht gelingt, werden die Übel von ihm oft noch forciert, um die Temperatur der Erlösungssehnsucht der Massen bis zum Siedepunkt anzuheizen, von dem man sich schließlich den revolu-

---

7   A. a. O. 124.
8   A. a. O. 133.

tionären Umschlag in das Reich der Freiheit verspricht. In ihm degenerieren dann alle Übel der Welt zu einer *Quantité négligeable.* Theodizee wird zur säkularen Eschatologie umfunktioniert[9] mit all ihren beklemmenden Folgen, die die gewalttätigen Ideologien des 20. Jh. hervorgebracht haben.

Malitätsbonisierung: Die vielfältigen Übel unserer Lebenswirklichkeit werden damit zum Zwecke der Entlastung *funktionalisiert.* Es wird ihnen ein Zweck zugeschrieben, der sie in dieser oder jener Hinsicht doch noch für etwas gut erscheinen lässt, sie rechtfertigt und »entübelt«. Die »Neugier wird aus einem Laster zur zentralen Wissenschaftstugend« erklärt, das »Nichtschöne« und »Hässliche« wird ästhetisiert, der »Sündenfall« wird zur »Freiheitspflicht« gemacht, »der Schmerz wird als Sensibilitätsgewinn gefeiert«,[10] das Altern wird zur Gelegenheit für einen aktiven Neustart in eine nun nicht mehr fremdbestimmte, sondern erfüllte zweite Arbeitsbiographie ausgerufen. Jedes *malum*, jedes Übel, wird zu einem *bonum*, zu etwas Gutem uminterpretiert, zuweilen wohl auch umgelogen.

Kompensation: Die Übel der Welt werden durch eine Fülle von Erfahrungen des Guten und der Güter aufgewogen. Die »Gutmachung der Übel« wird durch »Wiedergutmachung« ersetzt.[11] Wenn der Mensch schon an Alter, Krankheit und Tod nicht vorbeigehen kann und an all den Schmerzen und Defiziterfahrungen, die seine Endlichkeit unweigerlich mit sich bringen, dann soll er sich wenigstens auf das Gute konzentrieren, auf Essen und Trinken, auf Wohlstand, Glück und die Liebe. *Carpe diem* heißt die Devise der

---

9   A. a. O. 130 ff.
10   A. a. O. 134 ff.
11   A. a. O. 137 ff.

Kompensatoren, die bereits der Skeptiker Kohelet seinen Lesern ins Stammbuch geschrieben hat:

Geh und iss mit Freude dein Brot
und trink mit frohem Herzen deinen Wein,
denn längst hat Gott dein Tun gefallen.
Zu jeder Zeit mögen deine Kleider weiß sein
und an Öl auf deinem Haupte möge es nicht mangeln.
Achte auf das Leben mit der Frau, die du liebst,
alle Tage deines vergänglichen Lebens,
die er dir gegeben hat unter der Sonne,
alle deine vergänglichen Tage.
Denn das ist dein Teil am Leben und deiner Mühe,
mit der du dich abmühst unter der Sonne. (Koh 9,7–9)

Dass all diese Strategien im Umgang mit dem Bösen entlastende Momente enthalten, soll hier gar nicht bestritten werden. Der Ausfall des Theodizee-Tribunals, das der Mensch mit Gott veranstaltete, und die damit gegebene immer weiter um sich greifende Tribunalisierung der Welt- und Lebenswirklichkeit haben aber letztlich auch keine befriedigenden Antworten auf die Frage nach dem Bösen geliefert. Daher bleibt für *Odo Marquard* eine wache Skepsis immer noch der angemessene Modus des Denkens, das sich den Fragen nach der Theodizee und dem Bösen stellt.

»Es existieren menschliche Probleme, bei denen es gegenmenschlich, also ein Lebenskunstfehler wäre, sie nicht zu haben, und übermenschlich, also ein Lebenskunstfehler, sie zu lösen. [...] Deshalb ist der Skeptiker verliebt in jene Metaphysik, die so viele Antworten produziert, daß sie einander wechselseitig neutralisieren, und gerade dadurch – teile und denke! – die Probleme offenläßt, so daß es ihr im Fazit ergeht wie jenem löwenfreundlichen Löwenjäger, der, gefragt, wie viele Löwen er schon erlegt habe, gestehen durfte: keinen, und darauf die tröstende Antwort bekam: bei Löwen ist das schon viel.«[12]

Wir werden also weiter fragen müssen, auch dann und gerade dann, wenn dem Löwen des Bösen keine Waffe, kein Jäger und kein Kraut gewachsen ist. Das jedenfalls können wir von Hiob lernen, dass ein Abschied von Gott die Probleme nicht löst, die er zu beklagen hat.

3. Unde malum – Woher das Böse? I

In diesen beiden Worten – »Unde malum – Woher das Böse?« – hat Tertullian im 2. Jh. n. Chr. zusammengefasst, was den Menschen seit jeher bewegt.[13] Die Vernunft sucht nach Gründen. Sie deutet die Phänomene, die ihr begegnen, indem sie nach ihrem Woher, ihren Ursachen und Wirkungen fragt. Stellen sich Schmerzen ein und wird der Arzt konsultiert, dann interpretiert er diese als Wirkung, die eine Ursache haben muss. Er stellt eine Diagnose, die es ihm ermöglichen soll, die Ursachen der Schmerzen zu beseitigen und auf diese Weise ihre leidvollen Wirkungen zu unterbinden. Dieses Kausalitätsdenken, das einen Nexus zwischen Ursache und Wirkung herstellt, gehört offensichtlich zu den Grundformen und Grundnormen geistiger Arbeit. Bereits die antiken Mythen sind vom ätiologischen Denken geprägt. Erscheinungen in der Natur, Gegebenheiten des Lebens, aber auch Sitten und Bräuche der Völker werden durch Erzählungen

---

12   A. a. O. 141 f.
13   Tertullian, De praescriptione haereticorum, 192.

von Göttern und Menschen erklärt, die den Grund dafür angeben, wie es zu alledem gekommen sei. Und unsere moderne Wissenschaftskultur bedient sich mit dem Regelwerk ihrer eigenen Logik nach wie vor in erster Linie der Frage nach den *causae* auf ihrer Entdeckungsreise durch die Welt. Welche Ursachen liegen den Erscheinungen zugrunde?

Ohne Zweifel hat das Kausalitätsdenken die Geistesgeschichte in hohem Maße geprägt und eine beeindruckende Erfolgsgeschichte aufzuweisen. Ja, zuweilen ist es so erfolgreich gewesen, dass manche – einen ungebrochenen Wissenschaftspositivismus pflegende – Zeitgenossen meinen, mit dem Kausaldenken den Generalschlüssel für die Interpretation der Wirklichkeit, auch der des Bösen, in den Händen zu halten. Für ihren Fortschrittsoptimismus ist letztlich alles nur eine Frage der Zeit, bis die Wissenschaft die heute noch verborgenen Ursachen für die großen Welträtsel und die Geheimnisse des Lebens aufgedeckt hat.

Manch einer verspricht sich die Lösung des Rätsels von der Entdeckung der *Weltformel*, die dazu in der Lage sein müsste, die *Letztursache* für das Werden unseres Universums zu benennen. *Friedrich Dürrenmatt* hat in seiner Komödie »Die Physiker« mit feinem Humor und tiefem Ernst gezeigt, vor welche wissenschaftsethischen Probleme der Mensch auf der Jagd nach der Weltformel gestellt wird. Und die seriöse Wissenschaft ist sich ohnehin darin einig, dass – wenn es eines Tages gelänge eine solche Weltformel zu erstellen – diese wohl nur für den Bereich messbarer physikalischer Größen Gültigkeit beanspruchen könnte. Eine Erweiterung des Geltungsbereiches auf die Geistes-, Lebens- und Sozialwissenschaften, die Politik, die Ethik und Ästhetik, die Psychologie, Philosophie, Theologie und Kunst sei weder intendiert noch wirklich sinnvoll.

Die komplexen Probleme, die in diesen Lebens- und Wirklichkeitsbereichen herrschen, sind ganz anderer Natur und lassen monokausale Erklärungen sowie ihre reduktionistische Rückführung auf eine Letztursache kaum als sinnvoll erscheinen.

Das bedeutet allerdings nicht, dass das Kausaldenken auf diesen Feldern des geistigen, wissenschaftlichen und künstlerischen Arbeitens sinnlos ist. Im Gegenteil! Auch in diesen Wirklichkeitsbereichen und ihrer wissenschaftlichen Erforschung hat es einen festen Platz und stellt ein unentbehrliches Instrument dar. Aber in der Begegnung mit den Phänomenen, die hier zu bedenken sind, stößt der aufmerksame Beobachter immer wieder auf die Grenzen derjenigen Erklärungsmuster, die sich in der Abfolge von Ursache und Wirkung bewegen.

Das Nachdenken über Ursachen, Wirkungen und Verantwortung führt immer wieder zu der Einsicht, dass es Probleme gibt, die – selbst wenn wir die Gründe und Verursacher kennen – sich hartnäckig einer wirklich befriedigenden Erklärung verweigern. Hat man zum Beispiel einen Menschen als Verursacher des Bösen ausgemacht, dann tut sich dahinter eine neue Warum-Frage auf: Warum hat er das getan? Hat man herausgefunden, dass der Täter in sozialen Verhältnissen aufgewachsen ist, die ihn in seine Untat getrieben haben, dann stellt sich die Frage: Wie konnte es zu solchen Verhältnissen kommen? Wurden die Verhältnisse eingehend analysiert, dann kann gefragt werden, warum bei gleichen Lebensverhältnissen die einen zu Tätern des Bösen werden und andere nicht. Hat man hirnphysiologische Ursachen für ein gewaltbereites Verhalten ausfindig gemacht, dann wirft dies die Frage auf, warum diese Disposition ausgerechnet bei dem einen gegeben ist und bei anderen nicht. Hat man die Ursachen für eine Naturkatastrophe, eine Krankheit herausgefunden, dann stellt sich die Frage: Warum gerade jetzt und an diesem Ort? Das Warum-Fragen will kein Ende nehmen, weil sich hinter ihm häufig eine viel tiefere Frage auftut: Die *Sinnfrage*! Welchen Sinn macht es, dass Mensch und Welt so sind, wie sie sind?

Zu diesen Sinnfragen gehört in ganz prominenter Weise die nach dem sogenannten Bösen. Selbst wenn wir seine Ursachen kennen, bleibt die Frage: Welchen Sinn macht das Böse, oder ist es nicht das Widersinnige, Absurde schlechthin, das sich all unseren Denkbemühungen erfolgreich entzieht? Und ist es daher nicht sinnlos, überhaupt nach einem Sinn des Bösen zu fragen? Selbstverständlich lassen sich auch die Erfahrungen des Bösen kategorisieren und systematisieren. Aber lässt sich ihnen damit ein Sinn abgewinnen? *Gottfried Wilhelm Leibniz* hat als Reaktion auf das Erdbeben von Lissabon im Jahr 1755 in seiner Schrift über die Theodizee drei Gestalten des Bösen voneinander unterschieden: Das *malum morale,* das moralische Übel, im religiösen Bereich als Sünde bezeichnet, lässt sich auf die Untaten von Menschen als seine Verursacher zurückführen, die dafür auch die Verantwortung tragen. Das *malum physicum* oder *naturale,* das physische oder auch natürliche Übel, eine Krankheit oder eine Naturkatastrophe, erklärt sich aus natürlichen, biologischen oder auch physikalischen Gegebenheiten heraus. Eine Verantwortungszuschreibung fällt hier schon schwerer. Auch wenn wir heute wissen, dass eine Vielzahl von Zivilisationskrankheiten oder Umweltkatastrophen ebenfalls auf menschliches Fehlverhalten zurückgehen, bleiben immer noch eine Fülle von Übeln, deren natürliche Ursachen wir zwar kennen, die aber nicht dem Menschen zugerechnet werden können.

Noch schwieriger ist es hingegen mit dem *malum meta-physicum*. Für dieses lässt sich keine innerweltliche Größe verantwortlich machen. Mit ihm kommt vielmehr die unvermeidliche Unvollkommenheit der Schöpfung als solche zur Sprache. Da es neben Gott als dem Absoluten schlechthin kein zweites Absolutes geben kann, muss die Schöpfung, die sich vom Schöpfer wesensmäßig unterscheidet, eben ein *malum* haben, ein Defizit, etwas Unvollkommenes, das vor allem in der Endlichkeit ihrer Geschöpfe, in Leid und Tod zum Ausdruck kommt.[14] Damit gründen aber letztlich auch das *malum morale* sowie das *malum physicum* im *malum metaphysicum*, also darin, dass die Schöpfung unvollkommen und endlich ist, ja, letztlich so sein muss, weil nur der Schöpfer absolut, das heißt vollkommen und ewig sein kann. Könnte das Geschaffene ebenfalls den Rang des Absoluten und Ewigen für sich beanspruchen, dann stünde es auf einer Stufe mit dem Schöpfer. Gott bekäme einen Nebengott, der seine Macht und Möglichkeiten begrenzte. Und da der *Absolute* dann absolut nicht mehr absolut wäre, könnte er auch nicht mehr Gott sein. Wen also will man für das *malum metaphysicum* verantwortlich machen, wenn nicht einmal mehr Gott dafür zur Rechenschaft gezogen werden kann? Wen, wenn Gott um seiner Gottheit willen, das heißt um seiner Vollkommenheit und Absolutheit willen gerechtfertigt ist, die eben kein zweites Absolutes und Vollkommenes neben sich zulassen *kann*? Wie aber kann Gott absolut und vollkommen sein, wenn er doch unter einem solchen *Zwang* steht, das Unvollkommene, Defizitäre, Böse nicht nur zuzulassen, sondern sogar zu schaffen? Ist und bleibt damit nicht jede

---

14   G. W. Leibniz, Versuch in der Theodicée, 106.

Theodizee, jeder Versuch, Gott zu rechtfertigen, zum Scheitern verurteilt? Wäre es nicht die einzige Möglichkeit des Schöpfers gewesen, sich diesem Zwang zu entziehen, auf die notwendigerweise unvollkommene Schöpfung als sein Gegenüber zu verzichten? Klingt demnach die Frage *unde malum?* nicht in unauflösbaren Paradoxien aus, im Nichtwissen und im Schweigen?

Polytheistische oder dualistische Gotteskonzeptionen hatten und haben es leichter, auf diese Frage eine Antwort zu finden. Sie vermochten gut und böse unterschiedlichen Figuren, kosmischen und chaotischen Mächten im Pantheon zuzuweisen, die sich gegenseitig bekämpften. Das Hiobbuch selbst ringt noch mit derartigen Welt- und Gotteskonzepten, wenn es mit Leviatan (Hi 3,8;40,25–41,26) und Behemot (Hi 40,15–24) die mythischen Bilder der im Alten Orient bekannten und bedrohlichen numinosen Chaoswesen aufruft, oder mit der Gestalt des Satans (Hi 1,6–12;2,1–7) einen Gegenspieler Gottes einführt. Wie sich allerdings zeigen wird, werden diese Konzepte durch die Autoren des Hiobbuches letztlich dekonstruiert. Mit ihrem »Helden« Hiob bleiben sie konsequente Verfechter des Monotheismus und setzen sich der schier unlösbaren Aufgabe aus, Gott, den Schöpfer der Welt, sowie gut und böse nicht auseinanderfallen zu lassen, sondern zusammenzudenken (vgl. Hi 1,21;2,10). Wie nahe sie dabei dem unerlegbaren »Löwen des Bösen« kommen, und worin der Gewinn bestehen könnte, den einen, einzigen Gott des Monotheismus nicht aus der Verantwortung für die menschlichen Erfahrungen des Bösen zu entlassen, das soll in der nun folgenden Darstellung des Hiobbuches ausgelotet werden.

»Hiob würde wahrscheinlicher Weise vor einem jeden Gerichte dogmatischer Theologen, vor einer Synode, einer Inquisition, einer ehrwürdigen Classis, oder einem jeden Oberconsistorium (ein einziges ausgenommen), ein schlimmes Schicksal erfahren haben. Also nur die Aufrichtigkeit des Herzens, nicht der Vorzug der Einsicht, die Redlichkeit, seine Zweifel unverhohlen zu gestehen, und der Abscheu, Überzeugung zu heucheln, wo man sie doch nicht fühlt, vornehmlich nicht vor Gott […]: diese Eigenschaften sind es, welche den Vorzug des redlichen Mannes in der Person Hiobs vor dem religiösen Schmeichler im göttlichen Richterausspruch entschieden haben.«

Immanuel Kant

B DARSTELLUNG

1. »HIOB« IM ALTEN ORIENT

Hiobsgestalten hat es in der Geschichte immer gegeben und wird es auch immer wieder geben. Schon lange vor der Entstehung des Hiobbuches, das uns beschäftigt, haben Erfahrungen des Bösen, die großes Leid mit sich brachten, die Gottesbeziehung von Menschen in eine tiefe Krise gestürzt. Diese Erfahrungen haben sich auch in einer Reihe von Texten aus dem alten Ägypten und Mesopotamien niedergeschlagen. Sowohl in ihrer Thematik, in den Motiven und ihrer literarischen Form weisen diese Texte eine Reihe von Gemeinsamkeiten mit dem Hiobbuch auf.[15] Charakteristisch für sie ist das Ringen eines Leidenden mit seinem persönlichen Gott, von dem er Aufklärung über sein als ungerecht empfundenes Geschick sowie eine Rehabilitierung erbittet. Dabei spart er nicht mit massiven Vorwürfen, die er der Gottheit macht. *Dorothea Sitzler* hat die infrage kommenden Texte analysiert und dabei das sie tragende Motiv *Vorwurf gegen Gott* gründlich untersucht.[16]

Damit hat die biblische Hiobtradition Anteil an dem außerbiblischen Nachdenken über die Frage, warum der Gerechte leiden muss, was Gott und die Götter mit dem Leiden und dem Unheil in der Welt zu tun haben, und wo die Einbruchstellen des Chaos und des Bösen in den Kosmos und das menschliche Leben zu suchen sind. Es ist wichtig, sich bewusst zu machen, dass nicht erst das Hiobbuch diese Fragen stellt, sondern dass ihm selbst solche Fragen schon lange vorausgingen, auf die es eine Antwort sucht. Im Folgenden sollen als Beispiele je ein Text aus Mesopotamien und Ägypten vorgestellt werden.

1.1. Ludlul bēl nēmeqi

Die akkadische Dichtung *ludlul bēl nēmeqi* wurde nach ihren ersten Worten »*Ich will preisen den Herrn der Weisheit*« benannt. Sie gehört damit wie auch das biblische Hiobbuch zu den großen Texten der altorientalischen Weisheitsliteratur. Die 480 Verse umfassende Dichtung liegt auf vier Tafeln in mehreren Abschriften aus Kalach, Assur, Ninive, Babylon und Sippar vor. Alle durch den Spaten der Ausgräber ans Tageslicht

---

15   Vgl. dazu H.-P. MÜLLER, Das Hiobproblem, 1978, und CHR. UEHLINGER, Das Hiob-Buch im Kontext der altorientalischen Literatur- und Religionsgeschichte, 2007.

16   D. SITZLER, Vorwurf gegen Gott, 1995.

beförderten Ausgaben des Textes sind nur teilweise erhalten und wurden um 800 v. Chr. aufgezeichnet.[17]

Hauptfigur der Dichtung ist *Schubschi-meschre-Schakkan* (»Bewirke Reichtum für mich Schakkan«). Handelt es sich bei dem Träger des Namens um eine Symbolgestalt oder eine historische Person? *Schakkan* ist eine Gottheit, die auch als *Sumuqan* bekannt ist. Es handelt sich um den Gott der Viehherden. Der Name des Helden ist demnach ein sogenannter »Wunschname«, mit dem die Hoffnung zum Ausdruck gebracht wurde, die Gottheit *Schakkan* möge dem Träger des Namens Reichtum in Gestalt von großen Herden und reichem Viehbesitz zukommen lassen. Damit ist bereits durch den Namen eine thematische Verbindung zum biblischen Hiob gegeben, der ja ebenfalls als reicher Herdenbesitzer dargestellt wird (Hi 1,3). Eine literarische Abhängigkeit lässt sich daraus allerdings nicht ableiten.

Tafel I setzt mit einem Hymnus auf den Gott Marduk, den Herrn der Weisheit, ein:

»[Ich will preisen] Marduk, den Herrn der Weisheit, den umsich[tigen] Gott;
er zürnt zur Nachtzeit,   verzeiht (aber) am Tage,
dessen Grimm wie ein Gewittersturm   eine Steppe (bewirkt),
dessen Wehen (aber) schön ist   wie das des Morgenwindes.
Sein Zorn ist nicht abzuwehren,   seine Wut ist ein Flutsturm;
fürsorglich (aber) ist sein Sinn,   sein Gemüt zum Verzeihen bereit.« (I,3–8)[18]

---

17   Vgl. dazu H.-P. MÜLLER, Das Hiobproblem, 49ff. und W. VON
     SODEN, TUAT III/1, 110–135. Letzterem sind die Übersetzungen
     der folgenden Textauszüge entnommen.

Das bereits in diesen ersten Versen anklingende Gottesbild ist markant. Marduk ist ein emotional bewegter, bipolar besetzter Gott. Seine Emotionen schwanken zwischen einem alles vernichtenden Grimm einerseits und einem stets zur Vergebung bereiten Gemüt andererseits. Der Zorn wird dabei der Nachtzeit zugeordnet. In ihr bricht mit dem Dunkel immer wieder das Chaos in den geordneten Kosmos ein. Der rettende, verzeihende Gott hingegen zeigt sich am Morgen des Tages, wenn das Licht hervorbricht und sich die Welt neu ordnet.[19] Von diesem Marduk darf man daher beides erwarten, das Gute wie das Böse, Heil und Unheil. Er ist der Chaos und Kosmos wirkende Gott gleichermaßen. Die Frage, die sich damit stellt, ist die, ob es bestimmte Prinzipien und Regeln gibt, nach denen er Heil oder Unheil wirkt, Zorn und Güte zum Zuge kommen lässt. Ist sein Handeln an ein ethisches Reglement gebunden? Verteilt er das Gute und das Böse fein säuberlich auf seine Anhänger und seine Gegner, auf Fromme und Ganoven? Diese Frage nach der Gerechtigkeit Gottes und nach einsichtigen Regeln seines Handelns bleibt zunächst offen. Wenn aber davon die Rede ist, dass er auch ein Gott der Vergebung ist, dann darf man wohl voraussetzen, dass man in ihm nicht den Urheber eines blinden, planlosen Schicksals sah. Er ließ sich offensichtlich durch tätige Reue und

---

18   W. VON SODEN, TUAT III/1, 115. Lücken und Ergänzungen im Text sind durch eckige Klammern [...] kenntlich gemacht. Hinzufügungen zur besseren Verständlichkeit stehen in runden Klammern (...). Die poetische Grundform der Verse ist wie in der Hiobdichtung das Bikolon, der Zweizeiler, der durch die größeren Spatien in jeder Zeile gekennzeichnet ist.

19   Zur Gottheit als Retter am Morgen siehe B. JANOWSKI, Rettungsgewissheit und Epiphanie des Heils.

kultische Verehrung in seinem Verhalten gnädig stimmen.

Auf diese hymnische Einleitung folgt eine breite Schilderung des Unglücks, das den hohen Beamten des Königs, *Schubschi-meschre-Schakkan*, befallen hatte. Er musste einen entwürdigenden sozialen Abstieg in Kauf nehmen. Durch üble Intrigen und Verleumdungen hat er sein Amt am Hofe verloren. Seine persönlichen Schutzgötter haben sich von ihm abgewandt:

»Voll war der gute Schutzgenius   an meiner Seite [des Zorns] gegen mich;
es erschrak mein (weiblicher) Schutzgeist;   sie sah sich nach einem andern um.
Fortgenommen wurde meine Würde,   meine Männlichkeit wurde verdunkelt;
was mein Wesen ausmachte, flog davon,   übersprang mein ›Schutzdach‹«[20]. (I,45–48)[21]

Der Verlust der persönlichen Schutzgötter bewirkte offensichtlich, dass *Schubschi-meschre-Schakkan* nun auch beim Staatsgott und Oberhaupt des Pantheons, Marduk, in Ungnade fiel. Er hatte seine himmlischen Fürsprecher verloren, und mit diesen sein staatliches Amt:

»Der König, leibgleich den Göttern,   die Sonne seiner Menschen:
sein Herz wurde verhärtet,   zu böse um zu verzeihen.
Die Höflinge tauschen   böse Nachrede über mich aus;
sie hocken zusammen und   belehren einander in Niedertracht.

---

20   Eckige Klammern ›…‹ kennzeichnen durch Textemendationen gewonnene Übersetzungen.
21   W. von Soden, TUAT III/1, 117.

Wenn der eine (sagt):   »Ich werde ihn sein Leben
›hinschütten‹ lassen«,
sagt ein zweiter: ›Ich entferne (ihn) aus seinem Amt.‹«
(I,55–60)[22]

Der Anschlag derjenigen, die ihm seinen Posten nicht
gönnen, hat Erfolg. Der berufliche Absturz führt aber
nicht nur zum Verlust des öffentlichen Prestiges, sondern auch zur sozialen Isolierung innerhalb seines eng-
sten Lebenskreises, seines Hauses, seiner Verwandtschaft und seiner Familie.

»Offen in der Öffentlichkeit   verfluchte mich mein Sklave;
meine Sklavin vor der Menschenmenge   sprach
Schmähung(en) gegen mich aus.
Es sah mich der Bekannte   und drückte sich zur Seite;
wie einen nicht Blutsverwandten   behandelte mich meine
Familie.« (I,89–92)[23]

Diese Klage erinnert thematisch unmittelbar an das
Geschick Hiobs (Hi 19,14–19). Soziale Isolation ist die
irdische Komponente, die sowohl der königliche Beamte *Schubschi-meschre-Schakkan* als auch der biblische
Hiob erfuhren (vgl. auch Hi 30).
   Die irdische Handlungsebene ist aber nur die eine
Seite der Medaille. Nicht nur die Hioberzählung stellt
dieser eine himmlische Handlungsebene an die Seite,
sondern eben auch der babylonische Erzähler. Auf Tafel II beginnt der Leidende darüber nachzudenken, was
sein Schicksal mit der Welt der Götter zu tun haben
könnte. Er beklagt, dass es ihm gehe wie einem Gott-
losen:

22   W. von Soden, TUAT III/1, 117f.
23   W. von Soden, TUAT III/1, 119.

»Wie einer, der das Opfer   dem Gotte nicht regelmäßig darbrachte,

oder bei der Mahlzeit   die Göttin nicht nannte;

der die Nase nicht senkte,   Niederwerfung nicht kannte,

in dessen Mund aufhörten   Gebet (und) Flehen;

der den Feiertag des Gottes versäumte,   den Monats-feiertag missachtete,

nachlässig wurde   und ihre Riten gering schätzte;

[…]

eben denen glich ich.« (II,12–17.23)[24]

Jedoch das Gegenteil von alledem trifft zu. *Schubschi-meschre-Schakkan* ist sich keines dieser kultischen Vergehen bewusst. Allen seinen Verpflichtungen gegen die Götter und die Obrigkeit – so seine Unschuldsbeteuerung – kam er in vollem Umfang nach und war stets ein Vorbild für das einfache Volk. Zwar ist er sich darüber im Klaren, dass auch sein Leben nicht frei von Schuld und Sünde ist und er daher auf Vergebung angewiesen bleibt. Im Vergleich zum Geschick derjenigen aber, die die Verehrung der Götter auf die leichte Schulter nahmen, das religiöse Leben vernachlässigten und das soziale Miteinander verletzten, stehen die Übel, die ihm widerfuhren, in keinem Verhältnis. Dies führt ihn zu einem weit reichenden religiösen Nachdenken über die Welt der Götter und die der Menschen. Er stellt sich die Frage, ob die irdischen Beurteilungskriterien menschlichen Handelns auch denen der Götter entsprechen. Vielleicht legen diese ja ganz andere Verhaltensmaßstäbe an als der Mensch:

»Wüsste ich doch (gewiss), dass hiermit   der Gott einverstanden ist!

---

24   W. von Soden, TUAT III/1, 121 f.

Was einem selbst gut erscheint,   könnte für den Gott ein
Frevel sein;
was dem eigenen Sinn sehr schlecht dünkt,   könnte dem
Gott gut gefallen!
Wer kann den Willen der Götter   im Himmel erfahren?
Wer begreift den Ratschluss   des Anzanunzu?[25]
Wo je erfahren   den Weg des Gottes die Umwölkten?«
(II,33–38)[26]

Damit kommt die babylonische Dichtung zu dem
Schluss, dass trotz aller mantischen und kultischen
Künste der Opferschauer, Traumdeuter und Zeichen-
beschwörer der Mensch letztlich keine Einsicht in das
Handeln der Götter gewinnen kann. Der Himmel und
die Wassertiefe geben ihr Geheimnis nicht preis. Die
Welt der Götter bleibt uns verschlossen. Der Himmel
spricht zum Menschen, aber wir verstehen seine Sprache nicht. Diese in der Weisheitstradition verankerte
Einsicht erinnert an eines der spätesten Stücke des
Hiobbuches, das Lied von der Weisheit (Hi 28), zu der
kein Sterblicher den Weg findet, so sehr er auch nach
ihr sucht wie ein Bergmann in den Tiefen der Erde
oder ein Edelsteinhändler auf dem Basar. Allein Gott
kennt den Weg zu ihren Quellen.

Nachdem unser leidender Gerechter einmal zu dieser Erkenntnis gekommen ist, weiß er sich nahezu
schutzlos den unablässigen Angriffen der Dämonen
ausgesetzt. Schwere Krankheiten befallen ihn:

---

25 Das akkadische Wort *anzanunzû* steht hier für *Ea*, den Gott der
    Weisheit. Eigentlich bezeichnet das Wort den »Grundwasser-
    horizont«. Dort in der Tiefe hatte auch *Ea* seinen Wohnsitz.
26 W. VON SODEN, TUAT III/1, 122 f.

»Darüber hinaus   zog sich nun die Krankheit in die Länge.
Da ich nicht essen konnte,   wurde mein Gesicht ent[stellt];
mein Fleisch schwand dahin,   mein Blut versieg[te].
Der Knochen war eingezeichnet   in die abdeckende Haut,
entzündet waren meine Bänder,   Gelbsucht zog ich [mir zu].
Ich nahm das Bett als Haftort,   Ausgang für mich war
(nur) das Seufzen;
zu meinem Gefängnis   wurde mein Haus.
In eine Handfessel für meinen Leib   sind gelegt meine
Arme;
durch Selbstfesselung   befallen sind meine Füße.
Die Schläge waren für mich qualvoll,   die Verletzung ist
schwer;
die Peitsche schlug mich,   sie war voll Dornen;
ein spitzer Stab durchbohrte mich,   er war mit Stacheln
überzogen.
Den ganzen Tag   verfolgt mich der Verfolger;
während der Nacht lässt er mich für keinen Augenblick
aufatmen.« (II,90–103)[27]

Diese ergreifende Elendsmeditation von einem schwer-
kranken Gelähmten auf seinem nächtlichen Lager, der
hilflos den Krankheitsdämonen ausgeliefert ist, lässt
wieder vielfältige Anklänge an das Hiobbuch erkennen. Auch Hiob beklagt seine schier unerträglichen Leiden auf dem Krankenlager (Hi 7,5–7.13–15).

Die Texte stecken voller thematischer Gemeinsamkeiten. Sie ergeben sich aus der analogen Situation, die
in ihnen beschrieben wird. Die Krankheit hat ihre
eigene von Zeit und Ort weitestgehend unabhängige
Sprache; die Auflösung des menschlichen Leibes produziert zu jeder Zeit Bilder des Grauens, die man ne-
beneinander legen kann. Das unablässige Sich-Wälzen

Abb. 1: Assyrische Bronzetafel mit dem Krankheitsdämon Pazuzu, Ninive 8. Jh. v. Chr.

auf dem Lager, lange, nicht enden wollende, qualvolle Nächte, die Abmagerung des Körpers, in alledem lassen sich die Klagen des Hiob und des *Schubschimeschre-Schakkan* vergleichen. Auch darin, dass die Krankheit im Alten Orient selbstverständlich als Komponente eines psychosozialen Prozesses betrachtet wurde. Krankheit war Ausdruck eines ganzheitlichen, das gesamte Leben des Kranken umfassenden Geschehens, das bis in die religiösen Tiefenschichten des Menschen hinein reichte. Der Verlust der gesellschaftlichen und familiären Integrität setzte sich im Verlust der körperlichen und psychischen Kräfte sowie in einer Krise der Gottesbeziehung fort. Dieses von uns erst nach und nach wieder entdeckte ganzheitliche Verständnis von Krankheit wurde – dem antiken Weltbild entsprechend – von *Schubschi-meschre-Schakkan* auf böse Dämonen zurückgeführt. Werden diese Krankheitsdämonen vom Erzähler des Hiobbuches durch die Gestalt des Satans ersetzt (Hi 2,4–7)?

Tafel III des *ludlul bēl nēmeqi* bringt dann die Wende im Geschick des Leidenden. In nächtlichen Gesichten erscheinen ihm mehrere Personen, die diese Schicksalswende in Gang setzen. Zuletzt tritt der Beschwörungspriester *Ur-Nin-tin-ugga* auf, der offensichtlich den Auftrag hatte, die Krankheitsdämonen zu bannen und den Kranken zu heilen. Dieser breit geschilderten Heilungszeremonie ging allerdings der Entschluss Marduks voraus, dem Leidenden seine Sünden zu vergeben:

»Nachdem sich das Herz meines Herrn   be[ruhigt hatte],
des barmherzigen Marduk   Gemüt sich begü[tigt hatte],
er mein Flehen [ange]nommen hatte,   […],
seine gütige Verzeihung   […],
[sprach er] das ›Es ist genug‹ für mich,   […]
[…]
Meine Sünden ließ er den Wind davontragen.«
(III,50–54.60)[28]

Krankheit und Sünde werden hier nach antikem Verständnis noch ganz unmittelbar in einen Zusammenhang miteinander gebracht. Die Vergebung der Sünde ist die Voraussetzung für die Heilung. Erst muss das Verhältnis zwischen Gott und dem Leidenden wieder

---

28   W. von Soden, TUAT III/1, 128f.

im Reinen sein, muss die seelische Krankheit der Sünde aus der Welt geschafft werden, bevor es auch zu einer Heilung des Leibes kommen kann. Theologisch vertritt der Autor des *ludlul bēl nēmeqi* damit exakt die Position, die auch die Freunde in ihren Debatten mit Hiob einnehmen.

Die Heilung des Leibes wird schließlich durch den Beschwörungspriester bewirkt:

»[Er brachte] heran seine Beschwörungsformel,   die [zum Weichen] bringt [meine Sünde];
[er ver]trieb den bösen Wind   bis zum Horizont.
Bis an den Rand der Erde   brachte er [die Kopfkrankheit];
ins Grundwasser [hinunter] trieb er   den bö[sen] Geist.
Den nicht umzuwendenden Utukku[29]   schickte er zurück ins Ekur[30];
er stieß weg die Lamaschtu[31],   zwang sie hochzusteigen ins Gebirge.
Die Flut des Meeres   ließ er anbranden gegen die Kälteschauer;
die Basis des Muskelschwundes   riss er wie eine Pflanze aus.
[…]
Aus Weh und Ach,   es umzuwenden gleich Menschen,
ließ er aufsteigen wie einen Nebel,   die Erde … […].
Die chronische Kopfkrankheit,   die wie ein [Mühl]stein [lastend war],
schaffte er weg wie den Tau der Nacht,   entfernte sie von mir.

---

29 *Utukku* verkörperte den Totengeist.
30 Der *Ekur* war der Tempel des Enlil in Nippur, gleichzeitig aber auch eine Bezeichnung der Unterwelt.
31 *Lamaschtu* galt als kindermordende Dämonin, die verantwortlich für das Kindbettfieber war.

Meine verklebten Augen,   die überdeckt waren mit einem
Schorf zum Tode,
3600 Meilen brachte er (diesen) weg,   hellte [meinen] Blick
auf.«
(III,77–84.87–92)[32]

Die magischen Heilpraktiken des Beschwörungspries-
ters sind nicht uninteressant. Die Krankheiten werden
von ihm in einer Abfolge von Eliminationsriten regelrecht *aus der Welt geschafft*. Er verbannt sie in die
Grenzbezirke des geordneten Kosmos, an den äußersten Horizont, die Ränder der Erde, das Grundwasser,
das unzugängliche Gebirge, das Meer. Von dort, von
diesen Rändern des geordneten Kulturlandes her, griff
immer wieder das Chaos nach dem Kosmos, um in
Gestalt von Naturkatastrophen, Seuchen und Krankheiten in diesen einzudringen und ihn zu verderben.
Es folgt schließlich eine lange Aufzählung weiterer
Körperteile und Organe, die der Beschwörungspriester
Ur-Nin-tin-ugga durch Dämonenaustreibung heilt, von
den verstopften Ohren und der Nase über die Lippen
und den Mund, den Rachen, die Luftröhre bis hin zum
Dickdarm.

Auf Tafel IV wird die Schilderung der körperlichen
Wiederherstellung fortgesetzt. Dem folgt dann – dem
ganzheitlichen Krankheitskonzept entsprechend – die
soziale Rehabilitation des *Schubschi-meschre-Schakkan*.
Der ins soziale Abseits geratene Beamte darf in den
Tempel *Esangila* zurückkehren. Dort erfolgt seine ri-
tuelle Wiedereingliederung in die Kultgemeinschaft
der Mardukverehrer:

---

32   W. VON SODEN, TUAT III/1, 129.

»[Mit] Nasestreichen und Flehen   nach Esangila [... ich];
[der ich] ins Grab (fast) hinabgestiegen war,   kam zurück
zum [Sonnenaufgangs-]Tor.
[Im] Überfluss-Tor   wurde mir Überfluss [gegeben];
[im] Tor ›Gang der Lama-Göttin‹   kam meine *lamassu*-
Göttin heran [an mich].
[Im] Tor des Wohlergehens   erblickte ich ein Begrüßungs-
geschenk;
im Tor des Lebens   wurde mir Leben entgegengebracht.
Im Sonnenaufgangs-Tor   wurde ich (wieder) zu den
Lebenden gezählt;
im Tor des Erstaunens   wurden die Konstellationen für
mich freundlich.
Im Tor der Sündenlösung   ward meine Schuld gelöst;
im Tor des Lobpreises   beriet sich mein Mund.
Im Tor der Lösung von Klagen   wird mein Seufzen
abgelöst;
im Tor reinen Wassers   wurde ich mit Wasser der
Reinigung besprengt.
Im Tor des Wohlergehens   erschien ich vor Marduk;
im Tor des Jauchzens   warf ich mich der Zarpanitu[33] zu
Füßen.
Mit Gebet und Flehen   lag ich vor ihnen;
schöne Räucheropfer ließ   ich vor ihnen anzünden.«
(IV,47–62)[34]

Das Übertreten der Schwelle vom Profanen zum Sa-
kralen, der Eintritt des Menschen in den Tempel,
kommt hier auf bemerkenswerte Weise zur Darstellung. Er muss sich durch eine Vielzahl von Toren
gleichsam bis zur in einer Götterstatue dargestellten
Gottheit hindurcharbeiten. In jedem der Tore wider-

---

33   *Zarpanitu* ist die Gemahlin des Marduk.
34   W. von Soden, TUAT III/1, 132f.

fährt ihm eine Wohltat, die ihn immer mehr der Heil und Heilung wirkenden Sphäre der Gottheit annähert. Daher endet das *ludlul bēl nēmeqi* mit einem großen Dankgebet und Hymnus auf Marduk, den *Schubschi-meschre-Schakkan* darbringt.

Die Vorstellung dieser altorientalischen Dichtung macht auf den ersten Blick deutlich, dass es viele thematische Verbindungen zwischen dem Geschick Hiobs und dem des *Schubschi-meschre-Schakkan* gibt. Beide leiden sie unschuldig. Bei beiden geht eine soziale Deklassierung mit schwerer Krankheit einher. Ihr Leid wird letztlich auf die Gottheit selbst zurückgeführt. Beide erfahren eine Wiederherstellung ihres früheren Glücks durch die Gottheit. Es verwundert also nicht, dass dieser akkadische Text immer wieder in den Kreis der sogenannten Hiobliteratur einbezogen worden ist.

Es gibt allerdings auch ebenso unübersehbare Differenzen. Lediglich auf eine soll hier besonders hingewiesen werden. Sie fällt vor allem im Zusammenhang mit der Wiederherstellung des »Helden« der Erzählung auf. Diese trägt einen ausgesprochen kultischen Charakter. Reinigungs- und Beschwörungspriester werden von Marduk als sein irdisches Dienstpersonal eingesetzt. Durch eine Fülle von Riten wird der Leidende wieder in den Kreis der gesunden und geachteten Glieder der Gesellschaft aufgenommen. Der Tempel spielt dabei eine herausragende Rolle. Der Wiederhergestellte bringt am Ende der Gottheit Opfer und einen Lobpreis dar.

Dagegen atmet das Hiobbuch einen fast weltlichen, säkularen Geist. Zwar wird auch in ihm berichtet, dass Hiob als frommer Mann Opfer darbringt (1,5) und für seine Freunde Fürbitte leisten soll (42,8 f.), aber diese knappen Notizen bilden allenfalls ein Nebenmotiv des Hiobbuches. Das Buch selbst trägt einen auffallend akultischen, nicht aber atheologischen Charakter. Von priesterlichem Geist, einer ausgeprägten Kult- und Tempeltheologie ist in ihm nur wenig zu spüren. Das liegt möglicherweise daran, dass ein und dasselbe Thema von Autoren aufgegriffen wurde, die aus unterschiedlichen geistigen Milieus hervorgegangen sind. Während die Herkunft des *ludlul bēl nēmeqi* aus der Hand eines Verfassers stammt, der dem Tempel und der Priesterschaft nahe stand oder wenigstens mit deren Kultpraktiken bestens vertraut war, lässt das Hiobbuch trotz vereinzelter in der Forschung geäußerter Zweifel einen stärker weisheitlichen Hintergrund erkennen. Die Weisheit Israels aber hatte eher einen akultischen Charakter. Institutionell stand sie in vorexilischer Zeit ganz bestimmt dem Königshof und der an ihm geschulten Bildungselite nahe. Mit dem Ende des Königtums und nach dem Exil hat sie dann im 6. Jh. v. Chr. wohl auch diese institutionelle Verbindung weitestgehend hinter sich gelassen. Der Weise wird nach und nach zu einem eigenen freien »Berufsstand«, der allenfalls in lockerer Beziehung zu den verbliebenen Institutionen des Tempels und der lokalen Beamtenschaft seine Schüler und Leser um sich sammelte (vgl. Koh 12,9–14). Dieser Umstand hat wahrscheinlich zu der auffallenden Differenz zwischen dem *ludlul bēl nēmeqi* einerseits und dem Hiobbuch andererseits geführt.

1.2. Das »Gespräch des Lebensmüden mit seinem Ba«

Als weiteres Beispiel der sogenannten Hiobliteratur des Alten Orients soll ein Text aus Ägypten als dem zweiten Kulturkreis vorgestellt werden, der für Israel prägend wurde. Das »Gespräch des Lebensmüden mit seinem Ba« ist ein Text aus dem Mittleren Reich. Der uns erhalten gebliebene Papyrus im Berliner Museum wird in die Zeit zwischen 2000 und 1800 v. Chr. datiert. Der Text ist nicht allein thematisch, sondern auch formal in mancherlei Hinsicht mit dem Hiobbuch zu vergleichen. In ihm wird von einem Mann berichtet, der ohne seine Schuld in äußerste Not geriet. Daher sehnt er sich wie Hiob nach dem Tod (vgl. Hi 3). Aus der Todessehnsucht entwickelt sich ein fiktives Gespräch mit seinem *Ba*. Der *Ba* ist die wirkmächtige und unvergängliche Lebenskraft des Menschen, die häufig auch als »Seele« umschrieben wird.[35] Die Dichtung hat damit formal wie das Hiobbuch einen stark dialogischen Charakter, nur dass es sich hier um einen inneren Dialog eines Lebensmüden handelt. Nach einer nur noch schwer rekonstruierbaren Klage, in der er wahrscheinlich seinen Todeswunsch zum Ausdruck bringt, berichtet er von der Antwort seines *Ba*:

»Es öffnete mir gegenüber mein Ba seinen Mund,
damit er beantwortete das, was ich gesagt hatte:
Wenn du an das Begräbnis denkst, so ist das eine
Gemütsverstimmung.
Es ist ein Hervorholen der Träne beim Traurigmachen eines
Menschen.
Es ist das Fortnehmen eines Menschen aus seinem Haus,
indem er geworfen wird auf den Hügel.
Du wirst nicht emporsteigen nach oben, damit du die
Sonne siehst.«[36]

Daher wirbt der Ba des Lebensmüden:

---

35   Siehe dazu J. ASSMANN, Ma'at, 114 ff.
36   Übersetzung nach W. BARTA, Das Gespräch eines Mannes mit seinem Ba, 23.

»Höre du auf mich, siehe, es ist gut zu hören für die Menschen.
Folge dem schönen Tag! Vergiss die Sorge!«[37]

Im Folgenden wird – vergleichbar dem Koheletbuch (Koh 3,12f.22;7,14;8,15;9,7ff.) – das *carpe diem*-Motiv durch den *Ba* breit entfaltet. Anstatt sich an den Negativerfahrungen abzuarbeiten, möge der Lebensmüde doch auf die guten Seiten des Lebens schauen und den Genuss suchen. Daraufhin antwortet dieser seiner Seele. In einer langen Litanei mit dem Kehrvers »Siehe, mein Name wird anrüchig sein« umschreibt er zunächst seinen Platz in der Gesellschaft:

»Ich öffnete meinen Mund gegenüber meinem Ba,
damit ich beantwortete das, was er gesagt hatte:
Siehe, mein Name wird anrüchig sein durch dich
mehr als der Geruch von Geiern
an den Tagen des Sommers, wenn der Himmel heiß ist.
Siehe, mein Name wird anrüchig sein durch dich
[mehr als der Geruch] beim Empfangen der Fische
am Tage des Fischfangs, wenn der Himmel heiß ist.
Siehe, mein Name wird anrüchig sein durch dich
mehr als der Geruch von Geflügel und als ein Sumpfdickicht
von Schilfrohr mit Wasservögeln.«[38]

Die Litanei wird von dem Lebensmüden noch eine Weile fortgesetzt. Die Bilder lassen erkennen, dass sein Name »stinkend« wurde. Das deutet zunächst einmal auf eine soziale und gesellschaftliche Deklassierung hin, unter der er zu leiden hatte und die ihn in den Tod treibt. Es folgt eine Reihe von Klagen, die alle mit der-

---

37 W. Barta, a. a. O., 24.
38 W. Barta, a. a. O., 25.

45

selben Frage eingeleitet werden: »Kann ich noch sprechen zu jemandem heute?« In diesem Abschnitt beschwört er seinen umfassenden Weltschmerz, von dem
er getrieben wird:

»Kann ich noch sprechen zu jemandem heute?
Die Brüder sind böse, man nimmt Zuflucht
zu Freunden wegen der Beschaffenheit des Herzens.
Kann ich noch sprechen zu jemandem heute?
Die Gesichter sind abgewandt. Jedermann
ist wie ein Gesicht nach unten gegenüber seinen Brüdern.
Kann ich noch sprechen zu jemandem heute?
Die Herzen betrügen. Nicht existiert das Herz
eines Mannes, auf das man sich stützen kann.
Die Sanftmut ist zugrunde gegangen,
die Frechheit überall hingelangt.
Kann ich noch sprechen zu jemandem heute?
Es gibt keinen Gerechten. Das Land bleibt überlassen
denen, die Sünde getan haben.
Kann ich noch sprechen zu jemandem heute?
Es ist leer an einem Vertrauten.
Man nimmt Zuflucht zu einem Unbekannten, um ihm zu
klagen.
Kann ich noch sprechen zu jemandem heute?
Es gibt keinen Zufriedenen. Jener,
mit dem man gegangen ist, existiert nicht mehr.
Kann ich noch sprechen zu jemandem heute?
Ich bin beladen mit Elend aus Mangel an einem Vertrauten.
Kann ich noch sprechen zu jemandem heute?
Das Böse, das das Land schlägt, nicht existiert sein Ende.«[39]

Diese Klage erinnert deutlich an die Elendsmeditation
Hiobs in Hi 30, in der er sein gegenwärtiges Unglück in

---

39   W. Barta, a. a. O., 27.

ganz ähnlichen Vorgängen und Farben beschreibt. Auch Hiob wurde zum Ausgestoßenen, über den sich die Nichtswürdigen lustig machen, den sie gering schätzen. Einst hoch angesehen und geehrt ist er nunmehr zum Spott der Leute geworden. Die gerechte Weltordnung hat sich offensichtlich in ihr Gegenteil verkehrt. Der Schluss, der aus diesem Weltschmerz zu ziehen ist, kann eigentlich nur in die Versuchung einmünden, die der Lebensmüde im folgenden Abschnitt der Dichtung beschwört: »Der Tod erscheint mir heute«:

»Der Tod steht heute vor mir
wie das Gesundwerden für den Kranken wie ein Hervorkommen
nach draußen, nach einem Drängen.
Der Tod erscheint mir heute
wie der Geruch von Myrrhen, wie das Sitzen
unter einem Segeldach an einem windigen Tage.
Der Tod erscheint mir heute
Wie der Geruch der Lotosblumen, wie das Sitzen
an der Stätte der Trunkenheit.
Der Tod erscheint mir heute
wie das sich Entfernen des Regens, wie das Kommen eines Mannes
von einem Feldzug nach Hause.
Der Tod erscheint mir heute
Wie das Entwölken des Himmels, wie ein Mann, der begreift
durch einen Spruch (?) das, was er nicht wusste.
Der Tod erscheint mir heute
wie sich ein Mann wünscht sein Haus zu sehen,
nachdem er viele Jahre verbracht hat,
indem er gehalten wurde in Gefangenschaft.«[40]

---

40   W. BARTA, a. a. O., 27 f.

Angesichts des gegenwärtigen Elends verliert der Tod seine Schrecken. Er duftet wie Myrrhe und Lotosblumen, ist Heimkehr und Erlösung, ist ein verlockender Ausweg aus der Misere des Lebens in einer ungerechten Welt. Der Kenner des Hiobbuches weiß sich dabei unmittelbar an die große Eingangsklage Hiobs in Hi 3 erinnert. Tiefe Melancholie, ja, Depression, münden hier in den Todeswunsch. Der Tod ist nicht nur die Lösung, er wäre eine Erlösung. Und besser wäre es noch, gar nicht erst gelebt zu haben in einem Land, in dem sich die Weltordnung aufzulösen beginnt. Was hat der *Ba*, die Seele, das zweite Ich dem Lebensmüden dazu zu sagen?

»Liebe mich hier, nachdem du den Westen zurückgestellt hast!
Begehre jedoch, dass du den Westen erreichst,
wenn deine Glieder berühren die Erde!
Ich werde mich niederlassen, nachdem du müde geworden bist.
Dann werden wir einen Wohnsitz nehmen zusammen.«[41]

Die Himmelsrichtung des Westens bringt der – sich am Sonnenlauf orientierende – Ägypter mit dem Tod in Verbindung. Dort geht die Sonne unter, wird sie verschlungen vom Dunkel der Nacht. Folglich sucht man auch im Westen das Reich des Todes. Diese Korrelation von Sonnenlauf und Tod ist für das Verständnis des letzten Abschnittes wichtig. Der Tote unterliegt im Alten Ägypten einer Dissoziation von Leichnam und *Ba*. Während der Leichnam in die Unterwelt eingeht, steigt der *Ba* zum Himmel auf. Leichnam und

---

41   W. BARTA, a. a. O., 29.

Abb. 2: Der Sonnengott Re mit der Sonnenscheibe über dem Kopf unter einem Baldachin auf der Himmelsbarke bei der Fahrt durch den Himmelsozean. Begleitet wird er vom falkenköpfigen Himmelsgott Horus (hinter ihm stehend), dem Schreibergott Thot mit dem Ibiskopf, der Muttergöttin Hathor mit dem Kuhgehörn sowie Maat, der Verkörperung der Weltordnung mit der Feder auf dem Kopf (vor dem Baldachin stehend).

Ba trennen sich. Himmel und Unterwelt sind die Räume, die die Sonne am Tage und in der Nacht durchläuft.

Die Person des Toten nimmt daher in Gestalt seines *Ba* am Tage, wenn die Sonne über den Himmel zieht, und in Gestalt des Leichnams, wenn sie in der Nacht die Unterwelt durchschreitet, am Lauf der Sonne, ihrem Sterben und Wiederauferstehen teil. Ziel der Dissoziation, der Trennung von *Ba* und Leichnam, die beide die Person des Toten konstituieren und repräsentieren, ist damit die Teilnahme an der Regenerationskraft der Sonne. Die Trennung von *Ba* und Leichnam stellt allerdings auch eine Gefahr dar. Der *Ba* kann den ihm zugehörigen Leichnam in der Unterwelt vergessen, was den vollkommenen Tod bedeuten würde. Deswegen richtet sich alles Bestreben der altägyptischen Totenliturgien auf eine letztliche Wiedervereinigung von *Ba* und Leichnam. Nur diese kann die personale Integrität der Person des Verstorbenen und

49

Abb. 3: Der Ba (Falke mit Menschenkopf) schwebt über dem Schatten eines Verstorbenen. Die Schatten können – im Unterschied zum Leichnam – das Grab, über dem die Sonne aufgeht, verlassen und sind nicht an die Unterwelt gebunden.

seine Reintegration in ein ewiges Leben auf Dauer sichern.[42]

Das Gespräch des Lebensmüden mit seinem *Ba* lässt ebenfalls Berührungspunkte wie auch Differenzen zur biblischen Hiobdichtung erkennen. Die Klage über die aus den Fugen geratene Weltordnung, die soziale Isolierung und Deklassierung, der Todeswunsch, sie signalisieren eine Verwandtschaft der Stimmungen, die beide Literaturwerke kennzeichnen. Eine Differenz scheint jedoch in dem jeweiligen Todesverständnis selbst vorzuliegen. Während das Hiobbuch weithin vom Tod als einem endgültigen Ende ausgeht, lebt der ägyptische Text geradezu von der Vorstellung einer

---

42   Vgl. dazu J. Assmann, Tod und Jenseits, 116–131.

Erlösung vom irdischen Leben durch die Teilhabe am ewigen kosmischen Geschehen.[43]

Die Hiobforschung hat neben den beiden hier vorgestellten Texten noch eine ganze Reihe weiterer altorientalischer Texte mit dem Hiobbuch verglichen. So etwa die sogenannte »Babylonische Theodizee«,[44] oder die Dichtung »Ein Mann und sein Gott«.[45] Auch für Ägypten könnte man weitere Texte nennen, die »Harfnerlieder«[46] oder die »Klage des Bauern«.[47]

Die Frage, die sich aus diesen thematischen und teilweise auch formalen Berührungen zwischen den altorientalischen Texten und dem Hiobbuch ergibt, ist die, ob das biblische Buch in irgendeiner Weise von den teilweise erheblich älteren altorientalischen »Hiob«-Texten literarisch abhängig ist. Haben die Autoren des Hiobbuches diese Texte gekannt und sie gleichsam in einer *interpretatio israelitica* in das uns bekannte biblische Buch umgegossen? Die Forschung ist in dieser Frage geteilter Meinung. Eine direkte Abhängigkeit des Hiobbuches ist kaum nachweisbar. Die Gemeinsamkeiten sind wohl eher in der gemeinsamen Thematik begründet, die diese Texte bearbeiten. Die Frage nach dem Leiden des Gerechten und die Anfechtung des Glaubens, die daraus hervorgeht, bricht unabhängig von Ort und Zeit immer wieder auf und wird in den Literaturen der Menschheit bis zum heutigen Tag in vielen Variationen zur Darstellung gebracht. Sie gehört zu den Grundfragen, die das Lebens- und Gottesverhältnis der Menschen betreffen.

---

43   Vgl. aber zu Hi 19,25f. S. 174–181.
44   Siehe die Übersetzung von W. V. SODEN in TUAT III/1, 143 ff.
45   W. V. SODEN, TUAT III/1, 135 ff.
46   Vgl. E. BLUMENTAL, Hiob und die Harfnerlieder, 721–730.
47   Dazu J. ASSMANN, Ma'at, 58 ff.

Es ist allerdings auch nicht kategorisch auszuschließen, dass die Autoren des Hiobbuches von der einen oder anderen altorientalischen »Hiob«-Dichtung
Kenntnis hatten. Wir wissen, dass Texte aus dem Zwei-
stromland in den kanaanäischen Stadtstaaten zirku-
lierten. So fand man in Megiddo ein Fragment des
Gilgameschepos. Und das Sprüchebuch enthält eine
kleine Spruchsammlung (Spr 22,17–24,22), die deutliche Anlehnungen an die ägyptische Lehre des Amene-
mope erkennen lässt. Die altorientalische Weisheit war
bereits zu ihrer Zeit ein internationales Phänomen. Die
Weisen waren schriftkundig und tauschten sich gegenseitig aus. Daher ist es nicht auszuschließen, dass
in Israel einerseits über die Schiene der kanaanäischen
Stadtstaatenkulturen und zum anderen durch die späteren internationalen Kontakte der Könige Israels und
Judas ein solcher gegenseitiger Austausch zustande
kam. Das lässt sich allerdings nur als allgemeine Hypothese formulieren. Falls das Hiobbuch auf ältere altorientalische Hiobtexte zurückgehen sollte, so haben
dessen Autoren aus diesen etwas ganz Eigenes und
vollkommen Neues geschaffen.

2. Hiob ausserhalb des Hiobbuches

Innerhalb der biblischen Überlieferung wird Hiob außerhalb des Hiobbuches nur noch einmal erwähnt,
nämlich in Ez 14,12–20. Dort wird er in einer Reihe mit
Noach und Daniel genannt.[48] Dem Verfasser des Pro-

---

48   Der Text wird auch von denjenigen Auslegern, die mit einer
     mehrfachen Redaktion des Ezechielbuches rechnen, wenigstens
     was V 12–20 angeht, dem älteren Prophetenbuch aus exilischer

phetenbuches Ezechiel waren demnach Hiob und Daniel als Gestalten bereits in einer Zeit bekannt, in der es die nach ihnen benannten Bücher wahrscheinlich noch gar nicht gab. Hat es eine ältere Hiobtradition gegeben, aus der dann das spätere Hiobbuch hervorgegangen ist?[49] Und wie könnte diese Hiobtradition ausgesehen haben? Welchen Umfang hatte sie? Lag sie bereits in schriftlicher Gestalt vor oder handelte es sich vorrangig um mündliche Überlieferung? Ez 14,12–20 kann zur Beantwortung dieser Fragen zumindest Anhaltspunkte liefern.

Der Prophetentext setzt sich mit einer Grundregel weisheitlichen Denkens auseinander, dem Zusammenhang von Tun und Ergehen. Was im Hiobbuch literarisch auf der individuellen Ebene durchbuchstabiert wird,[50] das wird hier explizit auf die Ebene einer kollektiven Größe, des ganzen Landes Israel, übertragen. Die eigentliche Frage, die sich mit dem Zusammenhang von Tun und Ergehen stellt, ist die, ob im Falle des Treuebruches des Volkes Israel gegen JHWH alle Einwohner ohne Ansehen der Person umkommen oder nicht. Gibt es die Kollektivhaftung eines Volkes? Trifft die Strafe nur die Schuldigen oder auch unschuldige, an den Verbrechen und dem Abfall unbeteiligte Personen? Funktioniert das weisheitliche Regelwerk

---

Zeit zugewiesen. Siehe dazu K.-F. POHLMANN, Der Prophet Hesekiel, 201 ff.

49 So viele Ausleger des Hiobbuches. Allerdings lässt sich das kaum mehr mit Sicherheit nachweisen. Es ist ebenso denkbar, dass die Erwähnung Hiobs in Ez 14,14 das Hiobbuch – in welcher Gestalt auch immer – bereits voraussetzt.

50 Das individuelle Geschick Hiobs wird allerdings immer wieder so zur Sprache gebracht, dass es geradezu von paradigmatischer Transparenz für das Geschick des Volkes Israel ist. Siehe S. 71 f., 87 f.

von Tun und Ergehen auch im Rahmen nationaler Katastrophen und Tragödien? Dass diese Frage angesichts des Untergangs Judas und des Exilsgeschicks des Propheten Ezechiel sowie seiner Landsleute auf der Hand lag, versteht sich von selbst. Die Exilsgeneration hat dieses Problem aber nun nicht allein hinsichtlich der Strafe und des Gerichts über diejenigen erörtert, die unmittelbar in die geschichtlichen Vorgänge um das Ende der Königreiche von Israel (722 v. Chr.) und Juda (587 v. Chr.) verwickelt waren. Es ging ihr darüber hinaus auch um das noch viel weiter reichende Problem der Schuldhaftung kommender Generationen. Würden auch die im Exil geborenen Söhne und Töchter noch die Schuld ihrer Väter abtragen müssen? Und umgekehrt – würden die exemplarischen Gestalten der Gerechten, Noach, Hiob und Daniel, wenigstens ihre »unschuldigen« Söhne und Töchter vor dem Strafgericht retten können?

Offensichtlich stand hinter dieser Debatte die Vorstellung, dass die Gerechten durch den von ihnen erwirtschafteten Überschuss an Gerechtigkeit nicht nur sich selbst, sondern auch eine Gemeinschaft, ein Volk, eine Stadt vor dem Untergang bewahren können. Man denke da an das zähe Ringen zwischen Abraham und JHWH um die Stadt Sodom, in der sein Neffe Lot wohnte (Gen 18,16–33). Abraham fragt JHWH: »Willst du denn den Gerechten mit dem Frevler umbringen« (18,23)? Und dann tritt er in einen regelrechten Handel, ein zähes Feilschen mit Gott ein. Wenn in der Stadt fünfzig Gerechte wären, ob er dann nicht um dieser fünfzig Gerechten willen die Stadt retten könne. JHWH sagt: »Ich will dem ganzen Ort um ihretwillen vergeben«. Der Handel geht weiter nach unten. Auch bei fünfundvierzig, vierzig, dreißig oder zwanzig Gerechten? Ja, Gott würde sie verschonen. Bis er schließlich bei zehn Gerechten angelangt ist. Auch in diesem Falle wäre Gottes Erbarmen immer noch größer als sein Zorn. Zehn Gerechte reichen aus, um eine Stadt zu retten! Hier werden die Verdienste der Gerechten gegen die Schuld der Frevler aufgerechnet.

Dieses Motiv hat dann eine große Wirkungsgeschichte im Judentum entfaltet. Der Talmud lehrt, dass die ganze Welt nur wegen der sechsunddreißig[51] in ihr verborgenen Gerechten Bestand habe (bSanhedrin 97b). Im Chassidismus lebte diese Vorstellung in zahlreichen Legenden weiter. Und für André Schwarz-Bart wurde das Motiv in seinem Roman »Der Letzte der Gerechten« zu einem Schlüssel für die Deutung des Leidens und Überlebens des jüdischen Volkes in der Geschichte bis zur Schoah.[52]

Es geht also um die Frage der Schuldhaftung der Generationen. Werden auch die Nachkommen noch für die Schuld ihrer Väter und Mütter bezahlen müssen? Und – umgekehrt – können die gerechten Väter und Mütter auch ihre ungeratenen Kinder oder frevelhaften Zeitgenossen retten? Dass Ezechiel in diesem Zusammenhang auf Noach und Hiob verweist, liegt nahe. Noach ist das Paradebeispiel dafür, dass ein Gerechter zum Retter der Gemeinschaft werden kann. Er allein wurde vor Gott als gerecht befunden (Gen 6,8f.;7,1) und konnte durch seine Rechtschaffenheit

---

51 Die Zahl 36 geht auf Jes 30,18 zurück. Dort wird JHWH als ein Gott des Rechts gepriesen, der sich aller erbarmt, die auf ihn warten. Das letzte Wort dieses Verses, *lo*, besteht aus den beiden hebräischen Buchstaben *Lamed* und *Waw*. Diese haben die Zahlenwerte 30 und 6. Daraus haben dann die Rabbinen die 36 Gerechten abgeleitet. Sie sind diejenigen, die auf das Erbarmen des gerechten Gottes warten und werden daher glücklich gepriesen.

52 A. SCHWARZ-BART, Der Letzte der Gerechten, [4]1982.

auch seine Frau, seine Söhne und deren Frauen vor der alles vernichtenden großen Flut bewahren.

Hiob aber ist ein Gegenbeispiel. Auch er wird wie Noach von JHWH als eine in jeder Weise untadelige Person betrachtet (Hi 1,8;2,3). Jedoch vermag er trotz seiner Vollkommenheit und Gottesfurcht, die nicht zuletzt in der kultischen Vor- und Nachsorge für seine Kinder zum Ausdruck kommt (Hi 1,5), nur sich selbst und sein eigenes Leben zu retten, nicht aber das seiner Kinder. Ezechiel vertritt in dieser Frage ganz klar die Position der individuellen Zurechnung von Schuld. Weder Schuld noch Verdienste der Väter sind übertragbar auf die Söhne und Töchter. Nur der Gerechte selbst kann sich um seiner Gerechtigkeit willen retten. Dieser Grundsatz wird dann noch einmal breit entfaltet. Im Lande ging einst das Sprichwort um:

Die Väter haben saure Trauben gegessen,
aber den Kindern sind die Zähne davon stumpf geworden.
(Ez 18,2)

Offensichtlich spricht hier bereits die zweite Exilsgeneration. Sie klagte darüber, dass sie die Sünden ihrer Väter abbüßen mussten. Dieser Klage stellt Ezechiel unmissverständlich die individuelle Verantwortung eines jeden für sein Verhalten gegenüber:

Ihr sagt: »Warum soll denn ein Sohn nicht die Schuld seines Vaters tragen?« Weil der Sohn Recht und Gerechtigkeit geübt und alle meine Gesetze gehalten und danach getan hat, soll er am Leben bleiben. Denn nur, wer sündigt, der soll sterben. Der Sohn soll nicht tragen die Schuld des Vaters, und der Vater soll nicht tragen die Schuld des Sohnes, sondern die Gerechtigkeit des Gerechten soll ihm allein zugute kommen, und die Ungerechtigkeit des Ungerechten soll allein auf ihm liegen. (Ez 18,19–20)

Für diesen Grundsatz steht das Ezechielbuch ein. Und Hiob dient ihm hierfür als Exempel. Die Gerechtigkeit dieses frommen Mannes konnte seine Kinder nicht retten.

Das ist alles, was wir in der Bibel Israels über Hiob außerhalb des Hiobbuches erfahren. Viel ist es nicht, aber doch immerhin ein Hinweis darauf, dass der Hiobstoff dem Propheten im Exil bereits bekannt gewesen sein muss. In welchem Umfang und welcher Gestalt er ihm bekannt war, darüber lässt sich nur noch spekulieren. Es deutet aber manches darauf hin, dass es eine (mündliche?) Erzählung gab, die bereits von Hiob als einem großen Gerechten wusste, der schweren Prüfungen ausgesetzt war, in denen er zwar sich selbst, nicht aber seine Kinder durch seine Gottesfurcht zu retten vermochte. Ob dem Propheten Ezechiel damit bereits ein Grundbestand der heutigen Rahmenerzählung vorlag, oder einzelne Teile der Dialogdichtung, das entzieht sich unserer Kenntnis. Daher muss jeder, der etwas über das Hiobbuch wissen will, zu ihm selber greifen.

3. DAS HIOBBUCH –
AUFBAU UND ENTSTEHUNG

Das Hiobbuch gehört wie die allermeisten Schriften des Alten Testaments zur sogenannten *Traditionsliteratur.* Das heißt, dass es nicht der Hand eines einzelnen Autors zu verdanken ist, sondern in einem länger anhaltenden Traditionsprozess entstand. Dabei wurden ältere Vorlagen überarbeitet und fortgeschrieben. Es entstanden »Neuauflagen«, in denen älteres Textmaterial wegfallen und durch neue Passagen ersetzt oder ergänzt werden konnte. Neue Leser und neue Zeiten stellten andere Fragen und suchten dort nach neuen Antworten, wo die alten nicht mehr einleuchten wollten. Erst mit seiner Kanonisierung, mit der wohl kaum vor dem 2. Jh. v. Chr. zu rechnen ist, erhielt das Buch dann die Gestalt, in der es dem heutigen Leser vorliegt. So kann man es als Ergebnis eines mindestens über zwei bis drei Jahrhunderte anhaltenden Diskurses lesen, in dem die Frage nach dem Leiden eines Unschuldigen und der Gerechtigkeit Gottes zur Debatte stand.

In den älteren Auslegungen wurde dieses sukzessive Wachstum des Buches unter anderem an seiner Sprache festgemacht. Schon der auffällige Wechsel zwischen dem Prosastil in der Rahmenerzählung (Hi 1,1–2,10;42,10–17) und der poetisch gestalteten Dialogdichtung (Hi 3,1–42,6) hat zu der nach wie vor verbreiteten Annahme geführt, dass im Rahmen eine ältere Volkserzählung vorliege. Diese habe von der Bewährung eines Frommen im Leid erzählt (Hi 1,1–2,10), der dafür schließlich den verdienten göttlichen Lohn empfing (Hi 42,10–17). Seinem vorbildlichen *Tun* entsprach am Ende ein – kaum noch zu erwartendes – gesegnetes *Ergehen*. Damit hatte sich der in der traditionellen Weisheitslehre immer wieder traktierte Zusammenhang von Tun und Ergehen, der im Falle Hiobs außer Kraft gesetzt schien, am Ende doch noch durchgesetzt. Es war nur eine Frage der Zeit sowie der Geduld und der Treue des Frommen, bis die gestörte Weltordnung wieder ins Lot kommen und die bewährten Grundsätze der Weisen sich doch als richtig und lebensdienlich herausstellen würden.

Dieses wirkmächtige, doch auch recht schlicht erscheinende Modell einer Lohnfrömmigkeit, in der Gott auf die *Bewährung* des Frommen letztlich mit dessen *Bewahrung* und Belohnung geantwortet habe, sei von späteren Lesern massiv in Frage gestellt worden. Sie hätten die Erzählung auseinander geschnitten und die Hiobdichtung (Hi 3,1–42,9) eingefügt, die die überkommene Lehre der Weisen einer kritischen Prüfung unterzog. Zu diesem Zwecke führten sie die Freunde Hiobs als Vertreter der traditionellen Weisheit ein (Hi 2,11–13), die dann auf Hiobs energischen Protest stießen. Diese geschwätzigen Freunde scheiterten mit ihrer vermeintlichen Gottesklugheit an Hiobs Geschick. Und ihr Scheitern sowie das der traditionellen Weisheit sei schließlich von Gott selbst bestätigt worden (Hi 42,7–9).

Damit hatte man ein mindestens zweiphasiges Entstehungsmodell für das Hiobbuch entwickelt, nach dem das ältere Volksbuch über die beiden Brückentexte, in denen die Freunde Hiobs ein- und ausgeführt werden, durch die Dialogdichtung ergänzt worden sei.

Unterstützt wurde diese auf den ersten Blick recht plausibel erscheinende Entstehungshypothese durch zusätzliche Beobachtungen. So hätten der Hiob der Rahmenerzählung und der der Dialogdichtung kaum noch etwas miteinander gemein: hier der fromme Dulder, dort der zornige Rebell! Während in der Rahmenerzählung vor allem der Name des Gottes Israels, *JHWH*, Verwendung findet (23×), bevorzugt die Dialogdichtung die allgemeinen Gottesbezeichnungen *El* (45×), *Eloah* (41×) und *Schaddaj* (31×). Erst in dem Augenblick, in dem Gott Hiob aus dem Wettersturm entgegentritt und auf dessen Herausforderung antwortet, kommt er wieder mit seinem eigenen Namen JHWH zum Zuge (Hi 38,1 ff.).[53] Darüber hinaus sei am Ende, wo es um Hiobs Rehabilitation und Wiederherstellung geht, nicht mehr von den Freunden Hiobs, sondern von seinen Verwandten und Bekannten die Rede (Hi 42,11).

Damit wurde die literarische Verhältnisbestimmung der Rahmenerzählung zu der in sie eingebetteten Dialogdichtung zur eigentlichen Schlüsselfrage für die Entstehung des Hiobbuches. In der Forschung wurde und wird sie überaus kontrovers diskutiert und unterschiedlich beantwortet. Vier Modelle[54] sind nach wie vor im Gespräch: 1. Die traditionelle Auffassung, die oben bereits vorgestellt wurde, geht von der nachträglichen Einarbeitung der Dialogdichtung (Hi 3,1–42,6) in die Rahmenerzählung aus. 2. Neuere Untersuchungen vertreten umgekehrt die These, dass die ältere Dialogdichtung nachträglich durch die Erzählung gerahmt worden sei.[55] 3. Ein Grundbestand der ursprünglich selbständig existierenden Erzählung und der ebenfalls selbständigen Dichtung sei durch durchlaufende Redaktionsschichten miteinander verbunden und in mehreren Schüben fortgeschrieben worden, die schließlich zu der Gesamtkomposition des Buches führten.[56] 4. Abgesehen von dem Lied von der Weisheit (Hi 28) und den Elihureden (Hi 32–37) ist mit einer weitgehenden Einheitlichkeit von Rahmenerzählung und Dichtung

---

53   Lediglich in Hi 12,9 findet ausnahmsweise das Tetragramm JHWH Verwendung, weil es sich dort wohl um ein Zitat aus Jes 41,20 handelt.

54   Siehe dazu J. VAN OORSCHOT, Die Entstehung des Hiobbuches, 166 ff., und K. SCHMID, Hiob als biblisches und antikes Buch, 11 ff.

55   So zuletzt mit gewichtigen Argumenten R. HECKL, Hiob, 25 ff.

56   Vgl. J. VAN OORSCHOT, Die Entstehung des Hiobbuches, 168 ff., M. WITTE, Das Hiobbuch, 439 ff.

zu rechnen. Die bestehenden Spannungen zwischen beiden Buchteilen seien eher das Ergebnis des dramatischen Erzählverlaufs.[57]

Trotz der unverkennbaren Stichwortanknüpfungen und sachlichen Anspielungen, die zwischen dem erzählenden Rahmen und der Hiobdichtung bestehen, geht die folgende Betrachtung des Hiobbuches davon aus, dass beide Buchteile nicht von ein und demselben Autor stammen. Dazu sind die bereits erwähnten Differenzen, die sich noch erheblich vermehren ließen, zu groß. Darüber hinaus wird sich zeigen, dass die Rahmenerzählung alles andere als eine alte schlichte Volkserzählung ist. Vielmehr handelt es sich um eine vollkommen durchkomponierte Kunstprosa auf höchstem erzählerischen und theologischen Niveau. Wer sie aufmerksam liest und zur Dialogdichtung ins Verhältnis setzt, dem drängt sich geradezu der Eindruck auf, dass nicht nur die Erzählung vom frommen Dulder Hiob und seiner Wiederherstellung durch die Dialogdichtung problematisiert wird, sondern umgekehrt auch die Dichtung einen neuen theologischen Rahmen erhält, den ein Erzähler eigens für sie verfasst hat. Offensichtlich genügten dem Erzähler die Antworten nicht mehr, die der Dialogdichter auf die Fragen nach Gott und dem Leid des Frommen zu geben versuchte.[58]

Den meisten Auslegern ist allerdings deutlich, dass damit allenfalls ein grober Vorstellungsrahmen für den Werdegang des Hiobbuches erstellt wurde, der in sich noch einmal sehr viel komplizierter verlaufen sein

---

57   Die Skepsis vor all zu weit reichenden literar- und redaktionskritischen Operationen zur Erklärung der Textgenese hat jüngst K. SCHMID (Hiob als biblisches und antikes Buch, 14ff.) stark gemacht.

58   Siehe dazu vor allem R. HECKL, Hiob, 373ff.

dürfte. So rechnen viele damit, dass auch die Rahmen-erzählung (Hi 1,1–2,10;42,10–17) nicht aus einem Guss sei. Vielmehr hätten erst spätere Bearbeiter in diese die sogenannten Himmelsszenen eingefügt (Hi 1,6–12; 2,1–7).[59] Dass man daran begründete Zweifel haben kann, wird sich in der folgenden Auslegung zeigen.[60]

Nicht bezweifeln lässt sich allerdings, dass die Dialogdichtung in sich nicht einheitlich ist. Sie lässt sich zunächst in folgende recht unterschiedlich gestaltete Textblöcke gliedern:

- Freundesreden und Hiobs Antworten (Hi 3,1–27,13)
- Lied von der Weisheit (Hi 28)
- Reinigungsreden Hiobs (Hi 29,1–31,40)
- Elihureden (Hi 32,1–37,24)
- Gottesreden und Hiobs Antworten (Hi 38,1–42,6)

In dieser Reihe lassen sich vor allem zwei Elemente deutlich als spätere Hinzufügungen erkennen. Das ist zunächst das Lied von der Weisheit in Hi 28. Offensichtlich wurde dieses Gedicht ganz bewusst an das Ende der Freundesreden gesetzt und diente als Interpretationsschlüssel für den gescheiterten Dialog Hiobs mit seinen Freunden. Noch auffälliger sind dann die Reden eines ganz plötzlich und unvermittelt auftretenden vierten Freundes Elihu (Hi 32–37). Sie unterbrechen den unübersehbaren Zusammenhang zwischen den Reinigungsreden Hiobs (Hi 29–31) und den Gottesreden (Hi 38,1–42,6). Während Hiob in 31,35–37 Gott regelrecht zum Prozess herausfordert, Gott möge ihm doch die Anklageschrift vorlegen und endlich

---

59   So u. a. U. BERGES, Der Ijobrahmen, 225–245.
60   Siehe S. 83 Anm. 86.

Rede und Antwort stehen, muss sich der Leser zunächst einmal durch die sechs Kapitel der Elihureden hindurcharbeiten, bis Hiob schließlich in Kap. 38 die Antwort Gottes aus dem Wettersturm erhält. Die Elihureden stellen in diesem Zusammenhang ein retardierendes Moment dar. Sie verzögern den in Hi 31 geforderten Prozessbeginn. Und da Elihu in der Ausführung der drei anderen Freunde in Hi 42,7–9 mit keinem Wort mehr erwähnt wird, darf man wohl mit der ganz überwiegenden Mehrheit der Forscher davon ausgehen, dass diese Reden zu einem späteren Zeitpunkt (vielleicht zusammen mit Hi 28) in das Buch eingestellt wurden. Daher ist für die Dialogdichtung als solche mindestens noch einmal ein zweistufiger Wachstums- und Fortschreibungsprozess anzunehmen. Demnach kann man – abgesehen von weiteren kurzen Glossen, die noch später hinzugefügt worden sein mögen – mit drei Wachstumsphasen des Gesamtbuches rechnen. (Siehe Grafik S. 64)

Fragt man abschließend nach der Entstehungszeit des Buches, so lassen sich hier nur recht allgemeine Aussagen treffen. Der Hiobstoff und die Hiobfigur mögen durchaus auf eine ältere Tradition zurückgehen, die zunächst mündlich überliefert wurde und eventuell bis in die vorexilische Zeit Israels zurückreicht. Es dürfte allerdings kaum möglich sein, noch zu den Ursprüngen dieser mündlichen Tradition vorzustoßen und den Zeitraum ihrer Entstehung näher einzugrenzen. Was uns vorliegt, sind die Texte der drei Wachstumsstufen. Und auch für deren Verschriftung lässt sich nur eine relative Datierung im Verlauf der Literaturgeschichte Israels vornehmen. So ist anzunehmen, dass die der Stufe I zuzuordnende Dialogdichtung frühestens in der späteren Exilszeit entstand. Sie greift zum Beispiel in Hi 7,17f.;15,14–16 mit der

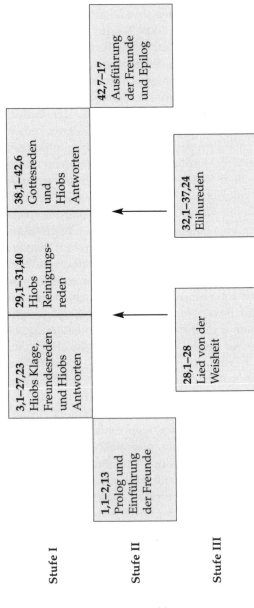

Stufe I

1,1–2,13 Prolog und Einführung der Freunde

3,1–27,23 Hiobs Klage, Freundesreden und Hiobs Antworten

29,1–31,40 Hiobs Reinigungsreden

38,1–42,6 Gottesreden und Hiobs Antworten

42,7–17 Ausführung der Freunde und Epilog

Stufe II

28,1–28 Lied von der Weisheit

32,1–37,24 Elihureden

Stufe III

Frage »Was ist der Mensch?« auf Ps 8,5 zurück, ein Text, der hier zitiert und parodiert wird und selbst kaum vor der frühen Exilszeit (eher später!) entstanden sein dürfte; ein weiteres Beispiel findet sich in Hi 3 mit Hiobs Verfluchung des Tages seiner Geburt, eine Anspielung auf Jer 20,14–18. Die Reihe der Bezugnahmen auf weitere biblische Texte ließe sich fortsetzen. So gibt es auffällige sprachliche und sachliche Verbindungen zu den Samuelerzählungen in 1 Sam 1–4.[61] Sie alle machen deutlich, »dass das Hiobbuch eine dialektische Schriftkritik betreibt. Es greift prominente theologische Positionen des Alten Testaments auf, kritisiert sie, weist sie aber nicht einfach ab, sondern setzt sie in höherem Sinne durchaus wieder in Kraft.«[62] Aus alledem geht hervor, dass das Hiob*buch* ein literarisches Produkt der nachexilischen Zeit ist. In ihm meldet sich eine ganz eigene wie prononcierte Stimme im theologischen Diskurs zu Wort, der in der Perserzeit unter den Schriftgelehrten und Weisheitslehrern der Provinz Jehud und der Diaspora geführt wurde.

Die folgenden Ausführungen zum Hiobbuch orientieren sich an der vorliegenden Endgestalt des Buches und seiner Theologie. Sie folgen dem dramatischen Handlungs- und Redeverlauf des Buches, ohne dabei aus dem Blick zu verlieren, dass dieses nicht das Produkt *eines* Autors ist, sondern das Ergebnis eines lang anhaltenden Erfahrungs- und Debattenprozesses, in dem sich viele Stimmen zu Wort gemeldet haben.

---

61 Ausführliche Begründungen finden sich bei R. HECKL, Hiob, 392 ff.
62 So das begründete Urteil von K. SCHMID, Innerbiblische Schriftdiskussion, 260.

4. Der Prolog

Hiob, der Name ist vielen ein Begriff, der nichts Gutes verheißt. Jeder kennt und fürchtet sie, *Hiobsbotschaften*, die ihn ins Unglück stürzen könnten wie einst den Hiob der Bibel. Seine Geschichte ist – jedenfalls unter Bibellesern – allgemein bekannt. Jedoch kann die allgemeine Bekanntheit schnell zu einem Hindernis des Verstehens werden. Es gibt auch ein falsches Bescheidwissen um die biblischen Texte, die – weil man glaubt, sie zu kennen – gar nicht mehr wirklich zur Kenntnis genommen werden.

Der Prolog spielt sich auf zwei Handlungsebenen ab, auf der Erde und im Himmel. Anhand dieses Wechsels der Handlungsräume sowie der *dramatis personae* lässt er sich in fünf Erzählszenen gliedern.

	II: 1,6–12
	– Himmel
	– Gottes-
	  söhne/
	JHWH/
	Satan
			IV: 2,1–7a
			– Himmel
			– Gottes-
			  söhne/
			JHWH/
			Satan	

I: 1,1–5
– Erde
– Hiob/
  Kinder
		III:
		1,13–22
		– Erde
		– Hiob/
		  Kinder/
		  Boten
				V: 2,7b–10
				– Erde
				– Hiob/
				  Frau

Der Erzähler ist ein Zauberer. Mühelos gelingt es ihm, die Grenzen von Raum und Zeit, die uns gesetzt sind, zu überspringen. So kann er den Leser wie auf einer Bühne von der Erde in den Himmel entführen, er kann die Zeit anhalten, kann uns mitnehmen in eine entfernte Vergangenheit oder in eine unbekannte Zukunft. Der Hiobzähler beherrscht ganz vortrefflich alle diese Register der Erzählkunst. Mit den Himmelsszenen entführt er uns aus der realen menschlichen Lebenswelt in das Reich der narrativen Imagination. Er überschreitet das, was uns bekannt ist, und lässt uns einen Blick ins Unbekannte werfen. Im Prolog des Hiobbuches findet ein ständiger kleiner Grenzverkehr zwischen Wirklichem und Hinzugedachtem, Realem und Imaginärem statt. Die Realität wird nicht einfach abgebildet und wiederholt, sondern überschritten, transzendiert! Dieses Spiel mit der Realität und dem Imaginären ist ein Kennzeichen fiktiver Erzählungen. Im Akt des Fingierens wird die Wirklichkeit überholt und neu ins Bild gesetzt, aus einer anderen, ungewöhnlichen Perspektive heraus betrachtet und durchgespielt. In unserem Falle nimmt der Erzähler das Geschick Hiobs aus der imaginären Perspektive JHWHs und des Satans heraus in Blick. Umgekehrt aber wird nun auch das Imaginäre, die uns unbekannte und unbestimmte himmlische Welt auf die irdische Lebenswirklichkeit bezogen. Ihre erzählten Figuren bekommen einen Namen, eine Gestalt und eine Rolle zugeschrieben. Der unsichtbare Gott Israels, JHWH, und der Satan treten aus ihrer Verborgenheit heraus. Sie erhalten in der fiktiven Welt der Erzählung eine Stimme und werden auf diese Weise zu Mitspielern im Spiel um die Deutung menschlicher Lebensschicksale. Das scheinbar Bekannte, die Erde, wird uns durch das Unbekannte, den Himmel, auf neue Weise erschlossen, und das Unbekannte wird – *vice versa* – durch Bekanntes vorstellbar.[63]

---

63   Zu der Problematik der Durchdringung von Realem, Fiktivem

Über die bereits erwähnte Erschließungskraft hinaus, die fiktive Erzählungen in der Wahrnehmung realer und imaginärer Welten haben, leisten sie vor allem dreierlei: *Unterbrechung, Distanzierung* und *Problematisierung*.[64] Im Vorgang des Erzählens wird die je eigene Welt der Hörer/Leser *unterbrochen*. Der Lauf der Zeit wird scheinbar angehalten. Und in die eigene Lebenszeit wird eine fremde Lebenszeit und Lebenswelt eingespeist. Diese mag mir bekannt und in mancherlei Erscheinungen ganz vertraut vorkommen. Aber sie wird doch niemals völlig deckungsgleich mit meiner eigenen Erfahrungs- und Lebenswelt sein. Ich lasse mein Geschick und meine Zeit unterbrechen, indem ich am realen oder auch fiktiven Geschick eines anderen Menschen teilnehme. Unterbrechung durch Anteilnahme am anderen bereichert mein eigenes Leben, fügt ihm fremdes Leben hinzu und befreit mich dadurch von der Fixierung auf mich selbst. Das hilft mir dabei, zu meinen eigenen Erfahrungen und Einsichten immer wieder auf *Distanz* zu gehen und sie auch kritisch in Frage zu stellen.

Alle menschliche Wahrnehmung ist ja endlich. Kein Mensch vermag das Ganze der Wirklichkeit zu erfassen. Diese Einsicht hat bereits den weisen Kohelet beschäftigt:

[10]Ich sah die Mühe, die Gott den Menschenkindern gegeben hat, um sich damit abzumühen. [11]Alles hat er schön gemacht zu seiner Zeit. Auch die Ewigkeit hat er in ihre Herzen gelegt. Nur dass der Mensch nicht herausfindet das Werk, das Gott tut vom Anfang bis zum Ende. (Koh 3,10–11)

---

und Imaginärem in der erzählten Welt siehe das wichtige Buch von W. ISER, Das Fiktive und das Imaginäre, 18ff.

64   Siehe dazu R. LUX, Narratio – Disputatio – Acclamatio, 90ff.

Wenn das so ist, dass alles menschliche Erkennen Stückwerk bleibt, dann kann die Fähigkeit, zu meinen eigenen Wahrnehmungen und Erfahrungen auf Distanz zu gehen und durch das Hören auf die Erzählungen, die voll von fremden Wahrnehmungen und Erfahrungen sind, hilfreich sein. Solche Unterbrechungen bewahren mich davor, meine eigene Sicht der Dinge für das Ganze zu halten. Das weitet meinen Lebenshorizont und hilft mir dabei, eigenes Erkennen, Handeln und Ergehen zu *problematisieren.* Scheinbar Gegebenes muss nicht einfach hingenommen werden. Es kann hinterfragt und überholt werden. Auf diese Weise können fiktive Erzählungen zu Lehrmeistern werden, die mich dazu ermutigen, eingefahrene Rollen und Lebensmuster zu durchbrechen, mir neue Sichtweisen auf mein eigenes Lebensgeschick zuspielen zu lassen und den Exodus aus den engen Grenzen des Selbst zu wagen. Das Hiobbuch ist mit seiner ungebrochenen Wirkungsgeschichte ein klassisches Exempel für diese Lebenskunst, die ihre Inspiration aus der Kunst der Erzähler empfängt.

4.1. Hiobs Glück

Die Erzählung setzt ein mit dem Satz: »*Es war (einmal) ein Mann im Lande Uz*«. Die Leser werden weder über die Zeit noch über den exakten Wohnort informiert, in der und an dem dieser Mann gelebt hat. Bereits diese Unbestimmtheit des Anfangs ist ein deutliches Kennzeichen des Fiktiven. Dieser Mann, von dem im Folgenden erzählt wird, ist in vielen Zeiten und an vielen Orten denkbar. In dem, was ihm widerfuhr, und in dem Kampf, den er auszufechten hatte, wird nicht nur ein einzigartiges, individuelles Lebensschicksal zur Darstellung gebracht. Vielmehr wird das Individuum zum

Spiegel eines überindividuellen, typischen Geschicks, von dem wohl jede Menschheitsgeneration ihr Lied zu singen wusste. Das rechtfertigt das von mir im ersten Satz zum hebräischen Text hinzugefügte Wörtchen »einmal«, durch welches die Erzählung dem Märchen angenähert wird, ohne im eigentlichen Sinne ein Märchen zu sein.[65] Ja, wie wir noch sehen werden hat der Erzähler seine Leser durch den geradezu märchenhaften Reichtum Hiobs (1,3) sowie durch das ebenso märchenhafte Unglück, in das er geriet (1,13–21;2,7b–9), selbst auf diese Wahrnehmungsspur gesetzt. Die Wahrheit dieser Erzählung ist daher auch nicht an Zeit und Ort gebunden, an die Einmaligkeit oder Historizität des berichteten Geschehens. Sie wird – wie die tiefen Lebenswahrheiten der Märchen – immer wieder zu neuem Leben erweckt.

Für die Heimat des Mannes steht nur ein Landschaftsname. Er stammte aus dem Lande Uz. Dabei

---

65 H. GUNKEL (Das Märchen im Alten Testament, 94 f.) vermutet, dass dem Prolog und dem Epilog ursprünglich ein altes Volksmärchen zugrunde lag, das allerdings im Zuge des Monotheismus Israels eine Metamorphose durchlaufen habe, durch welche der Märchencharakter in den Hintergrund getreten sei. Vgl. dazu aber H.-J. HERMISSON in seinem Nachwort zur Neuausgabe des Buches von H. GUNKEL (191–202). Darin weist HERMISSON mit Recht darauf hin, dass eine ganze Reihe von biblischen Erzählungen zwar Motive enthalten, die auch in Märchen begegnen, nicht aber gattungsspezifisch für diese sind (197). Die wichtigste Differenz zwischen den fiktiven biblischen Erzählungen und den Märchen sieht er vielmehr darin, dass die biblischen Erzählungen als »Ausdrucksformen des Glaubens« auf die reale Lebenswelt ihrer Leser bezogen bleiben, ohne sich ganz und gar im Reich des Imaginären zu verlieren. Die Märchen hingegen wandern als »Ausdrucksform von Wünschen und Träumen, wohl auch von Ängsten des Menschen« aus in ein fernes »Märchenland« (202), das sich von der realen Lebenswelt ablösen kann.

handelte es sich wohl nicht um ein Phantasie- oder Schlaraffenland, sondern um eine den israelitischen Lesern bekannte Gegend, die einerseits mit Edom südöstlich des Toten Meeres in Verbindung gebracht wird (Gen 36,28; Jer 25,20; Klgl 4,21).[66] Andererseits begegnet der Name Uz auch als Bezeichnung für den ältesten Sohn Arams (Gen 10,23) sowie den Sohn Milkas und Nahors, des Bruders Abrahams (Gen 22,21). Nach den zuletzt erwähnten Notizen handelte es sich bei den Uziten um eine aramäische Bevölkerungsgruppe, die mit den Erzeltern Israels und ihrer Herkunft aus dem Osten in Verbindung gebracht wurde. Dafür spricht nicht nur der Hinweis, dass Hiob – aus der Perspektive des israelitischen Erzählers – ein »Sohn des Ostens« war (Hi 1,3), sondern auch die Beschreibung des »Landes der Söhne des Ostens« (vgl. Gen 29,1) als Gebiet einer Bevölkerung, die vor allem von der Viehzucht lebte. Dieses soziale Milieu einer Viehzüchtergesellschaft, auf das auch Jakob während seines Aufenthaltes bei Laban in Haran traf (Gen 29–31), entspricht dem, was wir über Hiob und seinen sagenhaften Viehreichtum erfahren. Wo immer man auch das Land Uz genauer lokalisieren kann, ob in der Gegend von Edom auf der arabischen Halbinsel oder in den Aramäergebieten, es lag auf jeden Fall östlich von Kanaan. Und die Querbezüge zu den Vorfahren des späteren Volkes Israel machen deutlich, dass Hiob ganz bewusst mit der Aura eines Erzvaters ausgestattet wurde. Man kann ihn daher als einen »Präpatriarchen« bezeichnen,[67] der an der Nahtstelle zwischen den Völkern und Israel stand. Wie die Sippe Terachs und Abrahams, die aus dem Schoß der Völkerwelt, dem Ur der Chaldäer und aus Haran herausge-

---

66   Vgl. E. A. Knauf, Hiobs Heimat, 65–83.
67   So R. Heckl, Hiob, 379.

rufen wurde, um zur Keimzelle Israels zu werden (Gen 11,31–12,7), so wird Hiob, der »Sohn des Ostens« zu einem nichtisraelitischen Vorläufer des späteren Volkes Israel.

Der zweite Satz der Erzählung gibt dem Mann aus Uz einen Namen: *Hiob*! Dieser Name hat vielfältige Deutungen erfahren, von denen hier nur die zwei wichtigsten erwähnt werden sollen. Etymologisch wird er aus dem in mehreren westsemitischen Sprachen verbreiteten Namenstyp *a-ia-bu* abgeleitet, in dem das allgemeinsemitische Nomen *'ab* »Vater« als Bezeichnung für die Vatergottheit steht. Der ganze Name bildet dann die Satzfrage: »*Wo ist mein Vatergott?*« Handelt es sich demnach um einen Programmnamen, der bereits durch die in ihm steckende Frage das Thema des gesamten Buches enthält und den verzweifelten Schrei Hiobs nach dem verborgenen, stummen Vatergott zum Ausdruck bringt? Auszuschließen ist das nicht, aber wohl auch nicht mit Sicherheit zu erweisen.[68] Der Name könnte nämlich auch eine Anspielung auf das hebräische Nomen *'ojeb* »Feind/Gegner« enthalten. In diesem Falle würde es sich um ein Sprachspiel handeln. Die Assonanz *'ojeb/'ijob*, die in dem Namen Hiob anklingt, legt für das hebräisch hörende Ohr die passivische Bedeutung »*der (von Gott?) Angefeindete*« nahe. In diesem Sinne lässt der Autor der Hiobdichtung seinen Protagonisten dann auch selbst mit seinem Namen spielen:

---

68   Siehe dazu zuletzt H.-P. MATHYS (in: G. KAISER / H.-P. MATHYS, Das Buch Hiob, 183–188), der zu dem Ergebnis kommt: »Der Verfasser des Hiob-Buches haut diesbezüglich (im Blick auf die Namengebungen, R. L.) nicht auf die Pauke; er bevorzugt, wie die Namen der Freunde und vor allem der Töchter Hiobs zeigen, die feinere Art« (188). So auch das zurückhaltende Votum von R. HECKL, Hiob, 225.

Warum verbirgst du dein Angesicht
und hältst mich für deinen Feind? (Hi 13,24)[69]

Elihu, der verspätete vierte Freund, nimmt genau diese vorwurfsvolle Frage Hiobs als Zitat auf:

Siehe, (unberechtigte) Anlässe (er)findet er (Gott) gegen mich
Er hält mich für seinen Feind. (Hi 33,10)

Seiner Meinung nach ist allerdings diese Sicht Hiobs vollkommen verfehlt.

Stellte demnach der Erzähler und Dichter mit Hiob einen Menschen auf die Bühne des Geschehens, der sich von aller Welt *angefeindet* fühlte? Und spielte er in der Rahmenerzählung (1,1–2,13;42,7–17) und der Hiobdichtung (3,1–42,6) unterschiedliche Möglichkeiten auf die Frage durch, wer denn eigentlich der Feind Hiobs sei?

Bevor der Erzähler die Leserschaft über Hiobs Besitz informiert, werden wir über seinen Charakter ins Bild gesetzt. Vor dem *Haben* steht das *Sein*. Was für ein Mensch war Hiob, über welche Eigenschaften verfügte er? Mit vier Prädikaten wird uns der Sohn des Ostens als eine außergewöhnliche Lichtgestalt vor Augen gestellt. Er sei *vollkommen, aufrichtig, gottesfürchtig und das Böse meidend* gewesen (V 1b). Diese Charakterisierung erinnert an den Sintfluthelden Noach, der durch die beiden Attribute *gerecht* und *vollkommen* geadelt worden ist (Gen 6,9). Aber auch Jakob wurde im Gegensatz zu seinem Bruder Esau als ein *vollkommener Mann* bezeichnet (Gen 25,27), eine erstaunliche Cha-

---

69 Vgl. auch Hi 19,11: »Seinen Zorn ließ er (Gott) gegen mich entbrennen / und betrachtet mich als seinen Feind.« Hier steht allerdings nicht das Nomen *'ojeb* für Feind, sondern *zar*.

rakterisierung angesichts seiner späteren Gaunereien. Mit Hiob allerdings kann sich keiner der beiden vergleichen. Ihm werden gleich vier positive Eigenschaften wie ein Orden an die Brust geheftet. Wahrscheinlich hat die Vierzahl hier eine symbolische Bedeutung. In der Antike gilt sie als die Weltzahl, die für die vier Himmelsrichtungen steht. Und die Herrscher Mesopotamiens schmückten sich gerne mit dem Titel »König der vier Weltgegenden«, der ihren theoretischen Anspruch auf eine universale Herrschaft dokumentierte.[70] Wollte der Erzähler mit den vier positiven Bewertungen Hiobs deutlich machen, dass dieser wirklich in jederlei Richtung vollkommen integer war?

Von besonderem Gewicht sind die letzten beiden Charaktereigenschaften, die ihm zugeschrieben werden. Hiob sei – wörtlich übersetzt – *Gott fürchtend*[71] und *vom Bösen weichend*[72] gewesen. Als solcher entspricht er dem Ideal eines frommen, toratreuen und weisen Israeliten. Dabei stehen *Gott* und das *Böse* in Opposition zueinander. Zu Gott pflegte Hiob ein positives, zum Bösen ein negatives Verhältnis. Meisterhaft lässt der Erzähler damit bereits den Grundkonflikt anklingen, der das ganze Buch durchzieht. Was hat Gott eigentlich mit dem Bösen zu tun, und was der Mensch mit beiden? Hiob lebt nach dem Grundsatz: Wer den einen, Gott, fürchtet, kann das andere, das Böse, nur meiden. Wer dem einen nahe ist, muss sich vom anderen fern halten. Beides zusammen geht nicht. Zwischen Gott und dem Bösen liegt ein tiefer Graben. Ist das so? Wird nicht gerade diese von Hiob geübte Un-

---

70 Siehe zur Symbolik der Vierzahl S. Kreuzer, Zahl, 1160–1162.
71 Vgl. Dtn 6,13.24;13,5; Prov 1,7;2,5;3,7;8,13;14,2; Ps 19,10;34,12; 111,10 u. ö.
72 So auch Jes 59,15; Ps 34,15;37,27; Prov 13,19;14,16;16,6.17.

terscheidungskunst zwischen Gott und dem Bösen im Hiobbuch verdunkelt? Und sollte Hiob nicht gerade daran leiden, dass er sich zwar vom Bösen fern gehalten hat, Gott aber scheinbar nicht? Ja, erscheint er ihm nicht geradezu in der Maske des Bösen?

Bereits im ersten Vers des Buches wird damit die Entscheidungsmöglichkeit offengelegt, die der Mensch hat. Er hat die Wahl zwischen Gott und dem Bösen. Und Hiob hat sich entschieden! Er fürchtet Gott und hält sich vom Bösen fern. Der Erzähler traut das dem Menschen zu, dass er sich in voller Freiheit gegen das Böse entscheidet. Er ist als ethisches Subjekt dazu in der Lage. Doch wird Gott das auch sein?[73] Eine Antwort auf diese Frage findet wohl nur, wer Hiob auf dem langen Weg durch die Gottesfinsternis nicht von der Seite weicht. Wichtig für uns soll zunächst nur dies sein, dass der Erzähler gleich zu Beginn seinem Helden ein außergewöhnlich gutes Zeugnis ausstellt. Es liegt auf der Hand, dass sich die Leser bei ihrer Buchlektüre von diesem positiven Hiobbild leiten lassen sollten.

Dem Charakterbild folgt eine Beschreibung des Besitzstandes. Hiobs vorbildlichem Verhalten entsprach der Reichtum an Kindern sowie Hab und Gut, mit dem er gesegnet war (Hi 1,2–3). Ihm wurden sieben Söhne und drei Töchter geboren. Nach Ruth 4,15 ist die *Sieben* die Idealzahl der Söhne (vgl. 1 Sam 2,5). Zusammen mit den drei Töchtern ergibt das insgesamt *zehn* Kinder. Beide Zahlen, Sieben und Zehn, symbolisieren die Vollkommenheit und Vollständigkeit einer Einheit (7 Wochentage, 10 Finger, 10 Gebote). Diesem Mann fehlte es nicht an Nachkommen, die für ihn – wie im Alten

---

73 Diese kritische Frage stellen C. G. JUNG und E. BLOCH in ihren Interpretationen des Hiobbuches. Siehe dazu S. 294 ff., 298 ff.

Orient ganz allgemein – die beste Sozialversicherung für seine alten Tage darstellten.[74]

In der Aufzählung des Viehbesitzes setzt sich das Zahlenspiel des Erzählers fort. Er besaß die gewaltige Anzahl von 7000 Stück Kleinvieh und 3000 Kamelen, das Tausendfache seiner Kinderschar, insgesamt 10000. Dazu kommen 500 Joch Rinder und 500 Eselinnen sowie eine überaus zahlreiche Dienerschaft. Bei all diesen Zahlen handelt es sich um Idealzahlen, die nur einen Sinn haben, nämlich den Nachweis zu führen, dass dieser Hiob *größer* (und bedeutender) *war als alle Söhne des Ostens* (1,3). Auch durch seinen Viehbesitz (Kleinvieh, Esel, Rinder, Kamele) wird er wieder in die Nähe der Erzeltern Israels und ihrer Lebensweise gerückt.[75] Dieser Krösus des Ostens war ein in jeder Weise untadeliger und daher gesegneter Mann, der sich seines Reichtums wahrlich nicht schämen musste.

Mit V 4 wechselt der Erzähler die Perspektive und nimmt die Kinder Hiobs ins Visier: *Und/aber*[76] *seine Söhne gingen und veranstalteten ein Trinkgelage, im Haus eines jeden an seinem Tag.* Wird durch das einleitende »aber« hier bereits ein Gegensatz zwischen den Söhnen und ihrem integeren Vater angedeutet? Dafür spräche immerhin die Besorgnis Hiobs in V 5. Soll der Leser mehr sehen als nur die Schokoladenseite der geachteten und gesegneten Familie? Wird ihm jetzt ein Blick hinter die Kulissen gewährt, in der die Kinder des ehrenwerten Mannes ihr eigenes Wesen trieben?

---

74   Siehe dazu A. MEINHOLD, Zum Verständnis des Elterngebotes, 67 ff.
75   Vgl. Gen 12,16;13,5;20,14;24,10;30,43;34,28;37,12 ff.
76   Im Hebräischen wird der Satz durch ein kopulatives *Waw* »und« eingeleitet, das auch adversativ mit »aber« übersetzt werden kann.

Ist die Welt Hiobs gar nicht so unangreifbar, wie sie nach außen scheinen könnte? Gibt es Einfallstore für das Böse? Der Erzähler wahrt äußerste Diskretion. Er vermeidet jedes direkte moralisierende Urteil über die fröhlichen Partys, die die Geschwisterrunde feiert, bei denen gut gegessen wurde und reichlich Wein geflossen ist (vgl. Hi 1,18). Die Gefahren, die das ausgelassene Festefeiern und Trinken mit sich bringt, waren den Lesern aus der überlieferten Volksweisheit ohnehin bekannt:

Ein Spötter ist der Wein und einer, der Krach macht,
der Rauschtrank,
und jeder, der davon taumelt, ist nicht weise. (Prov 20,1)

Noch drastischer liest sich das Hohelied der Trunkenheit in den Sprüchen Salomos:[77]

29Wem ist Weh, wem ist Ach?
Wer hat Streit, wer hat Klage?
Wer hat Wunden wegen nichts?
Wer hat trübe Augen?
30Denjenigen, die noch lange beim Wein sitzen,
die kommen, um den Mischwein zu verkosten.
31Schau nicht auf den Wein, denn er rötet sich,
ja, er lässt es funkeln im Becher.
Schnurstracks geht er ein.
32Sein Ende (aber) ist wie eine Schlange, die beißt,
und wie eine Viper, die sticht.
33Deine Augen sehen Befremdliches
und dein Herz redet Verdrehtes.

---

77   Siehe zu der gesamten Thematik die Untersuchung von M. Du-
      BACH, Trunkenheit im Alten Testament.

³⁴Und du bist wie ein Schlafender im Herzen des Meeres
und wie einer, der auf der Spitze des (im) Mastkorbs liegt.
³⁵ Sie haben mich geschlagen, ich hatte keinen Schmerz.
Sie haben mich verprügelt, ich hab's nicht gespürt.
Wann werde ich nüchtern sein?
(Dann) will ich fortfahren ihn (den Wein) noch mehr zu suchen.
(Prov 23,29–35)

Unser Erzähler arbeitet im Unterschied zu diesen Versen aus den Sprüchen Salomos nicht mit dem erhobenen Zeigefinger. Und seine Hauptperson Hiob, weiß sehr wohl um die Gefahren von Trinkgelagen. Aber auch er redet seinen Kindern nicht drein, sondern begleitet sie mit Aufmerksamkeit und väterlicher Fürsorge. Wenn die (Geburtstags-?)[78] Gelage reihum gegangen waren, schickte Hiob nach seinen Kindern, *heiligte sie … und brachte Brandopfer* für sie dar (V 5). Das hebräische Verb *qadasch* (Pi.) »heiligen/weihen« bezeichnet in unserem Zusammenhang wahrscheinlich die Vorbereitung der Kinder (durch Reinigungsriten?) für die Teilnahme an der folgenden Opferhandlung. Bei dieser handelte es sich wahrscheinlich um die Darbringung eines »Sühnopfers«.[79] Dieses war für unbeabsichtigte, nicht vorsätzlich begangene Vergehen vorgesehen (vgl. Lev 4,2).[80] Wenn der Erzähler Hiob

---

78 Aus dem Text geht nicht genau hervor, ob es sich bei der Formulierung, dass *ein jeder an seinem Tag in sein Haus* einlud (V 4a), um den Geburtstag der Söhne handelte, oder ob die Feste der sieben erwachsenen Söhne ohne Unterlass kreisten.

79 Zwar wird hier nicht ausdrücklich von einer *chatta't*, einem »Sühnopfer« gesprochen, wohl aber werden die möglichen Vergehen der Söhne mit dem Verb *chata'* »sündigen« charakterisiert. Durch die gleiche Wortwurzel wird auf ein Sühnopfer angespielt, das Hiob darbrachte.

80 Siehe dazu I. WILLI-PLEIN, Opfer und Kult, 150 ff.

sagen lässt: *Vielleicht haben meine Söhne gesündigt und Gott in ihrem Herzen verflucht* (V 5), dann wird daraus deutlich, dass er einerseits nicht wusste, ob sich seine Söhne tatsächlich eines Vergehens schuldig gemacht haben, und dass er andererseits an eine mögliche Wortsünde gegen Gott dachte.

Dabei bedient sich der Erzähler eines raffinierten Wortspiels, mit dem er den inneren theologischen Zusammenhang von Sünde, Opfer und Segen anklingen lässt. An Stelle der üblichen hebräischen Verben für *fluchen* (*qalal* oder *'arar*) verwendet er das Verb *barak,* das eigentlich die Bedeutung *segnen/preisen* hat. Weil es für den frommen Hiob undenkbar war, den Gedanken überhaupt auszusprechen, dass seine Söhne Gott *verflucht* haben könnten, legt ihm der Erzähler dafür einen Euphemismus in den Mund, das gegenteilige Wort *barak.*[81] Damit spielt er zugleich ein Leitwort ein, das den gesamten Prolog durchzieht (Hi 1,5.10.11.21;2,5.9). Alles kreist hier um den *Segen,* der Hiob und seinem Haus widerfuhr, der zerbrach und schließlich wieder hergestellt wurde (vgl. Hi 42,12). Wenn Gott das Subjekt der hebräischen Wurzel *barak* ist, wenn er *segnet,* dann drückt sich dies in seinem fürsorglichen Handeln für den Menschen aus, in ganz konkreten Gaben und Gütern, zahlreichen Nachkommen, Fruchtbarkeit von Acker und Vieh, Nahrung und Kleidung, Gesundheit und langem Leben. Ist hingegen der Mensch das Subjekt von *barak,* dann wird mit dem Verb oft dessen Reaktion auf die Segnungen Gottes zum Ausdruck gebracht, für die er ihn *lobt* und *preist.*[82] Es handelt sich also um ein Wort der Beziehungssprache. Auf die *actio* des segnenden Handelns Gottes, erfolgt als geradezu

---

81   So auch in 1 Kön 21,10.13.
82   Vgl. Ps 16,7;66,8;96,2;103,1f.;104,1.35;134,1f.;145,10.21 u. ö.

natürliche *reactio* des Menschen der Lobpreis Gottes. Wenn Hiob befürchtet, seine Söhne könnten während ihrer Trinkgelage Gott in Gedanken *geflucht* haben (euphemistisch »*gepriesen*« haben, hebr. *berᵃchu*), dann rechnet er mit der Möglichkeit, dass sie die Segensaktion Gottes nicht mit der entsprechenden Reaktion von Lob und Dank beantworten. Haben sie *in ihren Herzen*, in Gedanken[83] verächtlich von Gott geredet, seinen Namen leichtfertig im Munde geführt? Und haben sie sich damit eines Verstoßes gegen das Verbot des Namensmissbrauchs (Ex 20,7; Dtn 5,11) schuldig gemacht? Das legt immerhin das positive Gegenbild nahe, das der Erzähler von Hiob selbst zeichnet. Seine Untadeligkeit kommt nicht zuletzt darin zum Ausdruck, dass er *nicht sündigte*, sondern auch nach den schweren Schicksalsschlägen den Namen JHWHs *gepriesen* hat (Hi 1,21 f.). Hier steht das Verb *barak* in seinem üblichen Sinn. Die außergewöhnliche Frömmigkeit Hiobs erweist sich also auch darin, dass er sich sogar noch für die vermeintlichen Gedankensünden seiner Söhne verantwortlich wusste und diesen prophylaktisch vorbeugte.

Er kannte – wie auch die Erzväter Israels – seine Rolle als treu sorgender *pater familias*. Diese bestand nicht zuletzt darin, als *Priester der Familie* und Sippe auch Opferhandlungen zu vollziehen (vgl. Gen 12,7; 13,8;35,1 ff. 14f.;46,1).[84] Diesem Vater lag eben nicht nur das leibliche Wohl seiner Kinder am Herzen, sondern auch deren Gottesbeziehung. Die Opfer aber dienten u. a. der Aufrechterhaltung dieser Beziehung und da-

---

83   Das Herz ist in der Anthropologie Israels auch der Sitz der Vorstellungen und Gedanken.

84   Siehe dazu R. Lux, Der leidende Gerechte als Opfer und Opferherr, 43 ff.

mit des Segensgeflechtes zwischen Gott und Mensch. So heißt es etwa im Altargesetz:

Eine Schlachtstatt aus Erde sollst du mir anfertigen und sollst darauf deine Brandopfer und deine Heilsopfer schlachten, dein Kleinvieh und deine Rinder. An jedem Ort, an dem ich meines Namens gedenken lasse, will ich zu dir kommen und dich segnen. (Ex 20,24)

Wenn Hiob seine Söhne von der Tafel ihrer Trinkgelage an die Schlachtstatt JHWHs ruft, dann geht es nach der Konzeption des Erzählers genau um diesen Zusammenhang von Opfer, Anrufung des Gottesnamens und Segen. Hiob bereitet Gott den Opfertisch, erweist ihm Gastfreundschaft und Ehre durch das dargebrachte Brandopfer und die Anrufung seines Namens. Als Gegengabe erwartet er das Kommen und die Nähe Gottes sowie die Erneuerung des Segens. Darum ging es, wenn im alten Israel die Brandopferaltäre rauchten und um nichts sonst.[85] *Und so tat's* (auch) *Hiob alle Tage* (Hi 1,5b).

Jetzt ist der Leser orientiert über die Welt des untadeligen Hiob, die der Erzähler vor uns aufgebaut hat. Er hat uns ins Bild gesetzt, und er hat eindeutig Partei ergriffen für Hiob, seinen »Helden«. Alles spricht für ihn, und das von allem Anfang an. Wer wollte da noch gegen ihn sein?

---

85 Vgl. A. MARX, Opferlogik im alten Israel, 138: »Wenn Gott im Opfer zu seinem Volk kommt, dann eben nur, um es zu segnen. Jede Opfertheorie, die nicht in diesem Segen das zentrale Anliegen des Opfers sieht, muss als unbiblisch eingeschätzt werden.«

4.2. Satans erster Anschlag

Einen gab es, der gegen Hiob intrigierte, den Satan. Die zweite Szene des Prologs besteht aus zwei Wortwechseln zwischen JHWH und dem Satan (1,7.8–12a), die mit einem Rahmen (1,6.12b) versehen worden sind. Die beiden Bewegungsverben *kommen* (*boʾ*) und *hinaus gehen* (*jazaʾ*) insinuieren einen neuen Ort des Geschehens, an dem die handelnden Personen zusammenkommen (1,6) und von dem man wieder fortgeht (1,12b). Welcher Ort das ist, darüber schweigt sich der Erzähler aus. Er kann nur über die handelnden Personen, die Söhne Gottes, JHWH und den Satan erschlossen werden. Stellt uns der Erzähler jetzt, nachdem wir die *Familie Hiobs* kennen lernen durften, mit den Gottessöhnen die *familia dei* vor? Und wo sollte sich der Leser diese vorstellen, wenn nicht im Himmel? Dafür spricht auch die Antwort des Satans, die er JHWH auf die Frage gibt, woher er denn komme: *Vom Umherstreifen auf der Erde und vom Spazieren auf ihr* (V 7). Wir haben es ganz offensichtlich mit einer Himmelsszene zu tun. Neben der irdischen Welt Hiobs, die in 1,1–5 aufgebaut wurde, entsteht jetzt vor dem geistigen Auge der Leser die Welt JHWHs. Diese beiden Welten werden voneinander unterschieden aber nicht getrennt. Es gibt Berührungspunkte, ja, es gibt so etwas wie einen kleinen Grenzverkehr zwischen diesen beiden Welten, der vor allem vom Satan wahrgenommen wird. Das, was in der himmlischen Welt JHWHs geschieht, ist von Bedeutung für die irdische Welt Hiobs. JHWH und seine Söhne genügen nicht sich selbst. Es gibt ein Interesse am Menschen, an Hiob. Und so, wie Hiob an der Frömmigkeit seiner Söhne zweifelt (1,4f.), so zweifelt der Satan, einer aus der Mitte der Söhne Gottes, an der Frömmigkeit Hiobs (1,9f.). Einig sind sich im Himmel und auf der Erde nur zwei in ihrem Urteil über Hiob, nämlich JHWH und der Erzähler. Dessen positives (Vor-?) Urteil über Hiob (1,1) wird von JHWH wortwörtlich übernommen (1,9). Danach gibt es also auch ein tiefes Einvernehmen zwischen JHWH und Hiob. Aber so wie dieses Einvernehmen zwischen JHWH und Hiob durch dessen Söhne gestört sein könnte, so wird es jetzt durch den Satan, einen der Söhne Gottes gestört. In einigen Elementen bildet damit die himmlische Familienszene geradezu ein Spiegelbild zu ihrem irdischen Pendant.[86] Doch was und wen hat man sich eigentlich unter der *familia dei* vorzustellen?

Von den *Söhnen Gottes* ist auch sonst im Alten Testament die Rede (Ps 82,6;89,7). Nicht immer wissen sie, wie sie sich ihrem Stand entsprechend zu benehmen haben. Ihr Hang zu den schönen Menschentöchtern ließ sie eine Grenze überschreiten (Gen 6,1–4). Mehrfach werden sie aufgefordert, *ad maiorem dei gloriam* ein Gotteslob anzustimmen (Ps 29,1), was sie beim Schöpfungswerk JHWHs auch gemeinsam mit den Morgensternen taten (Hi 38,7). Sie gehören zum *Himmelsheer*, mit dem zunächst die Sterne gemeint waren, die in Kanaan und im gesamten Alten Orient als eigenständige Götter verehrt wurden.[87] Mit dem Durchbruch des Monotheismus verloren sie in Israel ihren Status als Götter. Nach Jes 40,26;45,12 wurden sie von JHWH ge-

---

86 Wenn diese enge formale und thematische Bezogenheit der Himmelsszene auf die Szene I in 1,1–5 beachtet wird, dann bestehen Zweifel an der weit verbreiteten Hypothese, dass die Himmelsszenen erst später in die Hiobrahmenerzählung eingefügt worden seien. So jüngst wieder *J. van Oorschot*, Die Entstehung des Hiobbuches, 176 ff.

87 Vgl. Dtn 4,17;17,3;23,4 f.; 2 Kön 17,16;21,3; Jer 8,2;19,13 u. ö.

schaffen, depotenziert und ihm als Göttervater unterstellt. Aber *JHWH Zebaot*, der »Herr der Heerscharen«, verfügte mit ihnen nicht nur über eine streitbare Armee, sondern wohl auch über einen Kreis von himmlischen Ratgebern und Boten. So begegnet im Alten Testament mehrfach die Vorstellung vom *himmlischen Thronrat*,[88] den die Göttersöhne als entmachtetes aber keineswegs funktionslos gewordenes Pantheon bildeten. Sie liegt wohl auch in Hi 1,6–12 und 2,1–7a vor und hat in 1 Kön 22,19–22 und Sach 3,1–7 deutliche Parallelen.

Zu diesem Thronrat JHWHs gehörte offensichtlich auch der *Satan*, der im Kreis der Söhne Gottes die Bühne des Geschehens betritt. Wie der Lügengeist in 1 Kön 22,19–22 ist auch er im Auftrag JHWHs auf der Erde unterwegs. Welche Vorstellungen verbinden sich mit seiner Gestalt? Das hebräische Verb *satan* hat die Grundbedeutung *anfeinden/sich widersetzen*.[89] Davon abgeleitet werden menschliche Personen, die sich feindlich oder widerspenstig verhalten, als *Satan* bezeichnet, so z. B. militärische Gegner.[90] In der Bileamgeschichte wird dann kein Mensch, sondern ein Engel, ein Bote JHWHs als *Satan* erwähnt (Num 22,22.23). Hier hat allerdings der als Satan bezeichnete Engel im Erzählzusammenhang keine negative, sondern eine durchaus positive Funktion. Er wird geradezu zum Widersacher des Bösen, indem er Bileam daran hindert, das Volk JHWHs zu verfluchen. Nach Ps 109,6 kann der Satan auch die Rolle des Anklägers in einem Strafverfahren übernehmen. In allen diesen Texten wird deutlich, dass

---

88 Ps 25,14;89,8; Hi 15,8; Jer 23,18. Siehe dazu H.-D. NEEF, Gottes himmlischer Thronrat.

89 Gen 27,41;49,23;50,15 u. ö.

90 1 Sam 29,4; 2 Sam 19,23; 1 Kön 11.14.23.25.

der Satan zunächst noch gar keine eigene *Person* darstellte, sondern lediglich eine *Funktion* ausübte, die von
jedem Menschen oder auch von einem Boten Gottes
wahrgenommen werden konnte, nämlich als Feind auf-
zutreten, Widerstand zu leisten und anzuklagen. Erst
in der nachexilischen Zeit (2. Hälfte des 6. Jh. v. Chr.)
wird das Nomen *satan* mit einem Artikel versehen und
dadurch determiniert. Jetzt ist von *hassatan* die Rede,
dem Satan, der nun zu einer eigenständigen Gestalt im
Kreis der Söhne Gottes avancierte (Hi 1,6 ff.;2,1 ff). Nach
Sach 3,1 f. nimmt er die Funktion des Anklägers oder
Staatsanwaltes in einem Strafverfahren im himmlischen Thronrat wahr, in dem sich der Hohepriester
Joschua zu verantworten hatte, wird aber von JHWH
abgewiesen.

Besonders aufschlussreich ist die Satansgestalt in 1
Chr 21,1–17. Dort ist davon die Rede, dass der Satan
König David gegen den Willen JHWHs zu einer Volkszählung verführt habe, die schlimme Folgen für Israel
hatte. Der Chronist greift dabei auf eine ältere Version
der Geschichte in 2 Sam 24,1–9 zurück. Dort war es
nicht der Satan, der David in diese Sünde der Volkszählung trieb, sondern JHWH selbst in seinem Zorn.
Was danach in der älteren, vorexilischen Zeit noch
möglich war, nämlich in JHWH auch eine dunkle, Israel feindliche und seine Könige zum Bösen verfüh-
rende Macht zu sehen, das war für die Verfasser der
Chronik offensichtlich undenkbar geworden. Diese
dunkle Seite JHWHs wurde gleichsam aus ihm heraus
operiert und jetzt in einer eigenen gottwidrigen Gestalt, dem Satan, verdichtet.[91] Der erschreckende, ab-

---

91 Vgl. W. DIETRICH / CHR. LINK, Die dunklen Seiten Gottes, Bd. II,
    84 f.

gründige, fremde Gott wird entdämonisiert und harmonisiert.

Betrachtet man auf dem Hintergrund dieser allgemeinen Informationen des Alten Testaments über den Satan dessen Funktion im Hiobprolog, dann lässt sich seine Figur ein wenig präziser fassen:

1. Der Satan gehört zu den *b͏ᵉnej haᵃlohim*, den *Gottessöhnen*. Jedenfalls tritt er in ihrer Runde auf. Aber er ist in diesem Kreis eine Größe *sui generis*. Er kommt in ihre Mitte, um sich vor Gott als Mitglied des himmlischen Thronrats ganz in exponierter Position aufzustellen. Mag auch weiterhin ein Mensch als Satan, als Widersacher, bezeichnet werden, von frühnachexilischer Zeit an hatte *der* Satan einen festen Platz unter den himmlischen Gestalten.

2. Für Gott schien der Satan von besonderem Interesse zu sein. Nur er wird von ihm eines Gesprächs gewürdigt. Über seine Kollegen oder Brüder im himmlischen Thronrat erfahren wir außer der Tatsache ihrer Anwesenheit nichts. Sie sind Staffage und werden vom Erzähler offensichtlich nur erwähnt, damit der Hörer weiß, in welchen Kreisen der Satan verkehrt, um welche Art Wesen es sich bei ihm handelt, eben um einen Widersacher JHWHs. Bedurfte es dieser Einordnung noch, weil dem Leser die Satansgestalt in der Zeit des Erzählers noch nicht allzu vertraut war?

3. Dem Satan ist der Himmel, die Sphäre Gottes offenbar zu langweilig. Er ist ein großer Spaziergänger vor dem Herrn und wählt für seine ausgedehnten Streifzüge mit Vorliebe die Erde. Das hat ihm den Verdacht eingebracht, der von Gott eingesetzte Geheimpolizist und Oberspitzel zu sein, der die Aufgabe hatte, das Treiben der Menschen zu beobachten und davon im Himmel Bericht zu erstatten. Diese zweifelhafte Ehre legte man ihm in Analogie zu den irdischen Ge-

heimdiensten der altorientalischen Regenten bei. Als *Augen* und *Ohren des Königs* hatten sie das Wohlverhalten der Untertanen zu überwachen und den König über die Sicherheitslage im Inneren auf dem Laufenden zu halten.[92] War der Satan JHWHs eifrigster IM?[93] Diese Analogie hat viel für sich, ist aber nicht zwingend. Denn wenn die Spionage unter den Irdischen die spezielle Funktion des Satans gewesen wäre, dann erübrigte sich eigentlich die Frage JHWHs an ihn, wo er denn herkomme (V 7a). Der Satan muss darüber hinaus noch ganz andere Aufgaben als die der Spionage gehabt haben.

4. Mit der Bezeichnung Hiobs durch JHWH als *'abdi, »mein Knecht«* (Hi 1,8;2,3;42,7) wird dem Satan sofort zu erkennen gegeben, dass zwischen Hiob und JHWH ein außergewöhnliches Vertrauensverhältnis besteht. Der Titel *'äbäd JHWH, Knecht JHWHs*, stand nicht jedem zu. Er war eine Auszeichnung für von Gott in besonderer Weise erwählte Personen wie Abraham (Gen 26,24; Ps 105,6.24), Isaak (Gen 24,14), Josua (Jos 24,29), David (2 Sam 3,18;7,8; 1 Kön 11,13), die Propheten (2 Kön 17,13) und andere. Ganz besonders häufig wurde Mose als Knecht JHWHs bezeichnet (Ex 14,31; Jos 1,2.7.13.15 u. ö.). Schließlich wird im Jesajabuch dann dem gesamten Volk *Israel/Jakob* der Titel verliehen (Jes 41,8 f.;44,1 f.;45,4; 48,20). Und jetzt also bekennt sich JHWH dem Satan gegenüber auch zu Hiob als seinem Knecht. Sollen die Leser diese Doppelbödigkeit in der Knechtstitulatur hier mithören? Wird ihnen nahegelegt, im individuellen Geschick des JHWH-Knechtes Hiob

---

92   Siehe dazu A. Brock-Utne, »Der Feind«, 219–227, und C. Hout-
      man, Der Himmel im Alten Testament, 337.
93   Als IM (Informeller Mitarbeiter) wurden die vom Staatssicher-
      heitsdienst der DDR gedungenen Spitzel geführt.

auch das kollektive Geschick des Gottesvolkes Israel mitzudenken? Diese Annahme ist kaum von der Hand zu weisen, wenn wir bedenken, dass der Erzähler Hiob ja auch sonst im Lichte der Erzeltern Israels die Bühne des Geschehens betreten lässt. Hier wird der Einzelne mit seinem Geschick zum Vorläufer und Exempel des späteren Gottesvolkes und seiner leidvollen Geschichte.[94] Der Satan soll wissen, woran er bei JHWH ist, wenn es um *Hiob und Israel* geht.

5. So wird er ganz folgerichtig von JHWH gefragt, ob er denn auch die untadelige Frömmigkeit seines Knechtes wahrgenommen habe (V 8). Allein diese Frage macht deutlich, dass im Hiobbuch der Mensch und seine Frömmigkeit zwischen Gott und dem Satan zur Debatte stehen. Das ist das eigentliche Thema! Und Gott steht in dieser Debatte ganz auf der Seite des Menschen, eben seines Knechtes Hiob. Er erkennt dessen Integrität ohne Wenn und Aber an. Das wird bereits darin deutlich, dass JHWH die vier positiven Charakterisierungen Hiobs von V 1 in V 8 wörtlich wiederholt. Durch seine Frage an den Satan wird allerdings auch erkennbar, dass es die Möglichkeit gab, die Frömmigkeit anders einzuschätzen. Der Satan jedenfalls hat kein derartig ungebrochenes Verhältnis zum Menschen wie Gott.

6. Die Frage JHWHs beantwortet der Satan mit einer Gegenfrage. Schon das ist eine Unverfrorenheit. Er stellt die Frömmigkeit Hiobs massiv in Frage. Aber damit steht weit mehr auf dem Spiel! Damit hinterfragt der Satan nicht nur die JHWH-Treue Hiobs, sondern indirekt auch das leidenschaftliche Bekenntnis JHWHs zu Hiob, die Wahrhaftigkeit ihrer Beziehung. Nicht al-

---

94   Siehe dazu vor allem M. ROHDE, Der Knecht Hiob, 50 ff., und
     R. Heckl, Hiob, 430 ff.

lein Hiob und sein Gottesbild, sondern auch Gott und sein Hiobbild stehen zur Debatte und auf dem Prüfstand.

7. Die Grundfrage, die der Satan stellt, lässt sich auf die Formel bringen: *Bewahrung und Bewährung*.[95] Der Satan stellt nämlich die These auf, dass sich Hiobs Frömmigkeit nur deswegen *bewähre*, weil Gott ihn vor allem Unheil *bewahre* und reich gesegnet habe. Er zweifelt die uneigennützige, grundlose Frömmigkeit Hiobs an. Er unterstellt dem frommen Knecht, dass dessen Glaube nichts weiter als eine Gegenleistung sei, auf dem *do ut des*-Prinzip beruhe. Hiob, so der Satan, gibt nicht Gott um Gottes willen die Ehre, sondern um seines eigenen Vorteils und Wohlergehens willen. Seine Frömmigkeit sei nicht *grundlos, selbstlos* bzw. *umsonst*, hebräisch *chinnam,* sondern berechnend (V 9).[96] Mit dem *chinnam* formuliert der Satan ein Frömmigkeitsideal, an das er selbst im Blick auf eine so außergewöhnlich integere Figur wie Hiob nicht zu glauben vermag. In der Realität gibt es für ihn nur eine Frömmigkeit, die nach dem Denkmuster des im Deuteronomium und Deuteronomistischen Geschichtswerk durchexerzierten Zusammenhangs vom *Tun* des Menschen und seinem *Ergehen* funktioniert. Der Gehorsam gegen die göttlichen Gebote, ihr Tun, wird ein gesegnetes Ergehen zur Folge haben, der Ungehorsam die ihm angemessene Strafe:

Und wenn du auf die Stimme JHWHs, deines Gottes, hörst und alle seine Gebote, die ich dir heute gebe, hältst und danach handelst, wird JHWH, dein Gott, dich erhöhen über alle Nationen der Erde.

---

95 So F. STIER, Das Buch Ijjob, 222.
96 Siehe dazu J. EBACH, »Ist es ›umsonst‹, dass Hiob gottesfürchtig ist?«, 15 ff.

Und alle diese Segnungen werden über dich kommen und werden dich erreichen, wenn du auf die Stimme JHWHs, deines Gottes hörst.

[...]

Wenn du aber nicht auf die Stimme JHWHs, deines Gottes, hörst und nicht alle seine Gebote und Satzungen, die ich dir heute gebe, hältst und nicht danach handelst, dann werden alle diese Flüche über dich kommen und dich erreichen. (Dtn 28,1 f.15)

Im Deuteronomistischen Geschichtswerk, den Büchern Josua bis 2. Könige, wird dann die gesamte Geschichte Israels bis zum Untergang des Königtums nach diesem Denkmuster durchgespielt. Sowohl das Volk Israel, vor allem aber seine Könige und Repräsentanten werden immer wieder an ihrem Gehorsam oder Ungehorsam gegenüber der Tora gemessen. Hielten sie sich an ihre Gebote, so hatte dies Wohlstand, Frieden und Ruhe vor den Feinden ringsum zur Folge, verstießen sie gegen sie, so brachte dies schwere soziale und geschichtliche Verwerfungen mit sich, die schließlich im Untergang des Königtums, im Verlust der Eigenstaatlichkeit und großer Teile des Landes sowie im Exil endeten. Eine andere, grundlose, frei von jedem Eigennutz bestimmte Frömmigkeit kann sich der Satan nicht vorstellen.[97]

Und daher besteht nun auch seine Funktion darin, die Beziehung Gott - Mensch zu diskreditieren, das uneigennützige Vertrauen zwischen Hiob, dem Knecht JHWHs, und JHWH zu untergraben. Dieser hatte Hiob wie mit einem schützenden Zaun umgeben, sein Haus und alles, was sein ist. Das Werk seiner Hände hatte er

---

97 Zur kritischen theologischen Auseinandersetzung der Rahmenerzählung des Hiobbuches mit dem Deuteronomismus siehe jetzt vor allem R. HECKL, Hiob, 381–392.

gesegnet und seinen Besitz weithin ausgebreitet über das Land (V 10). Angesichts eines solchen Schutz- und Segensverhältnisses, so der Satan, sei es kein Kunststück ein frommer Mann zu sein, der sich seine Frömmigkeit reich belohnen lässt.

Auf diese Weise gibt der Erzähler seinen Lesern zu erkennen, dass das Umhegen, Schützen und Segnen JHWHs Amt ist, das Niederreißen, Zersetzen und Hinterfragen des Schutzraumes des Vertrauens das Amt des Satans. Der Satan ist daher nach dem Buch Hiob eine ausgesprochen *theologische* Figur. Er ist nicht einfach das Böse oder der Böse schlechthin, das grauenhaft Erschreckende, der Inbegriff aller Infamie. Satan stellt vielmehr den selbstlosen Glauben, die uneigennützige Gottesfurcht in Frage und damit Gott und dessen Verhältnis zum Menschen. Gott würde schon sehen, was Hiob von ihm hielte, wenn er einmal seinen Schutz und Segen von ihm abzöge. Er würde ihn *ins Angesicht verfluchen* (V 11).[98]

Daher ist es im Sinne der Bibel nicht richtig, die Gestalt des Satans mit allen menschlichen Erfahrungen des Bösen anzufüllen. Denn nicht alles, was böse ist, muss den Glauben an Gott in Frage stellen. Die Bosheit eines Menschen lässt mich ja zunächst am Menschen, nicht aber unbedingt an Gott verzweifeln. Der Satan hat vielmehr im Reich des Bösen eine ganz spezielle Funktion: Er weckt den Zweifel, er sät das Misstrauen, er legt die Minen zwischen Gott und Mensch. Er ist das, was uns von Gott trennen will, unseren Glauben anficht. Diese Funktion behält er bis ins Neue Testa-

---

98 Wieder wird hier vom Erzähler die hebräische Wurzel *barak*, *segnen*, als Euphemismus für *fluchen* verwendet. Auch der listige Satan wagt es nicht, sich Gott gegenüber im Ton zu vergreifen.

ment hinein. Man denke nur an die Versuchung Jesu (Mk 1,12f.; Mt 4,1–11), oder daran, dass Jesus Petrus in dem Moment als Satan bezeichnet, in dem dieser ihn von seinem göttlichen Auftrag abbringen will (Mk 8,32f.). Der Satan bedient sich der bösen Spiele lediglich, um damit Wühlarbeit gegen den Glauben zu leisten.

8. In all dem bleibt der Satan aber deutlich Gott unterstellt. Er hinterfragt zwar Gottes Beziehung zum Frommen, aber selbst kann er nichts ohne Gottes Zustimmung tun. Gott gibt dem Satan alles in die Hand (V 12). Das ist – wenn man es recht bedenkt – ungeheuerlich genug. Macht er sich auf diese Weise nicht zum Komplizen des Bösen? Hätte er nicht das unverschämte Ansinnen dieses dunklen Gesellen ohne Wenn und Aber zurückweisen müssen? Und war es das, was Hiobinterpreten wie *Carl Gustav Jung* oder *Ernst Bloch* am Gott des Hiobbuches so entsetzlich irritierte, ja, zu der Auffassung führte, dass dieses Gottesbild überwunden werden müsse,[99] bzw. dass man aus einem solchen Gottesglauben den Exodus wagen müsse?[100] Oder lässt sich das Unglaubliche dieser Aussage, diese ungeheuerliche Provokation des Glaubens auch anders interpretieren?

9. Zunächst einmal müssen wir es ernst nehmen, dass Gott dem Satan eine deutliche Grenze gesetzt hat. Den gesamten Besitz Hiobs gab er für die Glaubensprobe frei. An Hiob selbst aber darf er auf keinen Fall seine Hand legen (V. 12a). Die Habe ist nicht sakrosankt, aber die Person ist tabu. Das unbedingte Verbot JHWHs – *Strecke deine Hand nicht aus gegen ihn*! (V 12a) – darf auf keinen Fall überlesen werden. Der Sa-

99   C. G. JUNG, Antwort auf Hiob, 49 ff.
100   E. BLOCH, Atheismus im Christentum, 148–166.

tan darf *etwas*, aber er darf nicht *alles*. Darüber hinaus lässt sich die Nachgiebigkeit JHWHs dem Satan gegenüber auch so erklären, dass er offensichtlich mehr Vertrauen in die Treue und Rechtschaffenheit Hiobs, seines Knechtes, hatte als in die Macht des Versuchers. Das ist wohl der entscheidende Gesichtspunkt. Gott traut es Hiob, er traut es einem Menschen zu, stärker zu sein als der Satan![101] Ohne Zweifel bleibt auch bei dieser Interpretation eine Spannung im Gottesbild der Rahmenerzählung bestehen. Warum lässt sich Gott überhaupt auf diese Provokation des Satans ein? Warum gibt er ihm Raum auf der Erde? Setzt sich Gott damit nicht doch wenigstens dem Verdacht aus, ein Komplize des Bösen zu sein? Fehlt es ihm an Souveränität? Ist Hiob ihm denn nicht mehr wert als die eigene Rechtfertigung und das Rechtbehaltenwollen vor dem Satan? Oder gibt Gott ihm einen Spiel- und Handlungsraum, weil sein Verhältnis zu Hiob, zu diesem ganz bestimmten Menschen, eben niemals und von niemandem in Frage stellen lässt?

10. Diese Fragen lassen sich nur beantworten, wenn wir begreifen, dass es in der Auseinandersetzung zwischen JHWH und dem Satan eben nicht nur um die Frömmigkeit Hiobs geht, sondern gleichzeitig auch um die Macht und die Freiheit Gottes. Würde Gott sich der unverschämten Herausforderung nicht stellen, dann wäre er dem bleibenden Verdacht ausgesetzt, dass die These des Satans über Hiobs Lohnfrömmigkeit eben doch stimmen könnte, dass der Mensch eben doch nur um seiner selbst willen, aber nicht um Gottes willen fromm ist. »Damit würde er sich selbst als Gott in Frage – und auf die Stufe jener Götter stellen, die auf

---

101   Siehe dazu R. Lux, Das Böse, 36.

den Menschen angewiesen sind, und geben, damit ihnen gegeben werde.«[102] Gerade in der Annahme der Wette bewährt Gott seine Freiheit gegenüber jedermann, gegen den Satan wie auch gegen Hiob. Er ist so frei, sowohl Böses wie auch Gutes über den Menschen zu verfügen. Gott lässt sich nicht kaufen, weil mit seiner Freiheit letztlich seine Gottheit auf dem Spiele steht. Ein Gott, dem nur im Glück, in den fetten Jahren vertraut wird, der sich zum Wohlstandsautomaten degradieren ließe, wäre nicht mehr Gott sondern ein Knecht der Menschen. So erweist Gott mit der Einwilligung in die Wette einerseits seine unvergleichliche Freiheit und Gottheit und andererseits gibt er dem Menschen Hiob die Ehre, stärker zu sein als der Satan. Er ist davon überzeugt, dass ein Mensch auch außerhalb des Raumes der Bewahrung, in Not und Leid seine uneigennützige Gottesbeziehung bewähren kann und wird.

Dieses Kabinettstück hochkarätiger Theologie trägt der Erzähler mit geradezu spielerischer Leichtigkeit vor. Die erste Himmelsszene lässt damit erkennen, dass er nicht bloß an der Wiedergabe des Geschickes Hiobs interessiert ist, sondern dass für ihn damit ein theologisches Problem von äußerster Dichte auf dem Spiele stand. Aber er handelt dieses Problem nicht lehrmäßig-akademisch, sondern narrativ-existentiell ab. Und mit der Einführung der beiden Erzählebenen, der irdischen und der himmlischen, erreicht er das Ziel seiner Absichten. Die Leser sollen den Satan ernst nehmen, seine Realität, die Anfechtung des Glaubens und Gottvertrauens, nicht einfach negieren. Aber sie sollten sich durch ihn auch nicht besetzen oder beherrschen

---

102   F. Stier, Das Buch Ijjob, 220f.

lassen, denn ein Mensch kann stärker sein als der Satan. Dieser zieht nun aus, um sein böses Werk zu tun.

4.3. Hiobs erste Bewährung

Schon in Hi 1,1–5 wurde das Treiben der Kinder Hiobs problematisiert. V 13 greift jetzt auf V 4 f. zurück. Wieder steigt ein Geburtstagsfest im Hause des ältesten Bruders, es wird gegessen und getrunken. Die Kinder werden damit bereits an dem Unglücksort versammelt, an dem sie gemeinsam in V 18 f. den Tod finden. Der Festtag sollte für sie zum Unglückstag werden. Der Kontrast von Fest und Unheil, ausgelassener Freude und blutigem Ernst wird auf diese Weise eindrucksvoll in Szene gesetzt.

An die einleitende Situationsangabe schließen sich vier *Hiobsbotschaften* an, die dem Geprüften jeweils durch einen Boten überbracht werden (V 14f.16.17. 18f.). Wieder das Spiel mit der Zahl vier. Zwischen den vier positiven Eigenschaften Hiobs in V 1 und den vier Katastrophenmeldungen wird ein biographischer Bruch von erschütternden Ausmaßen eingespielt. Dabei versteht es der Erzähler meisterhaft, das Überstürzende der Ereignisse zur Darstellung zu bringen. Der jeweilige Unglücksbote hatte noch nicht ausgeredet, da kam bereits der nächste angelaufen. Hiob hatte gar keine Zeit, das Gehörte zu verarbeiten, Rückfragen zu stellen, weitere Erkundigungen einzuholen. Schlag auf Schlag bricht das Unheil über ihn herein. Die Tragik des Geschehens erfährt ihre Zuspitzung durch den viermaligen formelhaften Abschluss der Botenreden: *Ich aber konnte mich retten, nur ich allein, um es dir mitzuteilen* (V 15b.16b.17b.19b). Die Rettung des Boten geschah einzig und allein zu dem Zweck, Hiob über die Katastrophen in Kenntnis zu setzen.

Auch die Anordnung der Unheilsschläge lässt die Kunstfertigkeit des Erzählers erkennen. Durch die Situationsangabe in V 13 erwartet der Leser, dass mit den Kindern Hiobs nun irgendetwas passieren müsse. Doch zunächst treffen drei andere Unheilsbotschaften bei Hiob ein (V 14–17). Der Leser wird auf die Folter gespannt. Erst der letzte Unglücksbote bringt die Nachricht vom Tod der Kinder (V 18f.) und löst damit die aufgebaute Spannung. Auf diese Weise bilden die V 13 und 18f. eine Art Klammer, durch die alle vier Unheilsbotschaften als eine riesige Katastrophe zusammengehalten werden.

Die V 20–22 stellen dann einen neuen Abschnitt dar, der Hiobs Reaktion auf die vorhergehenden Aktionen des Satans schildert.

Jetzt also war die Stunde der Wahrheit für JHWH und seinen Knecht gekommen. Der Schutzzaun, den Gott ihm errichtet hatte, wurde rücksichtslos niedergerissen. Wird Hiob nun Gott absagen und ihn verfluchen?

Die vier Unheilsberichte setzen in V 14 mit dem ersten Botenbericht ein, wonach die *Rinder* beim Pflügen waren und die *Eselinnen* in ihrer Nähe weideten. Die Schilderung greift das Motiv von Hiobs Viehreichtum auf (V 3). Gleichzeitig stellt der Erzähler Hiob das Zeugnis aus, dass dieser ein Kenner der Tora war. Denn nach ihr war es verboten, zwei unterschiedliche Tierarten (Ochs und Esel) in einem Gespann zusammenzuschirren (Dtn 22,10).

In diese landwirtschaftliche Idylle fielen die Sabäer ein. Sie raubten das Vieh. Die Sabäer sind Angehörige des altsüdarabischen Reiches von Saba, kommen also aus einer ausgesprochenen Oasen- und Wüstenkultur. Sie waren als Karawanen- und Handelsvolk bekannt, das großen Reichtum nicht immer auf legale Weise anhäufte. Als solche begegnen sie auch in Hi 6,19f. Offensichtlich unternahmen sie aus dem Hinterhalt heraus eine Razzia und waren ebenso schnell wieder verschwunden wie sie kamen. Das Gesinde wurde kurzerhand erschlagen. Die Wendung *mit der Schärfe des Schwertes* (V 15) steckt voller Metaphorik. Wörtlich übersetzt heißt sie *mit dem Mund des Schwertes (leʸphi-chäräph)*. Das Schwert hat ein gefräßiges Maul, mit dem es Menschen frisst. Nur einer der Knechte kann sich retten, um Hiob die Botschaft vom Verlust seiner Knechte, Rinder und Eselinnen zu überbringen. Es folgt kein Wort und keine Reaktion Hiobs. Er schweigt, weil er gar nicht erst zum Reden kommt. Denn schon stürmt der nächste Unheilsbote herbei (V 16).

Er berichtet von einem *Gottesfeuer*, das vom Himmel fiel. Es brannte unter dem Kleinvieh und den Hütejungen und fraß sie (V 17). Welche Vorstellung verband wohl der Erzähler mit dem Gottesfeuer? Am nächsten kommen unserem Text Berichte wie Gen 19,24, in denen ein JHWH-Feuer über Sodom und Gomorra hereinbrach, um es zu vernichten. Und im Zusammenhang der Wüstenwanderung Israels ist mehrfach davon die Rede, dass JHWH das murrende Volk mit Feuer bestrafte (Num 11,1;16,35). Auch in der berühmten Elijaerzählung vom Gottesurteil auf dem Karmel fällt ein JHWH-Feuer auf das Opfer des Elija (1 Kön 18,38; vgl. auch 2 Kön 1,10ff.). Der Hinweis, dass das Feuer *vom Himmel* fiel, lässt an einen Blitzschlag denken. Davon ist in den Psalmen mehrfach die Rede (Ps 29,7;50,3; 97,2f.;104,4). Immer wieder wurde der kanaanäische und syrische Wettergott Baal bzw. Hadad, den JHWH als Berg- und Gewittergott beerben sollte, als Blitze-Schleuderer dargestellt.

Dass eine gesamte Viehherde samt Hirten durch Blitzschlag dahingerafft worden sein soll, mag – nüch-

Abb. 4: Der Wettergott Baal mit Keule in der Rechten und einem Bündel Blitze in der Linken, die er als Lanze auf die Erde schleudert. Kalksteinstele aus Ugarit, 1. Hälfte des 2. Jahrt.

tern betrachtet – als maßlose Übertreibung erscheinen. Sie stellt ein narratives Stilmittel dar. Der Erzähler steigert die natürlichen Phänomene ganz bewusst ins Phantastische und Monströse, um auf diese Weise die ganze Unvorstellbarkeit der Leiden Hiobs zu charakterisieren. Und erneut bleibt nur einer der Hütejungen übrig, um Hiob von dem bösen Gottesfeuer und seinen Folgen Bericht zu geben. Wieder erfolgt darauf keine Reaktion von Hiobs Seite, sondern das Eintreffen des dritten Unglücksboten (V 17).

Nach der alles verzehrenden Naturmacht sind es jetzt in Entsprechung zu V 14f. wieder menschliche Mächte, die Hiob den nächsten Schlag versetzen. *Chaldäer* stellten drei Sturmspitzen auf, fielen über Hiobs Kamelherde her, raubten sie und erschlugen die Knechte. Als Chaldäer werden im Alten Testament die Babylonier bezeichnet (2 Kön 24,2; Jer 21,4). Ihre Erwähnung weckt bei den Lesern wieder die Erinnerung an den Erzvater Abraham, der ja einst aus dem Ur der Chaldäer ausgezogen war (Gen 11,28;15,7). Die drei Sturmabteilungen, die sie bildeten, stellten eine Art Umzingelungstaktik dar, bei der eine Flucht fast unmöglich schien. Auch jetzt erfahren wir keinen Laut und keine Reaktion von Hiob. Schweigend nimmt er das Gehörte hin. Da kommt ein vierter Bote gelaufen.

Mit diesem erreicht die Erzählszene ihren Höhepunkt und gleichzeitig auch das Ziel der Unheilskette. Jetzt wächst das Unglück Hiobs ins Maßlose. Denn diesmal sind es die Kinder Hiobs, auf die man bereits vom V 13 an gewartet hatte. Fröhlich feiernd im Hause des Erstgeborenen, beim Wein sitzend, sterben sie einen sinnlos scheinenden Tod. Sie fallen wieder einer Naturkatastrophe zum Opfer. Auch darin zeigt sich der Erzähler als souveräner Gestalter. Menschengemachte Katastrophen wechseln jeweils mit Naturkatastrophen: V 14f. Raubüberfall Saba, V 16 Gottesfeuer (Blitze), V 17f. Raubüberfall Chaldäer, V 18f. Wirbelsturm. Gegen so viel Unheil, und das heißt für den Leser, gegen den Satan, von dem ja Hiob gar nichts weiß, ist wahrlich kein Mensch gewappnet. Da wird dem alten Vater – und mit ihm dem Leser – noch einmal das fröhliche und friedliche Bild von den feiernden Kindern vor Augen gestellt (V 18), nur um es in einem einzigen Augenblick brutal auszulöschen. Ein *gewaltiger Sturm* brach los, ein Scirocco, einer der gefürchteten

Wüstenstürme. Eine solche *ruach g^edolah* wird im Alten Testament öfters erwähnt (Hi 27,21; Jes 21,1; Jer 4,11;18,17). Er hat die Kraft, Mittelmeerschiffe zu zerbrechen (Ez 27,26; Ps 48,8). Jetzt erfasst er die vier Wände des Hauses und begräbt das junge Volk unter ihnen. Wieder das Spiel mit der Vier, mit dem der Erzähler auf das traditionelle Motiv der *vier Winde* zurückgreift (Sach 6,1–8).[103] Das Unheil von allen vier Weltenden löscht Hiobs Kinderschar aus. In der *Anthologia Graeca* (XIV,137) wird uns eine hellenistische Parallele zu diesem Unglück berichtet:

»Geht vorüber mit Tränen« heißt es da auf einer Grabinschrift, »hier liegen wir alle zusammen, getötet durch das einfallende Haus des Antiochos, während wir Mahlzeit hielten; ein ›Gott gab uns denselben Platz für Mahlzeit und Grab‹«.[104]

In dieser letzten Katastrophe wird Hiob mit seinen Kindern das kostbarste Gut genommen, das ihm geschenkt worden war. Damit ist sein gesamter, in der ersten Szene beschriebener Besitz (V 2f.) vernichtet. Alles, was auf der Haben-Seite seines Lebens verbucht werden konnte, ist dahin. In einem gewaltigen Schluss-Furioso, einem Einbruch irrationaler Mächte, bricht sein Lebensglück zusammen. Der Leser weiß natürlich, wessen Werk das ist. Ihm ist klar, dass da der Satan seine Hand im Spiele hatte. Ganz anders geht es Hiob! Dieser wusste nichts von der unverschämten Herausforderung Gottes durch den Satan. Er ahnte nicht, dass er die schreckliche und zweifelhafte Erwählung zu tragen hatte, für die Glaubwürdigkeit

---

103   Siehe dazu A. GUTBUB, Die vier Winde, 328 ff.
104   Zitiert nach A. DE WILDE, Das Buch Hiob, 89.

des Menschen und die Freiheit Gottes gleichermaßen gegen den Satan einzustehen. Ihm musste das ganze Unheil daher als völlig sinnlos und paradox erscheinen.

In diesen vier Schicksalsschlägen, die Hiob trafen, feierte nicht allein die Bosheit ihre Triumphe, da öffnete sich der dunkle Abgrund der Irrationalität, die totale Sinnleere. Ja, zum Leiden waren und sind Menschen immer wieder fähig, wenn sie nur wissen, warum und wozu sie leiden müssen. Es gibt durchaus Gestalten des Leidens, die Sinn machen. Fällt ein Mensch aber scheinbar von der Willkür getrieben in das tiefe Loch des absolut Bösen, dann steht die wahre Anfechtung des Glaubens vor der Tür. Daran kann der Glaube an das Gute, das Leben, an Gott zerbrechen. Daher geht es hier nicht allein um den Verlust an Besitz, um das Sterben der Kinder, die Hiob zur Prüfung werden. Alles das ist nur die äußere Hülle für den totalen *Sinnverlust*, in den der fromme Mann gestürzt wird. Wie wird er diese Verfinsterung Gottes bestehen? Ein Märtyrer weiß, wofür er leidet. Er hat ein edles Ziel, für das er mit seinem Leben einsteht. Das kann ihm in aller Anfechtung die Kraft geben, die Qualen bis zum Tod zu tragen. Wie aber ist das mit dem völlig sinnlosen, grund- und ziellosen Leiden, das als schwarze Wolke immer wieder am Horizont der Menschheit aufzieht?

Hiob bewährt sich trotz aller und gegen alle Irrationalität. Hätte er gewusst, aus welchem Grund er leidet, es wäre keine echte Bewährung seiner Frömmigkeit gewesen. Für die Ehre und Freiheit Gottes leiden, dem Satan sein Handwerk legen, für einen so rechtschaffenen und geradlinigen Mann wie Hiob wäre das eine Auszeichnung gewesen. Er hätte mit Stolz und frommem Eifer im Herzen alles das auf sich genommen. Aber hätte er sich damit auch bewährt? Hiob lässt alles

Märtyrerleid, so erstaunlich und respektabel es sein mag, weit hinter sich. Er kennt die Ursache der vier Unheilsschläge nicht. Er kennt sie nur als nackte Ereignisse, die stumm sind und hart wie ein unbezwingbarer Fels.

Hiob, das sind auch die Kinder von Auschwitz, die an die Irrationalität des totalen Verbrechens Ausgelieferten, das sind die vielen unbekannten und namenlos Leidenden, deportiert, vergast, verbrannt, verscharrt, denen nichts und niemand erklären konnte, wozu sie vor ihrer Zeit sterben mussten und müssen. Das Leiden Hiobs bekommt damit eine Dimension, die tiefer ist als das Leiden für eine Sache. Nicht, dass damit die Leiden und Qualen derer, die bewusst für eine Sache einstehen und Schmerzen bis zum Tode auf sich nehmen, geschmälert, oder in Misskredit gebracht werden sollen. Aber der Name Hiob offenbart eine abgründigere Qualität des Leidens. Der Märtyrer kennt den »Satan«, gegen den er kämpft, und der ihn leiden lässt. Hiob kennt nichts, weiß nichts, kann sich nichts erklären. Er erleidet stumm sein zerbrochenes Leben.

Für solche Stunden, in denen dem Hebräer aller Lebenssinn zerbricht, hält er ein Instrumentarium bereit, das ihm ein Geländer auf dem Weg durchs Böse ist. Wenn aller Halt im Leben verloren geht, brauchen Menschen etwas, woran sie sich halten können. Und das sind in der Regel keine Dinge, die man sich ausdenkt, sich zurechtgelegt hat, sondern Dinge die bereitliegen, die von anderen für uns gedacht und geformt worden sind. Es sind vorgegebene Wort- und Handlungsrituale. Nach einem solchen ritualisierten Konzept läuft der gesamte Bericht über Hiobs Reaktion auf die Unheilsbotschaften ab. Es handelt sich um ein Handlungsritual (V 20), ein Wortritual (V 21) und eine abschließende Feststellung des Erzählers (V 22).

Das in V 20 beschriebene Handlungsritual ist ein üblicher altisraelitischer Trauerritus. Er besteht aus dem Zerreißen des Obergewandes, dem Scheren der Haare und dem Niederfallen zur Erde. So zerriss Ruben sein Kleid, als er merkte, dass Josef nicht mehr in der Zisterne war (Gen 37,29). Er hält ihn für tot. Ebenso verfährt Jakob, als ihm die Nachricht von Josefs vermeintlichem Tod überbracht wird (Gen 37,34). Und Jeremia forderte Israel zum Zeichen der Klage dazu auf, das Haar abzuschneiden (Jer 7,29, vgl. Jes 15,2; Jer 41,5). Solche Trauerbräuche stellen *Selbstminderungsriten* dar. Der Trauernde mindert sein Leben, begibt sich zeichenhaft in die Sphäre des Todes, in dem jedes Kleid zerfällt, jedes Haupt vom Staub bedeckt wird, jeder Mensch wieder zur Erde zurückkehrt.[105] Hiob reihte sich in diese von der altorientalischen Kultur seit Generationen bereitgestellten rituellen Ordnungen ein. Er bediente sich in einer ersten Reaktion der rituellen Körpersprache der Trauernden. Das ist wichtig. Gerade Menschen, die von schwerem Leid heimgesucht worden sind, finden nicht selten erst nach geraumer Zeit wieder Worte, eine Sprache, die ihnen aufhilft. Die Bewältigung des Leidens verlangt häufig nach solchen rituellen Grundmustern, die ein Geländer sein können, wenn aller tragende Grund zerbricht.

Erst in einer zweiten Trauerphase tritt zum Ritual das deutende Wort hinzu, zur Körpersprache kommt die Sprache der Zunge. Und der sogenannte Ergebungsspruch, den Hiob dann in V 21 spricht, fällt in seiner literarischen Form deutlich aus dem bisherigen Prosastil heraus. Er bedient sich der gebundenen Sprache, eines fest gefügten poetischen Spruches, von dem

---

105   Vgl. dazu S. Schroer, Trauerriten, 303 ff.

man annehmen darf, dass Hiob ihn nicht selbst in dieser Stunde dichtete, sondern dass er sich seiner bediente, um mit Hilfe dieses in der Tradition bereit liegenden Sprichwortes sein Geschick zu deuten und zu bewältigen. Es sind zwei im *parallelismus membrorum* geformte Zweizeiler:

Nackt bin ich hervorgegangen aus dem Mutterleib,
und nackt kehre ich dorthin zurück.
JHWH hat gegeben und JHWH hat genommen,
der Name JHWHs sei gelobt. (Hi 1,21)

Der erste Zweizeiler ist von Gegensatz und Gleichheit geprägt. Die gegensätzlichen Pole bilden die Verbalaussagen *hervorgehen* und *zurückkehren*. Es sind Anfang und Ende eines Lebens, die hier bedacht werden. Zwei im Grunde unvergleichliche Situationen, Geburt und Tod. Die eine hoffnungsvoll, erfreulich, voll von prallem, werdendem Leben. Die andere bedrückend, ohne Zukunft, voll von Unsicherheit und Verlassenheit. Die Kunst des weisen Spruchdichters bestand aber gerade darin, dem ganz und gar Unvereinbaren doch noch etwas Gemeinsames abzugewinnen. Dieses Gemeinsame, das, worauf es dem Spruchdichter ankam, hat er jeweils an den Anfang der beiden Zeilen gestellt, die Geburt und Tod zur Sprache bringen. Es ist das Adjektiv *'arom. Nackt* kommt der Mensch auf diese Welt, *nackt* und bloß geht er wieder von ihr. Es ist die Jahrtausende alte Erfahrung: Nichts bringt man mit bei der Geburt, außer sich selbst, nichts kann man mitnehmen in den Tod, außer sich selbst. Das Vergleichbare von Geburt und Tod liegt also in dem Zustand der Nacktheit. Sie stellen die Grenze des Habens dar. In ihnen ist der Mensch ganz und gar auf sein *Sein* oder sein *Nichtsein* zurückgeworfen. Alles andere, was das Leben in

104

seiner Spanne zwischen Geburt und Tod ausfüllt, der Besitz, Kinder und Familie, all das wird in dieser ersten und letzten Stunde des Lebens zum Adiaphoron. Das Hiobwort hat im Buch des weisen Kohelet eine enge Parallele:

Wie er aus dem Leib seiner Mutter hervorging
nackt kehrt er zurück, so wie er kam. (Koh 5,14)

Das Koheletwort reicht bis in Details hinein an den Ergebungsspruch Hiobs heran. Es zeigt klar, dass es sich bei ihm um eine verbreitete volksweisheitliche Spruchschöpfung handelte, der es darauf ankam, die Art und Weise des Passierens der beiden Schwellen *Lebensanfang* und *Lebensende* zu beschreiben. Hier wird nicht über vorgeburtliche oder nachlebensweltliche Seinsräume spekuliert. Ob also mit dem *dorthin* (*schamah*), dem letzten hebräischen Wort des ersten Zweizeilers in Hi 1,21, ursprünglich einmal Mutter Erde gemeint gewesen sei, wir in dem Spruch ein uraltes mythologisches Zeugnis in Händen halten, das noch von chthonischer Religiosität geprägt ist, in der die Erde als Muttergottheit verehrt wurde, aus deren fruchtbarem Schoß das Leben hervorging und in den es wieder zurückkehrte, das ist für den Spruchdichter unwesentlich gewesen.

Wenn Hiob also in seinem Ergebungsspruch diese uralte Volksweisheit aufgreift, dann entspricht das exakt seiner Situation. So wie er ins Leben eintrat, nämlich nackt, so steht er nach den vier Hiobsbotschaften wieder da. Im Grunde kann er gehen. Insofern sind die Riten der Totenklage und das ihm beigegebene Sprichwort eng aufeinander bezogen.

Wenn also der Mensch ohne etwas kam und ohne etwas wieder gehen muss von dieser Welt, was gibt dann seinem Leben Sinn und Halt? Wenn alles Haben im Staub zerrinnt und mit ihm alle auf Besitz aufgebaute Lebenserfüllung, worin besteht dann des Menschen bleibender Teil? Hatte damit der Satan nicht doch recht, wenn er Gott mit der Intrige herausforderte, er möge doch nur einmal den Besitz Hiobs antasten? Stellt sie sich denn nicht mit elementarer Wucht in der Todesstunde, die Frage nach dem Sinn aller menschlichen Habe?

Darüber will uns der zweite Zweizeiler Auskunft geben. Das Bleibende für den vergänglichen Menschen besteht nach ihm in seiner Gottesbeziehung. Alles, was der Mensch hat, hat er letztlich nicht aus sich selbst, aus eigener Kraft. Er hat es auch nicht als Besitz im Sinne eines unvergänglichen, unverlierbaren Eigentums. Er hat es vielmehr von Gott als Gabe und Lehen empfangen. Und Gott kann es ihm auch wieder nehmen. *Der Herr hat gegeben und der Herr hat genommen.* Gott ist Geber und Grenze allen Eigentums. Der Mensch bleibt immer nur ein in seinen Rechten beschränkter Empfänger. Hier liegt die letzte theologische Kritik aller Eigentumstheorien. Eigentum kann durchaus als Gabe Gottes positiv gesehen werden. Theologisch aber ist das Recht auf Eigentum nicht und niemals unverbrüchlich. Es kann vom Geber wieder zurückgefordert werden.

Der Satan stellte die kühne Behauptung auf, Hiobs Gottesbeziehung sei nur deswegen in Ordnung, weil sein Haben, sein Besitz ihm garantiert worden sei. Gerade darin aber hatte er sich verrechnet, denn Hiobs Gottesbeziehung gründete eben nicht allein im Haben und Besitzen, sondern im Empfangen ebenso wie im Loslassenkönnen, im Wissen, dass alles ihm Gegebene nur Geschenk ist, Lehen, dessen Eigentümer Gott bleibt. Deswegen kann Hiob gar nicht anders, als an der

106

Grenze des Habens angekommen, im Zustand des absoluten Nichthabens, nur noch Gott die Ehre zu geben. *Der Name JHWHs sei gepriesen.* Was soll der Mensch denn auch loben und preisen, wenn er nichts mehr vorzuweisen hat als sein nacktes Leben? Sich selbst? Da ist nichts mehr, worauf er verweisen könnte, da bleibt kein Raum zur Selbstdarstellung. Erst wenn ein Mensch allen Eigenruhm und alles Eigentum aus den Händen gegeben hat, dann ist er wirklich frei, um Gott zu *preisen.* Und daher verwendet der Erzähler jetzt das Verb *barak* nicht als einen Euphemismus, sondern in seinem eigentlichen Sinn als Ausdruck des Gotteslobs.

So entfaltet der Erzähler in den ersten drei Erzählszenen einen sachlich und theologisch stringent durchgeführten Gedankengang: Hiobs Besitz und Frömmigkeit (1,1–5); die Satansthese: Hiob vertraut Gott nicht *grundlos,* Besitz und Wohlergehen sind seine Götzen (1,6–12); Hiob vertraut Gott ohne jeden Grund im *Geben* und im *Nehmen.* Über allem Haben steht der Lobpreis des JHWH-Namens. Es ist daher auch nur die logische Konsequenz, wenn in V 22 ausdrücklich festgehalten wird:

In all dem sündigte Hiob nicht und gab er Gott keinen Anstoß.

Der Satan hatte seine Wette verloren. Hiob dagegen ist voll rehabilitiert und ins Recht gesetzt. Aber auch Gott ist damit frei von allem Zwielicht, in das ihn der Satan stellen wollte. Er konnte sich auf seinen Knecht tatsächlich verlassen, weil eben dieser sich nicht auf seinen Besitz, sondern ganz auf Gott verließ. Von wem kann solches gesagt werden? Eben nur von Hiob, dem exemplarisch Gerechten. Mit der Schlussfeststellung von V 22 erfährt Hiob noch einmal eine ganz außergewöhnliche Evaluation. Das Urteil des Erzählers von V 1b, das dem Gottes in V 8b entspricht, wird ausdrücklich bestätigt. Die Hiobsbotschaften, die Zerstörung seines Besitzes und seiner Familie, haben ihn keineswegs ungerührt gelassen. All seinen Schmerz und seine Verzweiflung nimmt er mit hinein in den überkommenen Totenklageritus seiner Väter. Aber auch dieser Schmerz konnte ihn nicht trennen von seinem Gott.

4.4. Satans zweiter Anschlag

Die zweite Himmelsszene stellt eine Wiederholung und Verschärfung der Komplikationen dar, in die Hiob geraten war. Sie entspricht im formalen Aufbau exakt der ersten Himmelsszene (1,6–12). Das wird schon daran deutlich, dass der Rahmen der beiden Szenen fast wörtlich übereinstimmt (vgl. 1,6.12b mit 2,1.7a). Wieder gibt es zwei Wortwechsel (2,2.3–5) und ein Schlusswort JHWHs (2,6); wieder wird himmlische Ratsversammlung gehalten; wieder erscheint der Satan inmitten der Göttersöhne, um sich vor JHWH aufzustellen (V 1); wieder gilt sofort das ganze Interesse des Erzählers dem Duo Gott - Satan, ihrem Frage- und Antwortspiel; wieder hat Gott das erste und das letzte Wort in Sachen Hiob; wieder beginnt der Satan sein Gespräch scheinbar harmlos mit der Feststellung, dass er lediglich auf der Erde herumgestreift sei. Auf die Frage JHWHs antwortet er als sei er die Unschuld in Person, eben ein friedlicher Spaziergänger (V 2). Kein Wort von Hiobs Standhaftigkeit. Jeder Hinweis auf die beschämende Niederlage, die ihm Hiob, der treue Knecht JHWHs, auf der Erde beigebracht hat, wird vom Satan tunlichst vermieden. Er tut so, als sei nichts gewesen. Hätte er nicht wenigstens JHWH Bericht erstatten müssen, ihm gegenüber eingestehen müssen, dass seine Vermutung im Falle Hiobs in die Irre ging? Die Unverfrorenheit des irdischen Spaziergängers wird hier meisterhaft als gespielte Harmlosigkeit enttarnt. Über seine Niederlage schweigt sich der Satan aus. Für ihn gibt es kein Verlieren. Es bleibt eine narrative Lücke, die der Leser mit seinen eigenen Gedanken füllen soll.

JHWH geht zunächst scheinbar auf diese gespielte Harmlosigkeit ein. Er fragt den Satan wie beim ersten Mal nach seinem Knecht Hiob und bekennt sich abermals zu ihm, indem er wiederum wie in 1,1.8 seine Vollkommenheit bestätigt. Bis zu dieser Stelle wirkt die fast wörtliche Wiederholung des Textes aus der ersten Himmelsszene wie ein narratives Ritardando. Der Erzähler verlangsamt das Tempo und erhöht auf diese Weise die Spannung. Denn der Leser muss sich fragen: Warum ist JHWH denn immer noch so ausgesprochen höflich zu diesem Intriganten? Warum weist er ihn nicht in seine Schranken? Erst ab V 3b geht es in der zweiten Himmelsszene zur Sache. Jetzt geht der Erzähler über die erste Szene hinaus, indem er auf das vorhergehende Geschehen um Hiob verweist. Denn jetzt stellt Gott fest:

1. Hiob ist standhaft geblieben in seiner Aufrichtigkeit, obwohl der Satan 2. JHWH dazu verführt hatte, ihn grundlos zu verschlingen.

JHWH kennt also den Ausgang der ersten Bewährungsprobe. Er muss nicht aus dem Mund des Satans erfahren, was sich auf der Erde abgespielt hat. Im Gegenteil, der Satan ist der große Verschleierer, der sich unschuldig gibt. Und erst in dem Augenblick, in dem JHWH zur Sache kommt, kann auch er nicht länger drum herum reden. Nun ist jeder Zweifel an der uneigennützigen Frömmigkeit Hiobs ausgeräumt. Denn *noch hält Hiob an seiner Vollkommenheit fest* (V 3b). Was auch immer geschah, es hat ihn nicht von seiner Gottesfurcht abbringen können. Hiob hat sich seinem Gott gegenüber gemeinschaftsgemäß verhalten. Gleichzeitig aber steckt in dem *noch* auch ein Hinweis auf das Folgegeschehen. Denn der Leser fragt sich: Wie lange noch? Kommt da etwa noch etwas hinterher? Bekommt der Satan eine zweite Chance, oder ist er schon am Ende mit seinem Latein? Zunächst einmal wird festgestellt, dass der Satan mit seinen Verdächtigungen und seinem Misstrauen, das er zwischen JHWH und Hiob zu säen suchte, nicht deren Beziehung beschädigte. Vielmehr hatte JHWHs Beziehung zum Satan Schaden genommen. Denn jetzt, in V 3b tadelt er diesen ausdrücklich. *Du* (Satan) *hast mich* (JHWH) *dazu verführt, ihn ohne Grund* (chinnam) *zu verschlingen.* Das hebräische Verb *sut, verführen,* hat einen eindeutig pejorativen Charakter. In der Regel ist es eine Verführung zum Bösen, die mit ihm ausgedrückt wird: zum Götzendienst (Dtn 13,7), zur illegitimen Volkszählung (2 Sam 24,1), zum Rechtsbruch (1 Kön 21,25). Die Beispiele ließen sich vermehren. Und selbst, wo das Verb nicht im negativen Sinne benutzt wird, hat es immer noch den Beigeschmack, dass hier Menschen nicht durch Argumente und Gründe, sondern eben durch Verlockungen und Einflüsterungen dazu angestachelt werden, etwas zu tun. Es ist daher für das Gottesbild des Hioberzählers eine fast unauslotbare Kühnheit, JHWH selbst dieses Eingeständnis in den Mund zu legen, er habe sich durch Satan *verführen* lassen. JHWH, ein verführbares Wesen? Wie kann man noch einem Gott vertrauen, der den Einflüsterungen des Satans erliegt?

»Rabbi Jochanan sagte, wenn dies kein geschriebener Schriftvers wäre, dürfte man es nicht sagen; (Gott ist) gleich einem

Menschen, den man verleitet und der sich verleiten lässt.«
(bBaba batra 16a)

Man spürt den Worten des babylonischen Talmud noch
das Entsetzen über das an, was da in der Schrift steht.
Für jüdische Ohren war das auch nach Hiob immer
noch einer der anstößigsten Anthropomorphismen in
der Bibel. Der Hioberzähler äußert aber diesen geradezu ketzerischen Gedanken so, dass er gerade noch
hörbar blieb. Er kleidet ihn nämlich in einen *Vorwurf* an
den Satan. JHWH macht ihm bittere Vorwürfe – und
damit auch sich selbst (?) –, dass er ihn so negativ bere-
det hat, Hiob zu verschlingen. Denn dies geschah
chinnam, umsonst, grundlos. Genau so, wie der Satan
in 1,8 die These aufstellte, Hiobs Frömmigkeit sei nicht
grundlos, so hält ihm nun Gott entgegen, dass alle Ver-
führungen Satans grundlos gewesen seien. In 1,8 ist
chinnam das erste Wort des Satans, in 2,3 das letzte Wort
JHWHs.[106] Ist diese exponierte Stellung des Adverbs
mit einer besonderen Bedeutung verbunden? *Jürgen
Ebach* kommt in seiner Untersuchung des Wortes zu
dem Ergebnis, dass es ursprünglich in der Handels-
sprache seinen Sitz im Leben hatte. Dort bezeichnete es
eine Leistung ohne Äquivalent oder Gegenleistung,
eben eine Ware oder einen Dienst, der umsonst, ohne
Gegengabe erfolgte.[107] Genau darum ging es in der
Auseinandersetzung zwischen dem Satan und JHWH
über Hiobs Frömmigkeit. Der Satan behauptete, dass
Hiobs Frömmigkeit nicht umsonst sei, dass diese lediglich die Gegenleistung für JHWHs Segensgaben sei.

---

106 So die präzise Beobachtung von J. EBACH, »Ist es ›umsonst‹ …«,
     18.
107 J. EBACH, »Ist es ›umsonst‹ …«, 18 ff.; DERS., Streiten mit Gott,
     Teil 1, 13 f.

JHWH behauptet jetzt, der Satan habe ihn dazu verführt, Hiob umsonst zu schädigen, ohne dass Hiob
durch sein Verhalten ihm irgendeinen Anlass dazu gegeben hätte. Hiob hat danach JHWH treu gedient, während JHWH ihm grundlos den Gegendienst, seinen Segen als Äquivalent dafür entzog. Jedoch hat Hiob durch
seine Standfestigkeit den Satan widerlegt. Hinter dem
göttlichen Vorwurf an den Satan verbirgt sich daher
zweierlei:

1. Der Satan ist zwar Gott unterstellt, aber Gott muss
sich – ob er will oder nicht – mit dem Satan, dem Bösen auseinandersetzen. Er kann es um Hiobs und um
seinetwillen nicht einfach ignorieren. Ja, der Satan
zwingt ihn offensichtlich in eine Situation hinein, die
er sich selbst nicht ausgesucht hat.[108] Er verrichtet seine
Wühlarbeit gegen JHWH und gegen den Menschen
Hiob.

Stehen damit Gottes *Allmacht* und *Allwissenheit* zur
Disposition? Mit diesen Begriffen werden Kategorien
an das Hiobbuch herangetragen, die der Erzähler
selbst in unserem Sinne so noch nicht im Blick hatte.[109]
Für ihn ist Gott ein Beziehungswesen und damit im-

---

108 Dass es sich in Hi 2,3bβ um einen Vorwurf JHWHs gegen den
Satan handelt, macht deutlich, dass JHWH sich mit Ent-
schiedenheit von diesem und seinen Intrigen absetzt. Insofern
bleiben Zweifel an der These von H. SPIECKERMANN, dass das
»Gegenüber von Gott und Satan *theologisch* in seiner *Identität*«
erkannt werden müsse (Die Satanisierung Gottes, 435). Und seiner Feststellung – »Im Hiobbuch kennt Gott keine Reue«
(R. FELDMEIER / H. SPIECKERMANN, Der Gott der Lebendige, 171)
– ist zwar vom lexikographischen Befund her zuzustimmen,
nicht aber von der Sache her, was u. a. der Vorwurf JHWHs an
den Satan in Hi 2,3 deutlich macht.

109 Zur Deutung von Hiobs Bekenntnis zu JHWHs *Allvermögen* in
42,2 – *Ich weiß, dass du alles vermagst* – siehe S. 252 ff.

mer schon eingebunden in vielfältige Formen von Gegenseitigkeit. Daher ist seine Macht auch Gegenmächten ausgesetzt, die ihn affizieren. Als *JHWH Zebaot, Herr der Heerscharen,* wird ihm eine Machtfülle zugeschrieben, die ihn zwar in die Nähe eines *allmächtigen* Gottes rückt, ohne ihm damit jedoch eine absolute Allmacht zu attestieren, die jede Gestalt von Neben- und Gegenmächten ausschließt. Erst die Septuaginta (LXX), die griechische Übersetzung des Alten Testaments, übersetzt diesen zusammengesetzten Gottesnamen hin und wieder mit *kýrios pantokrátor* (*Herr, Allherrscher*) und lässt auf diese Weise aus JHWH Zebaot den *Allmächtigen* hervorgehen. Nimmt man diesen biblischen Befund ernst, dass die »Allmacht« JHWHs nicht als »*potentia absoluta,* sondern (als) eine *potentia personalis sive relationis*« gedacht wird,[110] als eine *Macht der Person oder der Beziehung,* dann wird deutlich, dass es zwischen JHWH und dem Satan um einen Machtkampf geht, einen Beziehungskonflikt. Auch Gott kommt wie der Mensch um diesen Kampf gegen das Böse nicht herum. Er stellt sich ihm.

2. Gott ist in diesem Kampf *solidarisch* und *sympathisch* – mitleidend – mit dem vom Satan grundlos gequälten Hiob. Er steht vor dem Bösen, dem Widersacher, für seinen Knecht Hiob ein. Er gibt dem Menschen auf diese Weise mehr die Ehre als dem Satan. Der treue JHWH-Knecht Hiob steht ihm offensichtlich näher als der Verführer aus der Riege der Gottessöhne.

Hinter diesem Entwurf einer narrativen Theologie verbirgt sich eine Theo-Logik, die sich aller Systema-

---

110 R. FELDMEIER / H. SPIECKERMANN, Der Gott der Lebendigen, 175. Siehe dazu auch das gesamte Kapitel über die biblischen Grundlagen der Rede von Gott als dem »Allmächtigen« (149–202).

tisierung entzieht und selbst die gewieftesten Dialektiker unter den Rabbinen noch erschrecken ließ. Gerade darin aber liegt die einsame theologische Größe des Hioberzählers verborgen. Er entzieht Gott aller eindeutigen Berechenbarkeit. Er macht ganz ernst mit dem Bilderverbot (Ex 20,4; Dtn 5,8). Von Gott kann man sich kein feststehendes Bild machen. Er ist nicht in Begriffe zu fassen. Der Erzähler führt uns bis an die äußersten Grenzen dessen, was von JHWH denkbar und sagbar ist, bis dahin, dass er den teuflischen Einflüsterungen erliegt. Aber gerade in dieser »Schwäche« JHWHs lässt er wiederum dessen starke Menschenfreundlichkeit aufscheinen. Er fühlt und leidet mit seinem Knecht Hiob mit. Das ist das, womit der Leidende rechnen kann, mit Gottes Mitleiden und Mitgefühl.

War es dieses Eingeständnis der zeitweiligen Verfallenheit JHWHs an die perfiden Einflüsterungen des Satans, dass dieser die Lust noch nicht verloren hatte, es ein weiteres Mal mit dem scheinbar schwachen, verführbaren Gott und mit dem treuen, standhaften Hiob zu versuchen? Er tut es. Der Satan gibt nicht so leicht auf. Er bleibt dran. Und wenn Hiob Volksweisheiten und fromme Sprüche von sich geben konnte, dann kann das der Satan schon lange. In Hi 2,4b kündet er: *Haut um Haut, und alles, was dem Mann/Menschen*[111] *gehört, das gibt er für sein Leben.* Jetzt treibt er die Versuchung auf die Spitze. Er riskiert alles, selbst das Leben Hiobs. Das Sprichwort *Haut um Haut* stammt, wie die Kommentare deutlich machen, aus dem Handels-

---

111 Das hebräische Nomen *'isch*, das normalerweise für ein männliches Wesen steht, kann auch als Gattungsbegriff für den *Menschen* verwendet werden (vgl. Gen 32,29; Jes 31,8; Hi 12,10).

recht.[112] Es nimmt daher den Gedanken des *chinnam* (*umsonst*) auf. Im Handel wird ja der Versuch eines Ausgleichs der Werte vorgenommen. Für das, was ich erstehen will, muss ich eben ein Äquivalent, etwas Gleichwertiges, auf den Tisch legen. Im Beduinenhandel war das eine Tierhaut um die andere. Es geht also tatsächlich um einen Geschäftsabschluss, den der Satan Gott vorschlägt. Er präsentiert ihm die Abrechnung der ersten Bewährungsprobe Hiobs, und die geht – nach Auffassung des Satans – keineswegs so eindeutig zugunsten von Hiobs Frömmigkeit aus, wie man glauben könnte. Im Gegenteil! Hiobs Gottesbeziehung ist den Geruch des Eigennutzes immer noch nicht losgeworden. Er konnte sich demutsvoll unter sein Schicksal nur deswegen beugen, weil er in alledem noch seine Haut rettete. Zur Rettung der eigenen Haut gab er *alles*, selbst den ganzen Besitz einschließlich seiner Kinder hin. Diese Deutung des Sprichwortes wird durch den erläuternden Relativsatz evident: *Alles, was einem Menschen gehört, gibt er für sein Leben.* Immer noch steht Hiobs Frömmigkeit im Geruch der Satansfrage: Ist sie *grundlos*, ohne Eigennutz? Immer noch würdigt der Satan Hiobs Gottesbeziehung zur Schacherei herab. Wenn der Mensch nichts mehr hat, womit er handeln kann, dann bleibt ihm nur noch seine nackte Haut. Aber für diese wird er alles opfern, selbst seinen Glauben. So des Satans zweite These. In säkularer Sprache lautet sie: »Hauptsache gesund!« Da avanciert die Gesundheit zum höchsten Wert in der gesellschaftlichen Wertehierarchie? Gab es für Hiob Werte, die ihm über sein Leben gingen? Der Satan will und kann daran nicht glauben. Daher hält er unbeirrt an

---

112 So u. a. G. Fohrer, Hiob, 96 f.

seiner Grundthese fest: Hiob wird JHWH nur so lange die Treue halten, so lange dieser ihm treu ist. Wenn es ihm an die Haut geht, dann würde er ihm abschwören, ihn *ins Angesicht verfluchen* (V 5b). Erneut findet das Verb *barak* (*segnen/preisen*) als Euphemismus im Sinne von *verfluchen* Verwendung. Deswegen unterbreitet er JHWH den Vorschlag:

Strecke deine Hand aus und rühre sein Gebein und sein Fleisch an! (Hi 2,5a)

Lass ihn fühlen, dass er wirklich nichts mehr hat, ja, jetzt sogar sich selbst nicht mehr; lass ihn spüren, dass Fleisch und Knochen, Krankheit und Schmerz ihn in ihrer Gewalt haben, dass er nicht mehr er selbst, sondern nur noch ein gehetztes, wund geschlagenes Stück Fleisch ist. Er wird dich verwünschen! Hier geht es mit elementarer Wucht um die Frage des Verhältnisses von Leib und Glaube. Untergräbt ein kranker Leib den Glauben, die Gottesfurcht? Macht Krankheit gottlos, produziert sie Atheisten oder – präziser noch – nach der These des Satans Antitheisten, die Gott verfluchen?

Dieser zweite, unverschämte Versuch des Satans ist nicht so erschreckend, was seine Radikalität und Infamie anlangt, sondern eher, was seine Wirksamkeit auf Gott angeht. Hatte JHWH bereits nach der ersten Probe zugestanden, dass er sich von Satan verführen ließ (V 3b), und war das schon eine Aussage, die das fromme, orthodoxe Gemüt vor den Abgrund des Glaubens stellt, so werden hier die bisherigen Aussagen noch überboten. JHWH wird zum Wiederholungstäter! Er war aus der ersten satanischen Einflüsterung nicht schlau geworden. Er erliegt dem Satan ein zweites Mal.

Treibt der Erzähler damit den Bruch, die Aporie, die sich durch das Gottesbild dieser »Tragödie« zieht, auf die Spitze? Hier spätestens hält der fromme Leser den Atem an. Hat JHWH aus der Geschichte nichts gelernt? Warum jagt er den Teufel nicht zum Teufel, sondern schickt ihn wiederum zu Hiob? Und das mit dem denkbar knappen Befehl: *Da, er ist in deiner Hand* (V 6a). Was ist von einem solchen Gott zu halten, der seinen Knecht Hiob zum zweiten Mal in die Hand des Verderbers gibt? Wer es wagt, dies Ungeheuerliche auszusprechen, der muss Anfechtungen des Glaubens hinter sich gebracht haben, die den tiefsten Grund des Absurden ausgekostet haben. Dass Gott den Menschen der Hand des Satans überlässt, dass er sich von ihm wiederholt verführen lässt, das sagt keiner, der Gott theoretisch, systematisch, dogmatisch durchdenkt. So etwas zu sagen hat nur derjenige ein Recht, der selbst wie Hiob in der Asche saß.

Freilich bleibt auch in dieser tiefsten Verzweiflung und Glaubenskrise immer (?) noch ein letzter Zipfel des Vertrauens. JHWH hat dem Satan abermals eine Grenze gezogen: *Nur sein Leben bewahre* (V 6b)! Reicht das als Trost? Oder ist das nicht lediglich die notwendige Bedingung für den Fortgang der Geschichte? Mit einem toten Hiob würde das Drama enden. Wer hat das Recht, einen Menschen so zu quälen? Was ist das für ein Leben, das JHWH dem Hiob bewahrt, vor dem er einen letzten Schutzwall errichtet? Alles wurde ihm genommen, selbst Fleisch und Gebein hat er nicht mehr, sondern sie haben ihn in der Mangel und peinigen ihn. Ist das noch ein Leben, dieses nackte Dasein ohne jeden Funken Lebensqualität? Wird hier das wie auch immer geartete Leben als absoluter, absolut schützenswerter Wert durchgespielt? Doch was für ein Wert wird da geschützt, ein kranker, siecher Leib, ein Stück biologische

Masse? Bricht hier der Gedanke durch, dass es eben kein lebensunwertes Leben gibt, dass jedes und alles Leben von Gott geschütztes Leben bleibt, auch und gerade das maßlos leidende? Und ist damit nicht klargestellt, dass weder dem Satan, noch Hiob oder irgendeinem anderen Menschen das Recht zugesprochen wird, das letzte Wort über den Lebenswert oder -unwert eines Menschen zu sprechen? Das Leben – das ist der einzige Vorbehalt JHWHs.

Doch kann das ein Trost für Hiob sein? Für den Hioberzähler, der das nicht erzählen würde, wüsste er nicht um solche bitteren Hiobserfahrungen? Vielleicht – vielleicht ist es aber auch nur das Zurückschrecken vor einer letzten Grenze. Und diese Grenze ist eben die, dass menschliches Leben einzig und allein in JHWHs Hand liegt. Dort, wo es in letzter Konsequenz in die Hand des Satans, des Bösen, des Menschen gerät, da droht immer die Gefahr einer Entfesselung der vernichtenden Kräfte, die keinen Halt und keine Grenze mehr kennen. Vor dem Satanischen und seinem Totaleinbruch in die Welt bleibt nur die Gesellschaft bewahrt, die es sich verbietet, über menschliches Leben selbst zu entscheiden. Wer diese letzte Grenze als eine von Gott gesetzte, selbst dem Satan gesetzte Grenze aus dem Weg räumt, der könnte die bittere Erfahrung machen, dass der Mensch satanischer sein kann als der Satan. Dass ihm nichts mehr unantastbar ist, dass er total über sich selbst verfügt und damit den Satan übertrifft. Der aber zieht nun aus, um erneut sein Werk zu tun.

4.5. Hiobs zweite Bewährung

Ohne nähere Einleitung geht der Erzähler *in medias res*. Er kondensiert seinen Stoff aufs Äußerste und erzielt gerade mit dieser Sparsamkeit die höchstmögliche Wirkung. Sie mobilisiert die imaginative Phantasie seiner Leser. Ein Hinweis auf die Fakten genügt. Hiob wird durch eine bösartige Krankheit versucht (V 7b–8), durch seine Frau (V 9) und bewährt sich auch in dieser zweiten Prüfung (V 10).

JHWH hatte Hiob zwar der Hand des Satans überlassen, aber Letzterer führt den entscheidenden Schlag. Er setzt nicht JHWHs, sondern seine Pläne um und *schlägt ihn* (Hiob) *mit einem bösartigen Ausschlag von seiner Sohle bis zu seinem Scheitel* (V 7b). Die Kommentare haben sich immer wieder dazu verleiten lassen, eine Ferndiagnose zu stellen. Meistens vermuten sie, dass es sich hier um *lepra tuberculosa* gehandelt habe.[113] Am ausführlichsten informiert *Friedrich Horst* über die medizinhistorische Debatte.[114] Wichtiger aber als das exakte Krankheitsbild war dem Erzähler wahrscheinlich die theologische Deutung der Krankheit Hiobs. Denn mit der Verwendung der Worte *sch^echin ra'* (*böser Ausschlag*) sowie *mikkaph raglo 'ad q^odq^odo* (*von seiner Sohle bis zum Scheitel*) gibt er sich als Kenner der Tora zu erkennen, der Dtn 28,35 zitiert.[115] Und er gibt seinen Lesern damit zu verstehen, dass ausgerechnet Hiob, den treuen Knecht JHWHs, den über jeden Verdacht erhabenen Frommen, jetzt einer derjenigen Flüche getroffen hat, die nach dem 5. Buch Mose für die Über-

---

113 So z. B. G. FOHRER, Hiob, 100 f.
114 F. HORST, Hiob, 26 f.
115 Siehe dazu sowie zu der Fülle anderer Anleihen des Erzählers beim Dtn vor allem R. HECKL, Hiob, 381–392 und bes. 263–265.

treter und Verächter der Tora bestimmt waren. JHWH-
Treue und Gebotsgehorsam wird nicht – wie in Dtn 28
zugesagt – mit Segen, sondern mit einem Fluch beantwortet. Das ist die vom Satan inszenierte und von
JHWH zugelassene verkehrte Welt, die Umwertung
aller Werte.

Dem Erkrankten bleibt nichts weiter übrig, als sich
mit einem Tonscherben seine Geschwüre zu schaben
und in der Asche zu sitzen (V 8). Das *Sitzen in der Asche*
ist hier wohl weniger als ein Trauergestus zu deuten,
sondern vielmehr als eine Quarantänemaßnahme. Jedenfalls führt uns die Septuaginta (LXX) auf diese
Fährte. Denn nach ihrer Übersetzung befand sich der
Aufenthaltsort des kranken Hiob außerhalb der Stadt.
Es war ein öffentlicher oder auch wilder Abfallplatz, an
dem die anfallenden Rückstände und der Müll einer
Ortschaft in der Sonne getrocknet und von Zeit zu Zeit
abgefackelt wurden. Eine solche *mazbala* diente noch
bis ins 19. Jh. hinein im Orient als Aufenthaltsort von
Kranken mit ansteckenden Krankheiten. Sie hielten
sich bis zu ihrer Genesung außerhalb der Ortschaften
auf, puderten sich mit der Asche, der man desinfizie-
rende Wirkungen nachsagte, und wärmten sich in der
Nacht an der Glut des Feuers. Hin und wieder wurde
diese Praxis als herzloses Abschieben der Kranken gedeutet. Sie seien ausgesetzt worden. Die Beschreibungen von Orientreisenden zeichnen hingegen ein anderes Bild. Denn von einer sozialen Isolierung der Kranken, die sich auf solch einer *mazbala* aufhielten, kann
danach kaum die Rede sein.[116] Sie wurden dort versorgt
und von Freunden und Angehörigen besucht und un-

---

116 Siehe dazu ausführlicher V. MAAG, Hiob, 29 f., und die leben-
     dige Beschreibung durch A. MUSIL, die J. EBACH, Streiten mit
     Gott I, 36, zitiert.

terhalten. Aus dem Alten und dem Neuen Testament wissen wir ebenfalls, dass man Kranke mit ansteckenden Krankheiten an besonderen Orten außerhalb der gemeinsamen Wohnsiedlungen isolierte (Lev 15,31; Dan 4; Mt 8,28ff.par; Lk 17,11ff.). Das muss kein Ausdruck besonderer Herzlosigkeit gewesen sein, sondern diente sicherlich auch dem Schutz vor möglichen Ansteckungen. Erst nach der Heilung war eine Rückkehr in die Gemeinschaft der Gesunden möglich.

Alles das kann aber nun nicht darüber hinwegtäuschen, dass der in der Asche sitzende Hiob ein Bild des Unglücks und des Jammers darstellte. Am ganzen Leib überzogen mit Geschwüren ist ihm an seiner Haut kein heiles Stück geblieben. Der Erzähler hält sich strikt an das, was in der vorhergehenden Szene zwischen JHWH und dem Satan ausgehandelt wurde. Es ging um Hiobs kranke Haut, nicht aber um sein Leben. Doch für ihn kam diese Krankheit ebenso unverhofft wie die vorherigen Schicksalsschläge. Als sei eine Meute von Krankheitsdämonen über ihn hergefallen, so mag er sich gefühlt haben. Bereits im *Ludlul bēl nēmeqi* war ja von solchen die Rede.[117] In einem mesopotamischen Text aus Emar erfahren wir etwas über Therapiemaßnahmen an einem Leprakranken. Der Heiler hatte, bevor er sich dem Kranken näherte, wohl auch zum Selbstschutz folgende Beschwörung zu sprechen, in der die die Krankheit verursachenden Dämonen Erwähnung finden:

»[(37)]Wohin hat es sich entfernt? In die Erde ist es geflohen. Wohin ist es gestellt? Vor mich ist es nicht gestellt. [(38)]Sieben(mal) ›Himmel‹, sieben(mal) ›Erde‹, sieben(mal) ›barta

---

117   Siehe S. 35ff.

igi‹. [(39)]Der böse udug-Dämon, der böse ala-Dämon, der böse Totengeist, der böse galla-Dämon, der böse Gott, der böse maškim-Dämon, die böse Zunge [(40)]mögen abseits stehen. Beim Himmel sei es beschworen, bei der Erde sei es beschworen!«[118]

Tritt in der Hioberzählung der Satan an die Stelle dieser Riege der Krankheitsdämonen? Konzentriert sich jetzt in ihm all das Böse, das Hiob umgibt? Und bekommt dieser in Hiobs Frau eine Verbündete?

Exkurs 1: Hiobs Frau

Der Erzähler legt der Frau Hiobs zunächst die Worte JHWHs in den Mund. So wie dieser in Hi 2,3 dem Satan gegenüber feststellte, *noch hält er fest an seiner Vollkommenheit,* so kommt auch jene nicht umhin, Hiob zu konzedieren: *noch hältst du fest an deiner Vollkommenheit* (V 9a). Das aber, was JHWH an Hiob zu preisen wusste, wird durch die folgende Empfehlung, die sie ihm gibt, in Frage gestellt: *Fluche/preise (?) Gott und stirb* (V 9b). Erneut das Spiel mit der Wurzel *barak,* die auch jetzt wieder von der übergroßen Mehrheit der Kommentatoren als *Euphemismus* mit *fluchen* übersetzt wird. Auf dem Höhepunkt der Versuchung Hiobs begegnet seine namenlose Frau und wird ihm nun selbst zur Versucherin. Denn dass ihre Empfehlung Hiob eine Anfechtung bedeutete, das geht ohne Zweifel aus der Reaktion Hiobs in V 10 hervor, der sie eine *Närrin* nannte.[119] Wurde Hiobs Frau zur irdischen Vollstrecke-

---

118 Übersetzung von D. SCHWEMER, TUAT.NF Bd. V, Gütersloh 2010, 43.
119 Auch in der Dialogdichtung, in der sie in 19,17 und 31,10 Er-

rin des Satanswerkes? Hat Augustin sie in einer Predigt berechtigterweise als *adiutrix diaboli,* als *Gehilfin des Teufels* bezeichnet? Wollte sie Hiob zu dem bewegen, was der Satan bisher nicht erreicht hatte, zu einem Fluch gegen Gott? So eindeutig, wie das der Auslegungstradition auf den ersten Blick erscheint, ist das aber nicht. Erste Zweifel an der üblichen Interpretation weckt die Septuaginta (LXX). Sie enthält eine umfangreiche Erweiterung der wenigen Worte, die Hiobs Frau an ihren Mann richtet. Der Einschub wirbt ohne Zweifel um Verständnis für sie:

⁹Nachdem aber viel Zeit vorübergegangen war, sagte seine Frau zu ihm: Wie lange wirst du standhaft sein und sagen: ⁹ᵃSiehe, ich warte noch eine kleine Zeit ab und erwarte die Hoffnung auf meine Rettung? ⁹ᵇDenn siehe, ausgelöscht ist dein Andenken von der Erde, (die) Söhne und Töchter, Geburtsschmerzen und Beschwernisse meines Schoßes, mit denen ich mich umsonst abgemüht habe mit Qualen. ⁹ᶜUnd du selbst sitzt im Moder des Gewürms und verbringst die Nacht im Freien. ⁹ᵈUnd ich irre umher, und zwar als Tagelöhnerin, von Ort zu Ort und von Haus zu Haus, (und) warte darauf, wann die Sonne untergehen wird, damit ich ausruhe von den Qualen und Beschwerden, die mich jetzt umfangen.⁹ᵉAlso: sage irgendein Wort zum Herrn und stirb!
(Hi 2,9–9e [LXX])

Es ist deutlich, dass das Verhalten der Frau hier nicht entschuldigt wird. Auch sie wird in der Fortsetzung von Hiob für ihre Empfehlung, die sie ihm gibt, getadelt. Aber der griechische Übersetzer des hebräischen Hiobbuches wird hier zum Autor, der sich gedrängt sah, wenigstens Mitgefühl für die Frau Hiobs zu we-

---

wähnung findet, bleibt sie ohne Namen. Nach 19,17 steht die Krankheit zwischen ihr und Hiob und entfremdet sie einander.

cken. Es war ja nicht nur Hiob, der einer harten Glaubensprobe ausgesetzt wurde, sondern seine gesamte
Familie und sein soziales Umfeld. Die Mutter hatte
den Tod der Kinder zu verkraften, vergeblich hatte sie
sie unter dem Herzen getragen, geboren und groß-
gezogen. Aus der überaus wohlhabenden Frau des reichen Herdenbesitzers war eine Tagelöhnerin geworden. Sie vegetierte am untersten Rand der Gesellschaft.
Wer wollte ihr da verdenken, dass sie die Hoffnung
und den Mut sinken ließ? Die entscheidende Frage ist
aber, ob der Übersetzer mit dieser empathischen Erweiterung den Sinn seiner hebräischen Vorlage ver-
fälschte, oder ob es nicht in dieser selbst Ansatzpunkte
für seine einfühlsame Sicht der Frau des Hiob gab. Der
Schlüssel hierfür liegt in den beiden Aussagen, die die
Frau in V 9 macht. Die meisten deutschen Bibelüber-
setzungen und Kommentare übertragen den ersten
Satz (V 9a), den sie an Hiob richtet, als eine Frage:[120]
Hältst du noch immer fest an deiner Frömmigkeit? Sie un-
terstellen ihr damit Zweifel an der Standhaftigkeit ihres Mannes. Jedoch ist diese Übersetzung alles andere
als zwingend.[121] Wir hatten ja bereits darauf hingewiesen, dass Hiobs Frau die Worte JHWHs aus V 3b zitiert. Und dort handelt es sich eindeutig nicht um eine
Frage, sondern um eine Feststellung JHWHs gegenüber dem Satan. Daher liegt es nahe, das JHWH-Wort
im Munde der Frau Hiobs auch hier als eine Feststel-

---

120 Seltene Ausnahmen bilden die Übersetzungen von M. BUBER /
F. ROSENZWEIG, Die Schriftwerke, 280, und J. EBACH, Streiten mit
Gott I, 9.

121 Zwar muss im Hebräischen ein Fragesatz nicht zwingend
durch ein Fragewort eingeleitet werden, aber in diesem Falle
lässt sich eine Entscheidung nur vom Kontext her treffen. Und
der spricht eher dagegen, diese Worte der Frau als Frage zu
übersetzen.

lung zu lesen, die sie gegenüber ihrem Mann trifft: *Noch hältst du fest an deiner Frömmigkeit.*

Die Feststellung verlangt eine Fortsetzung, die dann mit den zwei sich anschließenden Imperativen (V 9b) gegeben wird. Der erste Imperativ könnte daher auch im eigentlichen Sinne des Verbs *barak* und nicht als Euphemismus gedeutet werden. Übersetzt man so, dann hätte die Frau ihrem leidenden Mann empfohlen: *Solange du noch an deiner Frömmigkeit festhältst, preise Gott.* Worin bestand dann aber die Torheit, wegen der Hiob sie im Folgenden V 10 tadelt? Sie muss vor allem im zweiten Imperativ von V 9b *und (dann) stirb* gesucht werden. Verständlich ist auch diese Äußerung. Hatte sie alle Hoffnung für Hiob aufgegeben? Glaubte sie nicht mehr an dessen Genesung? Sah sie für ihn nur noch *einen* Ausweg, den Tod als Erlösung von all seinen Qualen? Auch in diesem Sinne kann unser Text verstanden werden.[122] Diese Doppeldeutigkeit ist in ihm angelegt. Und genau damit provozierte der Erzähler, dass sich die Leser ihre eigenen Gedanken über die Frau Hiobs machen sollten, wie das der griechische Übersetzer dann ja auch tat. Aber warum tadelte Hiob sie dann und nannte sie eine *Närrin* (V 10)? Weil er noch lange nicht ans Sterben dachte?! Dies war die Torheit seiner Frau, dass sie mit der Empfehlung zu sterben die Hoffnung auf JHWH, den Gott des Lebens aufgegeben hatte, dass sie den Lebensmut im Leiden fahren ließ. Dass der Wille zum Leben in Hiob erloschen gewesen wäre, ist aus der Erzählung jedenfalls bisher nicht erkennbar geworden. Und gerade darin, mit seinem unbeirrbaren Festhalten am Leben, befindet sich der treue Knecht JHWHs wiederum ganz in

---

122 So deutet auch S. Schroer (Das Buch Ijob, 76) unseren Text.

Übereinstimmung mit seinem Herrn. Denn dieser war es, der dem Satan eine letzte Grenze gesetzt hatte, nämlich Hiobs *Leben zu bewahren* (V 6b). Damit stand Hiob – auch wenn er diesen letzten Vorbehalt JHWHs nicht kannte – ganz in der Tradition der Beter Israels, die sich zu ihrem Gott als einem Gott des Lebens bekannten: *Du zeigst mir einen Weg des Lebens* (Ps 16,11).[123] Mit dem aus der Not geborenen Todeswunsch war die Frau weit über den Willen JHWHs für Hiob hinausgeschossen. Er sollte gerade nicht sterben, sondern leben! Und deswegen waren ihre Worte für den Leidenden ein närrisches Gerede.

Hiob belässt es aber nicht bei der Zurechtweisung, sondern verbindet sie auch noch mit einer Frage, die implizit ein Vertrauensbekenntnis und eine Belehrung an seine Frau enthält:

Das Gute nehmen wir ja auch an von Gott,
und da sollten wir das Böse nicht annehmen? (Hi 2,10)

Solch eine Frage darf nicht jeder stellen. Hätten sie Hiobs Frau oder seine Freunde an Hiob gerichtet, dann wäre sie nichts anderes als fromme Ideologie mit einem geradezu zynischen Beigeschmack. Wenn sich aber ein Leidender selbst auf diese Weise äußert, dann ist dies mit Respekt zu hören! Wahrscheinlich handelt es sich hierbei wieder um eine geprägte Redewendung, die der Erzähler aus der Tradition entnimmt und Hiob in den Mund legt. Hiobs Zurechtweisung seiner Frau bezieht sich danach auch darauf, dass diese das Gute von Gott gerne angenommen hat, das Böse aber nicht akzeptieren will. Er hingegen ist mit

---

123   Vgl. auch Ps 36,10;42,9;54,6;103,4.

der überlieferten Volksweisheit, die dieses Sprichwort darstellt,[124] einverstanden. Diese Akzeptanz des Bösen aus der Hand Gottes ist aber nur einem Lebenden möglich. Der Mensch soll sich also dem Sprichwort entsprechend darin üben, Gutes und Böses in seinen irdischen Tagen als von Gott gegeben hinzunehmen. Damit steht Hiob wieder ganz in der Nähe der Frömmigkeit des weisen Kohelet, der verkündet hat:

Am guten Tag sei guter Dinge und am bösen Tag bedenke: diesen hat Gott geschaffen wie jenen, damit der Mensch nicht wissen soll, was künftig ist. (Koh 7,14)

Ein toter Hiob hätte dieser Maxime der *ars vivendi*, auch das Unheil von Gott zu empfangen und zu tragen, nicht die Ehre geben können. Nur als Lebender kann er für die Wahrheit seines Glaubens als »Zeuge JHWHs«[125] einstehen! Das hatte seine Frau in ihrer Fixierung auf den Tod als einzigen Ausweg übersehen. Und das machte sie zur Närrin. Damit bezieht sich Hiobs unsanfte Zurechtweisung auf dieses falsche Bescheidwissen um seinen baldigen Tod, um die Pläne Gottes mit ihm, auf die Ungeduld im Bösen. Glaubte sie wirklich, das künftige Geschick ihres Mannes zu kennen, dies, dass er bereits ein Geselle des Todes sei? *Friedrich Horst* ist darin wohl zuzustimmen, wenn er den *Narren*, bzw. die *Närrin* als einen biblischen Menschentyp charakterisiert, der in seinem Reden und Handeln mit der Wirklichkeit Gottes nicht rechnen

---

124 Siehe zur Rekonstruktion der ursprünglichen Form des Spruches V. Maag, Hiob, 30.
125 Darauf hat vor allem K. Barth (Hiob, 70 ff.) in seiner Hiobauslegung hingewiesen, dass Hiob als *Zeuge* für die Freiheit und Wahrheit JHWHs einsteht.

will.[126] In dieser Gefahr steht Hiobs Frau. Sie will das Unheil nicht als von Gott gesetzte Wirklichkeit, die es für Hiob ist, akzeptieren. Ihr bleibt in den Unheilserfahrungen nicht die Hoffnung auf JHWH als einen Gott des Lebens, sondern nur noch auf den Tod. Hiob selbst dagegen gibt nicht auf. Er weiß um Gottes Gegenwart in Gut *und* Böse. Er hat sich nicht im Verein der Lebensmüden eingeschrieben. (Ende des Exkurses)

Die im vorausgehenden Exkurs vorgelegte Interpretation weicht von den üblichen Auslegungen erheblich ab. Und es soll auch nicht verschwiegen werden, dass damit eben nur *eine* Interpretation neben anderen möglichen gegeben wurde, also auch die traditionellen Auslegungen nicht unbedingt in die Irre gehen müssen. Gerade darin, dass der Text an seinen entscheidenden Weichenstellungen so offen formuliert worden ist, lädt er den Leser dazu ein, den Reichtum der vielfältigen Wahrheitsaspekte, die in ihm schlummern, zu entdecken – die verzweifelte Todessehnsucht ebenso wie die unauslöschliche Lebenshoffnung.

Darüber hinaus stellt uns nun allerdings das von Hiob zitierte Volkssprichwort vor ein erhebliches theologisches Problem. Es widerspricht ganz offensichtlich einer Auffassung, die dem Leser durch die Himmelsszenen (1,6–12;2,1–7a) nahe gebracht wurde, dass das von Hiob erlittene Unheil auf die Initiative des Satans und nicht JHWHs zurückgehe. Hiob stellt zu der These, dass der *Satan* in erster Linie für das Böse verantwortlich sei, die in der Erzählung narrativ in Szene gesetzt wird, eine Gegenthese auf: Gutes *und* Böses kommen von *Gott*! Er ist damit der Vertreter eines

---

126   F. Horst, Hiob, 29.

strengen *Monotheismus*, der sich gegen jeden auch nur in Ferne auftauchenden Dualismus in der Gotteslehre wehrt. Offensichtlich fiel es vielen Lesern des Buches Hiob aber nicht so leicht, diesen konsequenten Monotheismus durchzuhalten.[127] Fällt es uns nicht eben so schwer wie dem Chronisten in 1 Chr 21,1, Gott und das Böse zusammenzudenken? Wie immer man zu der Gegenthese Hiobs steht, der ja nach dem narrativen Konzept vom Satan nichts weiß und auch nichts wissen will, eines steht fest: Hiob macht sich kompromisslos zum Anwalt der Freiheit JHWHs! Denn was wäre das für ein Gott, der unwiderruflich auf das festgelegt ist, was uns Menschen gut scheint? Hätte er damit nicht sich selbst zum Knecht menschlicher Glücksvorstellungen gemacht?

Wichtiger aber noch als das Plädoyer Hiobs für die Freiheit Gottes scheint mir ein weiterer Gedanke. Welche Hoffnung bliebe Hiob eigentlich, wenn er sich dem Dualismus von Gut und Böse, die fein säuberlich auf Gott und Satan verteilt werden, verschrieben hätte? Welche Hoffnung bleibt dem Menschen, der sich angesichts solcher Arbeitsteilung in der Hand des Satans weiß? Von diesem nämlich hat er nur eines zu erwarten, das Böse! Bei JHWH aber darf er darauf hoffen, dass dieser den bösen Tagen auch wieder gute folgen lässt. JHWH ist eben nicht wie der Satan auf das Böse festgelegt. Sein letztes Wort dem Satan gegenüber heißt nicht Tod, sondern Leben! Deswegen ist es auch in den dunklen Stunden immer noch hoffnungsvoller, sich ganz und gar JHWH, dem Gott des Lebens anzuvertrauen als sich ausschließlich in der Hand des Bö-

---

127 Das haben bereits die Ausführungen zum Werden der Satansvorstellungen in 2 Sam 24,1 und 1 Chr 21,1 deutlich gemacht. Siehe S. 85 f.

sen zu wissen. Hiob tut dies. Seine Gottesfurcht und seine Hoffnung, die er auf JHWH setzt, sind so stark, dass er selbst das Böse nicht dem Bösen überlässt. Keinen Quadratzentimeter dieser Erde und keine Minute seines Lebens, kein Widerfahrnis und keine Erfahrung gibt er dem Satan preis. Für ihn ist *Gott alles in allem* (1 Kor 15,28) und daher auch *alles in Gott*. Und deswegen ist nichts hoffnungslos. In diesem Festhalten am konsequenten Monotheismus hat sich Hiob letztlich stärker erwiesen als es der Satan ist.

Und was ist aus diesem geworden? In der Dichtung jedenfalls und im Epilog taucht er nicht mehr auf. Verlässt er wortlos die Bühne? Hält JHWH es nicht für nötig, diesem Sonderexemplar unter den Gottessöhnen noch einmal kräftig die Leviten zu lesen und ihn ein für allemal in die Wüste zu schicken?[128] Warum kostet er seinen Sieg nicht aus? Warum lässt ihn der Erzähler wortlos von der Bühne des Geschehens abtreten? Wer auf diese Fragen eine Antwort sucht, der findet sie in der präzisen Beachtung der Grammatik, derer sich der Erzähler bedient. *Raik Heckl* hat darauf aufmerksam gemacht, dass auf die Vorschläge, die der Satan JHWH gemacht hat, Hiob um seinen gesamten Besitz zu bringen (1,11a) sowie seine Gesundheit anzutasten (2,5a), jeweils ein Schwursatz mit identischem Wortlaut folgt. Wörtlich übersetzt lautet dieser: *Wenn er dich nicht ins Angesicht verflucht ...* (1,11b;2,5b). Dem Konditionalsatz, der nur nach dem Muster *wenn – dann* funktio-

---

128 V. MAAG (Hiob, 39) hat vermutet, dass eine dritte Himmelsszene durch das Auseinanderschneiden der Rahmenerzählung und die Einfügung der Dialogdichtung verloren gegangen sei. Nimmt man aber an, dass die Rahmenerzählung erst mit Blick auf die Dialogdichtung verfasst wurde, wovon wir ausgegangen sind (S. 61), dann ist diese Hypothese hinfällig.

niert, fehlt die notwendige Fortsetzung, die die Folge des Schwurs enthält. Es handelt sich um eine sogenannte Ellipse, bei der der Leser den sich zwingend ergebenden Folgesatz in Gedanken selbst ergänzen muss. Denn die Folge eines solchen Schwursatzes bestand im alten Israel darin, dass der Vorwurf, den der Schwurleistende einem anderen gegenüber vorbrachte, auf diesen selbst zurückfiel, wenn sich dieser als falsch erwies. Damit traf die Strafe nicht den Angeklagten, sondern denjenigen, der den falschen Schwur geleistet hat, den Ankläger. Er hat sich damit selbst verwünscht.

¹⁸Die Richter aber sollen gründlich nachforschen. Und wenn der Zeuge ein Lügenzeuge ist, hat er seinen Bruder fälschlich beschuldigt. ¹⁹Dann sollt ihr ihm antun, was er seinem Bruder anzutun gedachte. (Dtn 19,18f.)

Der Satan war – diesem Grundsatz der Tora entsprechend – als Lügenzeuge gegenüber Hiob und vor JHWH aufgetreten. Er hatte Hiob dem Verdacht ausgesetzt, Gott zu verfluchen, wenn einmal der Segen ausbliebe, den er bisher empfangen hatte. Dieser mit einem Schwur bekräftigte Verdacht stellte sich als falsch heraus. Und damit hat der Satan genau diejenige Strafe über sich selbst gebracht, die im anderen Falle Hiob getroffen hätte. *Wenn er (Hiob) dich nicht ins Angesicht verflucht*, »dann will ich verflucht sein.« So könnte man den von Selbstgewissheit bestimmten Satansschwur ergänzen. Und das war er nun auch. Er hat sich gleichsam selbst ausgelöscht. Deswegen konnte der Erzähler ihn ohne jeden weiteren Kommentar von der Bühne des Geschehens abtreten lassen.[129]

---

129   Ich danke R. HECKL dafür, dass er mir sein Manuskript »Die Fi-

Nicht ihm, sondern Hiob wird vom Erzähler am Ende die Ehre gegeben, der ausdrücklich feststellt, dass dieser *in alledem mit seinen Lippen nicht sündigte* (V 10b). Es blieb bei dem, was bereits nach der ersten Prüfung festgestellt wurde (vgl. 1,22). Hiob brachte keinen Fluch über seine Lippen. Das Unvorstellbare, das, was der Erzähler noch nicht einmal auszusprechen wagte, dass dieser fromme Mann JHWH verfluchen könne, war für Hiob undenkbar geblieben. Wie lange aber würde seine Kraft reichen, die Verluste und die Krankheit zu tragen? Wer half ihm tragen? Damit war die Stunde gekommen, in der der Erzähler die Freunde Hiobs auf die große Bühne des Leidens treten ließ.

4.6. Hiob und seine Freunde

Die Einführung der Freunde schließt unmittelbar an das bisherige Geschehen an. Daher lesen sich die wenigen in Prosa gehaltenen Verse wie eine Fortsetzung des bisherigen Prologs. Gleichzeitig stellen sie einen Brückentext dar, der zur Dialogdichtung in Hi 3,1–42,6 überleitet. Das Gegenstück dazu findet sich in Hi 42,7–10. Dort werden die Freunde ausgeführt und der Erzähler geht zum Epilog (42,11–17) über, der in mehrfacher Hinsicht auf den Prolog Bezug nimmt.

Der Leser erfährt über die Freunde Hiobs nur das Allernotwendigste. Zielstrebig steuert der Erzähler mit seinem Überleitungsstück auf die Reden zu. Von wem die fernen Freunde Hiobs etwas über dessen Unglück erfahren haben, wie im Einzelnen sie sich verabredungsgemäß trafen, alles das war unwichtig und kann wiederum der ausmalenden Phantasie der Leser

gur des Satans in der Rahmenerzählung des Hiobbuches« noch vor dem Abdruck zur Verfügung gestellt hat.

überlassen bleiben. Sie kamen ein jeder *von seinem Ort* (V 11a). Die folgende Beschreibung erfolgt dann nach einem festen Schema. Lediglich der Eigenname und die Herkunft werden angegeben.

An der Spitze steht *Elifas, der Temaniter,* der aus Teman stammte. Der Name ist uns aus Gen 36,4.10.12 bekannt. Dort gehört Elifas zu den Nachkommen des Jakobbruders Esau, des Stammvaters der Edomiter. Auch Elifas wurde zum Stammvater eines Sippenverbandes (Gen 36,11). In diesem begegnet unter seinen Söhnen ein gewisser Teman. Sowohl die Herkunft des Namens Elifas (safaitisch?) als auch seine Bedeutung (*mein Gott siegt* [?]) sind unsicher.[130] Die Näherbestimmung *hattemani, der Temaniter,* lässt sich auf die edomitische Landschaft *Teman* um Bosra, oder auf die Einwohnerschaft der berühmten nordarabischen Oasenstadt *Tema* an der Weihrauchstraße beziehen, in die sich der letzte babylonische König Nabonid zurückgezogen hatte (Jer 25,23; Hi 6,19).[131] Wichtiger als die nicht mehr mit Sicherheit auszumachende präzise Lokalisierung der Temaniter ist das, was das kulturelle Gedächtnis Israels in den prophetischen Völkersprüchen über Edom aufbewahrt hat. Da ist im Jeremiabuch zu lesen:

So spricht JHWH Zebaot:
Gibt es keine Weisheit mehr in Teman?
Ist den Klugen der Rat abhanden gekommen?
Ist ihre Weisheit ranzig geworden? (Jer 49,7)

Und in Obadja 8–9 droht JHWH Edom das Gericht mit den Worten an:

---

130 Siehe M. MULZER, Elifas, 515.
131 So E. A. KNAUF, Tema/Teman, 799.

Wird es nicht in jenen Tagen geschehen, Spruch JHWHs,
da lasse ich die Weisen aus Edom zugrunde gehen
und die Einsicht aus dem Gebirge Esaus.
Dann werden deine Helden, Teman, (derartig) erschrocken sein,
dass ein jeder niedergeschlagen wird vom Gebirge Esau.

Auch nach der apokryphen Schrift des Jeremia-Schülers Baruch (3,22) gab es eine besondere Weisheitstradition in Teman. Wird Elifas mit der Nennung seiner Herkunft auch einem bestimmten geistigen Milieu zugeordnet? Ist er als Temaniter Vertreter einer über die edomitischen Landesgrenzen hinaus bekannten »Weisheitsschule«? Und ist daher das von ihm in den Reden Gesagte auch als Äußerung eines edomitischen Weisheitslehrers zu verstehen, der – wie bereits in den prophetischen Völkersprüchen bezeugt – sehr bald mit seiner Weisheit am Ende war? Wahrscheinlich erweist sich auch hier wieder der Erzähler als gelehrter Kenner der Schrift, der seine Propheten gelesen hatte.

Bildad, der Schuchiter: Über den zweiten Freund Hiobs lässt sich sehr viel weniger sagen. Wahrscheinlich steckt in seinem Namen das theophore Element des syrischen Wettergottes *Hadad*. Der Name wäre dann dem des bekannteren *Benhadad* (*Sohn Hadads*) verwandt.[132] Nach Gen 25,2 könnte er ein Nachkomme *Schuachs* sein, der dort als Sohn des Abraham und der Ketura geführt wird. Die Schuchiter hatten ihre als das Land *šuchu* bekannten Stammesgebiete wahrscheinlich am mittleren oder oberen Euphrat.

Noch weniger lässt sich über den dritten Freund *Zofar, den Naamatiter* sagen. Weder lässt sich für seinen Namen eine befriedigende Deutung anbieten, noch

---

132   M. GÖRG, Bildad, 295.

lässt sich seine Heimat *Na'ama* mit Sicherheit ausfindig machen.[133] *Georg Fohrers* Vermutung, dieser Zofar habe vielleicht von Hiob aus betrachtet im Norden gelebt, wo heute noch an der Straße zwischen Beirut und Damaskus eine Örtlichkeit mit dem Namen *'Ain Sofar* bekannt ist, bleibt eine Spekulation.

Wichtiger als dies ist der Befund, dass Hiob aus der Sicht des Erzählers ferne Freunde hatte. Fast möchte man sagen, dass er über internationale Verbindungen in den Vorderen Orient verfügte. Der Erzähler öffnet den Lesern damit einen weiten geistigen Horizont. Er lässt seinen Helden Hiob im Gewand eines wohlhabenden, durchaus weltläufigen Mannes auftreten, der über internationale Verbindungen verfügte. Darin darf man einen Reflex der über den gesamten Orient verbreiteten sapientialen Geisteshaltung erkennen. Mit der Weisheit wurden in den altorientalischen Schulen geistige und lebenspraktische Fertigkeiten vermittelt, eine ganz eigene Denk- und Lebenshaltung eingeübt, die Israel mit seinen ägyptischen und mesopotamischen Nachbarn teilte.[134]

Darüber hinaus fällt auf, dass die fremden Freunde Hiobs vom Erzähler ganz selbstverständlich als Verehrer und Verteidiger des einen Gottes dargestellt werden, der eben auch der Gott Hiobs und Israels war. Hier wird ein theologischer Universalismus greifbar, der zwar in vorexilischer Zeit in Ansätzen bereits erkennbar ist, sich aber erst in der exilisch-nachexilischen Zeit mit dem Durchbruch zum Monotheismus immer weiter durchgesetzt hat. Der Gott Israels und kein anderer war der Herr der Welt. Dieses universa-

---

133 Vgl. E. A. KNAUF, Zofar, 1224.
134 Siehe dazu H.-D. PREUß, Einführung in die alttestamentliche Weisheitsliteratur, 12–30.

listische Gotteskonzept ist nicht untypisch für den internationalen Geist der Weisheit Israels. Diese weisheitlich-international-universalistische Atmosphäre, die uns bereits mit den Freunden Hiobs begegnet, ist für die theologische Interpretation des Hiobbuches nicht zu unterschätzen. Hiob steht mit ihr auch – aber nicht nur für die partikulare Geschichte Israels. Er steht für alle Zweifelnden, Fragenden und Klagenden der Menschheit. Wir empfangen das Hiobbuch und seinen abgründig-erregenden Gott aus den Händen Israels. Aber wir empfangen es auch als Buch unserer Fragen, unserer Klagen und unseres Gottes.

Die Freunde also kommen aus Gottes weiter Welt und verständigen sich darüber, was zu tun ist, wenn einer von ihnen in Not geraten ist. Mit diesem Internationalismus der Erzählung wird jeder beschränkte nationale Egoismus, jede Fessel von Sippe und Familie gesprengt. Die Aufgabe von Freunden ist es, im Falle der Not über Grenzen des Blutes und des Staates hinweg zusammenzukommen und Solidarität zu üben. Hiob kann sich da auf seine Freunde verlassen. Und dass ihre Solidarität und Sympathie kein leeres Ritual ist, das lassen die hebräischen Verben *nud* (*sich hin und her bewegen / Kopfschütteln als Geste des Bedauerns*) und *nacham* (Pi. *trösten/bedauern*) ganz deutlich werden. Sie beschreiben einen Vorgang, der wieder bis in die Körpersprache hinein nachvollziehbar wird (V 11b).

V 12 legt dann noch einmal in ganz paradigmatischer Weise die der Erzählung eigene Logik offen. In der Mitteilung von vordergründig Unlogischem erschließt sich die tiefere Logik der menschlichen Trauer. Da erfährt der Leser, dass die Freunde von ferne Ausschau nach Hiob halten und ihn nicht erkennen. Gegen alle Gesetze der Logik fährt der Erzähler daraufhin fort: *Und sie erhoben ihre Stimmen und weinten ...*

136

(V 12a). Offensichtlich haben sie Hiob sehr wohl erkannt. Das Nichterkennen bezieht sich auf das ihm wi-
derfahrene Unheil. Es war ein Nichterkennen im übertragenen Sinne. Die Erfahrungen des Bösen haben ihn
entstellt. Er war – wie wir umgangssprachlich sagen –
nicht wiederzuerkennen. Der Verlust der Habe und seiner Kinder, seine Krankheit hatten ihn in seinem ganzen Habitus so verändert, dass er – obwohl immer noch
derselbe Mensch – den Freunden wie ein Fremder erscheinen musste. Diese äußere Veränderung Hiobs
setzt in den Freunden Emotionen frei. Sie klagen *mit
lauter Stimme und weinen* angesichts dieses Häufleins
Unglück, das sie in der Asche sitzen sehen. Die Mit-
leidsbekundungen werden von weiteren Trauerritualen begleitet, dem Zerreißen der Kleider und dem Em-
porwerfen von Staub. Wir haben sie bereits als sogenannte Selbstminderungsrituale kennengelernt.[135] Nur
auf einen Sachverhalt muss in diesem Zusammenhang
noch hingewiesen werden. Dadurch, dass die Freunde
den gleichen Ritus auf sich nehmen, den auch Hiob an
sich vollzog (Hi 1,20), gestalten sie sich ihm symbolisch
gleich. Sie versetzten sich buchstäblich in seine Lage,
machen auch sich zu Leidtragenden. Mit solchem be-
wussten Eintreten in die Situation Hiobs, mit der rituellen Anteilnahme an seinem Schicksal, wird fremde
Not zur eigenen Not gemacht und auf diese Weise ge-
teilt. Darin liegt die soziale Tiefendimension der antiken Trauerriten verborgen. Durch das sich Gleich-
gestalten wird symbolisch ein Teil der Last und des
Unglücks des Nächsten zur eigenen Last und Not gemacht.[136]

---

135 Vgl. S. 103 f.
136 Anders R. HECKL, Hiob, 278 ff. Dass die Freunde durch die Trau-
     errituale Hiob bereits als Toten behandeln würden und damit

Dass sich schließlich die Freunde Hiobs zunächst als Seelsorger *par excellence* erweisen, das wird in V 13 deutlich. Sie beherrschen die höchste Kunst der Seelsorge: Zuhören und Schweigen![137] Allerdings bewahrte sie letztlich auch ihre Seelsorgepraxis nicht vor dem Versagen. Das offenbart die folgende Dialogdichtung (Hi 3–27) in erschreckender Weise. Zunächst aber, solange sie sich am Geländer bewährter Rituale bewegen und im Schweigen üben, ist ihre Freundschaft über jede Kritik erhaben. *Sieben Tage und sieben Nächte* sitzen sie bei Hiob und sagen kein Wort (V 13). Es ist keine Frage, dass auch diese Aussage nicht frei von Zahlensymbolik ist. Eine volle Woche währt ihre solidarische Mittrauer mit Hiob. Sollte der Leser bei der genannten Frist an die Totentrauer denken, die in Israel nach Gen 50,10; 1 Sam 31,13 ebenfalls sieben Tage dauerte? Angesichts des Sterbens der Kinder liegt das durchaus nahe.[138] In der siebentägigen Totentrauer wird noch einmal wie in einem Brennspiegel die Vollständigkeit (7-Zahl!) eines gesamten Lebens rituell nachvollzogen. Eine eigene, in sich zum Abschluss gekommene Welt wird wie die Schöpfungswoche durchschritten. Aber eine Welt, die nicht wie die Schöpfung mit der Entlassung des männlich und weiblich geschaffenen Adam ins Leben endet (Gen 1–2,4a), sondern in den Horizont des Todes eingetreten ist. So

---

ihre ursprüngliche Absicht, ihn zu trösten, verfehlt hätten, überzeugt nicht wirklich. Vielmehr ergibt sich der solidarische Vollzug von Trauerritualen ganz natürlich aus dem zu beklagenden Tod der Kinder (vgl. Hi 1,20).

137 Siehe dazu vor allem T. MICKEL, Seelsorgerliche Aspekte im Hiobbuch, 74 ff.; J. EBACH, Gott und die Normativität des Faktischen, 56 f.

138 Anders, aber nicht wirklich überzeugend G. FOHRER, Hiob, 106 f.

kann der Hiobdichter nun zur Dialogdichtung über-
gehen, die dann auch konsequenterweise mit dem Todeswunsch Hiobs einsetzt.

5. Die Dialogdichtung

Die umfangreiche Dialogdichtung, die den Hauptteil
des vorliegenden Hiobbuches ausmacht, setzt mit einer Klage Hiobs ein. Dem aufmerksamen Leser wird
dabei sofort eine ganze Reihe von Besonderheiten auf-
fallen. Da ist vor allem der Wechsel vom Prosastil des
Erzählers in die poetische Redeform des Dichters zu
nennen. Die folgenden direkten Reden Hiobs und seiner Freunde haben einen vollkommen anderen Charakter als die direkten Reden in der Erzählung. Während letztere nur aus knappen Wortwechseln bestehen,
die die Kommunikation zwischen den handelnden
Personen in konzentrierter Form eher andeuten als
wirklich ausführen, haben wir es hier mit langen in
rhythmischer Sprache geformten Reden und Beleh-
rungen zu tun, die uns an der Auseinandersetzung
zwischen Hiob und seinen Freunden sowie zwischen
Hiob und Gott unmittelbar beteiligen. Die Leser werden zu Mithörern einer erbitterten Disputation, die
sich vor ihnen quasi *life* wie auf einer Bühne vollzieht.
Doch sollte – wie *Jürgen Ebach* mit Recht betont – über
dem Eindruck der geradezu spontan wirkenden Di-
rektheit und Lebendigkeit des folgenden Disputs nicht
vergessen werden, dass es sich hierbei um *Dichtung*
handelt.

»Wer leidet wie Hiob, wird ›im wirklichen Leben‹ klagen,
doch er wird seine Klage nicht in metrischen Strophen und in
poetischen Formen vorbringen. So ist es wie bei jeder Litera-

tur auch im Hiobbuch nur ›fast wie im wirklichen Leben‹. Dieses ›fast‹ ist ebenso Einschränkung und Warnung vor unmittelbarer Gleichsetzung wie Überschuß, nämlich ästhetische Wahrheit.«[139]

Das unauflösliche Amalgam von Dichtung und theologischer Lehre hat der Germanist *Gerhard Kaiser* auf den Punkt gebracht:

»Letztendlich […] fordert das Buch Hiob eine Grenzüberschreitung beider Wissenschaften, denn – so meine These – gerade das, was das Buch Hiob zur Dichtung macht, erzeugt auch den Rang und die Eigentümlichkeit seiner Theologie, so daß das Innerste und Äußerste seiner Theologie erst gefaßt werden kann, indem man es als Dichtung wahrnimmt.«[140]

Während der Prolog geschildert hat, was der Fall ist, wird nunmehr in der Dialogdichtung dieser Fall Hiobs besprochen. In der himmlischen Welt ist dieser Fall, der zwischen JHWH und dem Satan zur Debatte stand, bereits entschieden. Doch was im Himmel entschieden ist, muss auf der Erde noch lange nicht klar sein. Vielmehr drängt sich der Eindruck auf, dass die Positionen der miteinander Streitenden unversöhnlich aufeinanderprallen und sich zu einem unentwirrbaren Knäuel von Fragen verdichten. Eine verhaltene »Lösung« des Falles Hiob deutet sich erst in dem Augenblick an, in dem es zu einem Gespräch zwischen Himmel und Erde, JHWH und Hiob kommt (Hi 38,1–42,6). Solange die Gespräche im Himmel und auf der Erde wie auf zwei getrennten Etagen stattfinden, solange es

---

139 J. EBACH, Gott und die Normativität des Faktischen, 57.
140 G. KAISER, Das Buch Hiob, 17.

zu keiner Transzendierung des Disputs von unten nach oben (Hiob → JHWH) sowie *vice versa* von oben nach unten (JHWH → Hiob) kommt, bleibt der Fall Hiob hoffnungslos.

5.1. Hiobs Klage

Hiob, der Leidende, hat das erste Wort! Das ist eine eiserne Seelsorgeregel, an die sich auch Hiobs Freunde halten. Die große Eingangsklage (Hi 3) gliedert sich nach der doppelten Redeeinleitung (V 1–2) in drei thematisch eng miteinander verbundene Abschnitte. Am Anfang steht die Bitte um Auslöschung seiner Geburt (V 3–10). Auf sie folgen zwei durch *Warum*-Fragen eingeleitete Klagelitaneien (V 11–19.20–26).

Die doppelte Redeeinleitung (V 1: *Danach öffnete Hiob seinen Mund …*; V 2: *Und Hiob antwortete und sprach.*) ist den Kommentatoren schon immer aufgefallen. Und sie erklären sich diese in der Regel damit, dass in V 1 in Form einer *Überschrift* das Thema der folgenden Klage angegeben werde, nämlich die Selbstverfluchung, während in V 2 dann die im folgenden Dialog übliche Redeeröffnung benutzt wird. Trotz dieser Erklärung bleibt die Doppelung ein Stein des Anstoßes, der darauf hinweist, dass wir uns hier an der Nahtstelle der ursprünglich selbständig existierenden Dialogdichtung mit der Rahmenerzählung befinden.[141]

---

141 Warum begnügt sich der Verfasser nicht mit der geläufigen Redeeröffnung, die in V 2 vorliegt (vgl. Hi 4,1;6,1;8,1;9,1 u. ö.)? Es trifft zu, dass V 1, die Verfluchung des (Geburts-) Tages Hiobs, thematisch eng mit V 3 ff. zusammengesehen werden muss. Der Vers selbst ist aber noch in Prosa abgefasst. Er gehört damit noch zu der narrativen Überleitung, mit der die drei Freunde eingeführt wurden (2,11–13), und nicht zur darauf folgenden Dichtung. Wenn die Dialogdichtung ursprünglich einmal selb-

V 1 stellt aber nicht nur eine Leseanweisung für die folgende Klage dar, sondern nimmt auch die im Prolog angedeutete Fluchthematik auf. Jetzt, aber auch wirklich erst jetzt beginnt Hiob zu fluchen. Zum ersten Mal begegnet kein Euphemismus, sondern das hebräische Verb *qalal, verfluchen*. Und hier darf es auch seinen Ort haben, weil Hiob ja nicht JHWH, sondern seinen (Geburts-?) Tag verflucht. Die folgende Klage soll demnach als *Selbstverwünschung* gelesen werden. Der Fluch gehört ja wie der Segen zu den performativen Sprachhandlungen. Nach antikem Verständnis bewirkt er das, was er sagt. Mit der Verfluchung seines Tages wünscht sich der gequälte Hiob die Selbstauslöschung seiner Existenz.

V 3 bricht das siebentägige Schweigen, das ihn und seine Freunde umfing (2,13). Ein größerer Gegensatz als der zwischen 2,10 und 3,3ff. lässt sich kaum vorstellen. Dort der fromme Dulder Hiob, der Gutes und Böses gleichermaßen von Gott annimmt, ohne sich dabei mit seinen Lippen zu versündigen. Hier der aufbegehrende, seinen Geburtstag und seine Empfängnisnacht annullierende Rebell. Dort derjenige, der in Gut und Böse immer noch Gottes Walten zu sehen vermag, hier der, der das Chaos gegen sich selbst auf den Plan ruft. Dort der, der sich sparsam auf fromme Spruchweisheiten zurückzieht (1,21;2,10), hier der, der Klage auf Klage häuft, dort der Wortkarge, hier der Vielredner. Ist es wirklich denkbar, dass diese so unterschied-

---

ständig existierte und erst später durch die Erzählung gerahmt wurde (s. S. 60 f.), fehlt ihr allerdings eine Einleitung, die die folgende Klage Hiobs vorbereitet. Diese Einleitung könnte als knappe Selbstvorstellung Hiobs und seines Geschicks ursprünglich an der Stelle von 3,1 gestanden haben. Ja, ist der Vers vielleicht sogar ein Rest davon? Ausführlicher dazu R. HECKL, Hiob, 38 ff.335 f.

lichen Hiob-Gestalten in *einer* Person Platz haben? Werden nicht an diesem fast unüberbrückbar scheinenden Widerspruch die Grenzen des Hiobdichters und seiner Kunst offensichtlich, den Dulder der Rahmenerzählung mit dem Aufrührer der Dichtung zu verbinden? Es war ja dieser Widerspruch, der zu einer Zuschreibung von Rahmenerzählung und Dialogdichtung an unterschiedliche Verfasser geführt hat. So plausibel diese Zuschreibung ist, es bleibt die Frage, ob der Hiob der Dichtung wirklich ein völlig anderer ist als der der Erzählung.

Könnte es nicht auch sein, dass die Verfasser diesen Widerspruch ganz bewusst nicht nur in Kauf nahmen, sondern ihn geradezu als literarisches Gestaltungsmittel einsetzten? Ging es ihnen vielleicht gerade bei der Zusammenschau von Erzählung und Dichtung darum zu zeigen: Der ganze, der wirkliche Hiob, das ist weder der der Erzählung, noch der der Dichtung allein, das ist und kann nur der Hiob des gesamten Buches sein? Lag ihnen die Frage nach dem Leiden der Gerechten und seiner Bewältigung auf der Seele? Und wenn ja, mussten sie dann nicht die ganze Spannweite möglicher Reaktionen darauf zur Sprache bringen? So unterschiedlich und scheinbar in sich widersprüchlich bewältigt der Mensch nun einmal die großen Lebensübel, von frommer Ergebung bis hin zur Selbstverwünschung, vom duldenden Schweigen bis zum verzweifelten Protest. Und das nicht nur in der Weise, dass der eine so und der andere so handelt. Nein! So ambivalent, so widersprüchlich kann *ein und derselbe* Mensch reagieren. Der Weg der Verarbeitung von Leid kennt viele Phasen, von Verzweiflung, Auflehnung, Protest bis hin zur geduldigen Hinnahme des Unvermeidlichen. Die Autoren des Hiobbuches hatten ein feines psychologisches Gespür. Es ging ihnen nicht darum, uns die Gestalt Hiobs nur in einer Momentaufnahme vorzustellen. Sie wollten das Widersprüchliche offenlegen, die Aporien, in die Menschen gestürzt werden, und die sich nicht auf einen Nenner bringen lassen. Und gerade darin sind sie der Wirklichkeit des *homo patiens* näher, als wenn sie sich allein mit dem Hiob der Erzählung oder der Dichtung begnügt hätten.

Daher lautet der irreale, ja, mehr noch, der surreal anmutende Wunsch Hiobs, der dann im strengen Sinne des Wortes doch wieder kein Fluch ist:

Zugrunde gehen soll der Tag, da ich geboren wurde,
und die Nacht, da man sprach, empfangen wurde ein Knabe.
(Hi 3,3)

Das ist Hiobs Begehren. Sein Leben möge sein als wäre es nie gewesen. So wie dem Schöpfungsmythos (Gen 1) mit der Fluterzählung (Gen 6-9) ein Antimythos gegenübergestellt wurde, der (fast) alles Lebendige untergehen ließ, so wünscht sich Hiob die Rücknahme der ganz persönlich an ihm geschehenen Schöpfungstat Gottes.

Mit dem Geburtstag und der Zeugungsnacht werden ja diejenigen Zeitpunkte benannt, über die der Mensch nicht verfügt, die vielmehr über ihn verfügt sind. Das ist das Absurde seines Wunsches. Denn keiner kann seine Geburt ungeschehen machen. Sie bleibt ein für allemal geschehene Realität, und angesichts eines leidvollen Schicksals mag sie manch einem als vollkommen sinnlos erscheinen. Aber keiner kann die Anfänge seines Lebens ganz und gar hinter sich lassen, das Jahrhundert, in das einer hineingeboren wurde, das Elternhaus, die physisch-psychischen Voraussetzungen, sie werden uns ein Leben lang begleiten und bestimmen. Wir mögen in der Lage dazu sein, dies oder jenes daraus zu machen, in Opposition zu diesen Vorgaben zu stehen oder uns ganz zu ihnen zu bekennen, aber wir werden sie nicht los.

Hiob wünscht sich ganz und gar Irreales, er wünscht sich die Aufhebung der zeitlichen Bestimmung seiner Existenz. Und darin erweist er sich als ein Leidensgefährte des Propheten Jeremia, der von dem gleichen Wunsch getrieben war (Jer 20,14–18).[142] Dies, die Aufhebung der Zeit, ist eigentlich nur im Mythos oder Antimythos denkbar. Der Mythos ist zwar nicht zeitfrei und zeitlos, aber er ist frei im Umgang mit der Zeit. Im Mythos können alte, längst vergangene Ereignisse vergegenwärtigt, wiederholt und widerrufen werden. Hier kann Zeit aufgehoben werden, nach rückwärts in eine entfernte Vergangenheit zurückgespult oder nach vorn in eine noch nicht erreichbare Zukunft vorangetrieben werden. Der Mythenerzähler, das ist der Magier der Zeit.[143]

Wie intensiv der Dichter mit der Weltzeit spielt, das wird an den unübersehbaren Anspielungen auf die Schöpfungsgeschichte in Gen 1 deutlich. Wenn Hiob wünscht, *jener Tag* seiner Geburt *werde Finsternis* (V 4), dann musste sich jeder Kenner der Tora Israels an die ersten Worte des Schöpfers erinnern: *Es werde Licht* (Gen 3,1)! Mit dieser Willenserklärung begann der Schöpfer die Welt ins Dasein zu rufen, damit begann er Kosmos im Chaos, im *tohu-wa-bohu*, zu stiften. Die Bitte, *er* (der Geburtstag) *werde Finsternis,* das ist der

---

142 Nach K. Schmid (Innerbiblische Schriftdiskussion, 246 f.) hat der Dialogdichter Jer 20,14–18 in Hi 3 kritisch aufgenommen, da der fromme Hiob im Unterschied zu Jer 20,14 seinen Geburtstag eben nicht ausdrücklich verflucht, sondern nur seine Annullierung wünscht.

143 Zur mythischen Dimension des Hiobbuches und speziell zu Hi 3 siehe G. Fuchs, Mythos und Hiobdichtung, 65 ff.

Antimythos, der Chaoswunsch schlechthin, der mit der Licht-Finsternis-Metaphorik (Hi 3,4–9) zur Sprache gebracht wird. Wenigstens jener eine Tag der Weltgeschichte, Hiobs ganz persönlicher Schöpfungstag, soll dem göttlichen Schöpfungswerk entrissen werden.

Wie soll das Irreale real werden? Im Grunde geht das – nach antiker Vorstellung – nur im Bündnis mit dem Okkulten (V 8). Die *Tagverflucher* sollen die Nacht von Empfängnis und Geburt *verwünschen* (hebr. *qabab*). Spezialisten des Fluches und der zerstörerischen, dunklen Mächte, die – wie einst der moabitische Seher Bileam – für derartige Dienste gedungen wurden (Num 22–24), waren gefragt;[144] Hexer und Magier des Wortes, die sich in den Unheil wirkenden Geheimnissen der Sprache und ihrer zersetzenden Kraft auskannten. Konnten sie mittels wirkmächtiger Worte Tage durchkreuzen, sturmreif schießen, dem Chaos, dem Nichtigen preisgeben? Immerhin standen sie ja im Bunde mit dem Chaosungeheuer *Leviatan*, den sie zu wecken verstanden (V 8b).[145]

Und das alles sollte aus einem einzigen Grund geschehen:

Denn sie (die Nacht) hat mir die Pforten des Leibes meiner Mutter nicht verschlossen
und die Plage meinen Augen nicht verborgen. (Hi 3,10)

---

144 Die Tätigkeit, die der Moabiterkönig Balak von Bileam erwartet, wird mit demselben Verb *qabab, verfluchen/verwünschen*, beschrieben, das auch in Hi 3,8 Verwendung findet. Vgl. Num 22,11.17; 23,8.11.13.25.27;24,10.

145 Nach Ps 104,26 hat sich JHWH diesen mythischen Meeres- und Chaosdrachen, der wie seine kanaanäischen Verwandten *Jam* und *Tannin* immer wieder in den Kosmos einbrach und ihn bedrohte, ganz und gar unterworfen, ja, zu seinem Spielzeug gemacht und auf diese Weise die Chaosmacht gebannt.

Der biblische Mensch wusste darum, dass Gott den Mutterschoß verschließen (1 Sam 1,5) und öffnen (Gen 29,31f.) kann. Das, was nach langer schmerzlicher Kinderlosigkeit für Rahel oder Hanna Grund zur großen Freude war, das wird von Hiob beklagt. Leid und Plage sind alles, was ihm vom Leben blieb. Ist angesichts eines solchen Geschicks der Widerruf des Daseins, den sich Hiob wünscht, nicht nachvollziehbar?

Der zweite durch eine *Warum*-Frage eingeleitete Abschnitt der Hiobsklage (Hi 3,11–19) setzt den ersten Teil (V 3–10) thematisch konsequent fort. War dort von der Zeugungsnacht und dem Geburtstag die Rede, so wird dem Leser hier der neugeborene Säugling vor Augen gestellt. Hiob fragt jetzt, warum er nicht unmittelbar nach der Geburt gestorben ist (V 11). Angesichts der hohen Kindersterblichkeit im Alten Orient liegt die Frage nahe. Wie viel Leid wäre ihm erspart geblieben?

Die Frage ist verständlich und bleibt bestürzend zugleich. Denn was kann sinnstiftender sein als die Versorgung und Pflege eines Säuglings? Eine Mutter mag auch noch so verzweifelt sein, mit einem Neugeborenen im Arm fragt sie nicht nach dem Sinn, da stellt sich dieser selbstredend und selbstverständlich ein. Und genau diese von Sinngebung ganz und gar erfüllte Lebenssituation wird von Hiob im Blick auf seine Existenz negiert. Alles, was die Stunden einer Geburt ausmacht, Schmerzen, Tränen, Schweiß und Blut bis zur Todesnähe, aber auch Glück, erwachende Zärtlichkeit und tiefe Erfüllung beim ersten Lebensschrei, soll vom Tod verschlungen sein. Denn dann hätte Hiob endlich Ruhe und müsste sich nicht länger plagen. Die Kontrastierung von Geburts- und Todesbildern reißt die Wunden auf, die dem Leben Hiobs geschlagen wurden. Gevatter Tod tritt in der Maske des Erlösers auf, der den Geplagten in einem milden Schlaf zu sich nimmt (V 13).

Was hier begegnet, ist ein Paradigmenwechsel. Während die Geburt von Kindern im alten Israel durchweg als positiver Grundwert betrachtet wurde,[146] war der Tod negativ besetzt. Und während in den Klagen des Einzelnen der Ruf nach *Rettung vom Tode* an JHWH ergeht,[147] träumt Hiob von der *Rettung durch den Tod*. Schon daran lässt sich erkennen, dass für Hiob das gesamte Wertegefüge seiner Zeit aus den Fugen geraten war. Er wird zum Gesinnungsgenossen Kohelets, des weisen Skeptikers:

Darum pries ich die Toten, die längst gestorben sind,
glücklicher als die Lebenden, die noch leben. (Koh 4,2)

Und Hiob überbietend fährt dieser fort:

Besser aber als sie beide ist der dran, der noch gar nicht gewesen ist,
der das üble Geschehen noch nicht gesehen, das unter der Sonne ge-
tan wird. (Koh 4,3)

Wie Kohelet zieht Hiob dem Sein das Nichtsein vor. Und das schon aus dem Grund, weil der Tod der große Gleichmacher ist. Im Tode werden alle sozialen Schranken niedergerissen. Er, Hiob, der um Besitz, Gesundheit und Ansehen gebrachte Patriarch, läge wie eine Fehlgeburt (V 16) bei Königen, Ratgebern und Fürsten des Landes (V 14f.).[148]

---

146 Siehe Gen 12,2;13,16;15,5;17,6;33,5; Dtn 28,11; Ps 115,14;127,3ff.; 128,3; Jes 48,19 u. ö.

147 Ps 22,20ff.;31,13–18;38,22f.;88,2ff. Vgl. dazu B. Janowski, JHWH und die Toten, 455ff.

148 Vgl. Ps 58,9; Koh 6,4.

Klein und groß, dort sind sie (gleich),
und der Sklave ist frei von seinem Herrn. (Hi 3,19)

Der gemeinsame Nenner von Herr und Knecht, Arm und Reich heißt Tod.

Das ist schon erstaunlich, in welcher Weise das alttestamentliche Todesbild hier geradezu tröstliche Züge annimmt. Gegen den Tod der absoluten Beziehungslosigkeit hebt der Hiobdichter einen ganz anderen Aspekt des Todes hervor. Der Tod als Trost, als Ruhe und Sabbat eines geplagten Lebens! Weil er für den Leidenden auch dieses Gesicht annehmen kann, deswegen geht der Dichter jetzt zu einer Generalisierung dieser Todes- und Nichtigkeitsklage über.

In diesem letzten Klageteil werden die Leiderfahrungen Hiobs mit denen aller Geplagten und Verbitterten identifiziert (V 20–23). Die einleitende *Warum-Frage* wird zur *Sinnfrage.* Sie wagt sich an die Abgründe des Absurden heran. Warum gab er dem *Geplagten* das Licht (V 20)? *Licht* wird hier wie bereits am Anfang der Klage zur Metapher für das Leben. Die ungewöhnliche Wucht des Leidens löscht ihm jeden Lebenssinn aus.

Noch klagt Hiob all dies einem anonymen Er. Da ist einer, dem das Du JHWHs abhanden kam. Erst am Ende der Dialogdichtung tritt der Gott Hiobs wieder unter seinem Eigennamen JHWH auf.[149] Allerdings fehlt bei der Verallgemeinerung der Sinnfrage das Du, der wirkliche Gesprächspartner. Die Gottesfrage steht im Hintergrund der Klage, aber Gott wird nicht angesprochen. Er ist Objekt, *über* das geredet wird, nicht Subjekt, *zu* dem geredet wird. Gehen solche Objektfra-

---

149   Siehe S. 233 f.

gen an der Wirklichkeit des Gottes Israels vorbei, weil Hiob von diesem im Grunde auch gar nichts weiter erwartet als eben das Nichts, den Tod?

Mit den V 24–26 schließt dann diese bewegende Eingangsklage ab. Noch schreit Hiob sein Elend gleichsam in alle Welt hinaus, wendet er sich an diesen dunklen Er. Doch am Ende des Kapitels bricht sich noch einmal der Mut zum Ich Bahn. Jetzt beherrschen nicht mehr irreale Wünsche die Klage. Jetzt redet der Verzweifelte, wie es um ihn selber steht.

Vor meinem Brot kommt mein Seufzen,
wie Wasser ergießt sich mein Schreien. (Hi 3,24)

Hier presst keiner geduldig und stumm vor Schmerz die Lippen aufeinander. Hier wird gestöhnt, geächzt, geschrien! Hier begegnet eine Kultur der Klage, die Freiheit wirkt, weil sich in ihr der zu einem Nichts entstellte Mensch aus der Asche seiner Leiden erhebt und die Freunde wie auch die unbekannten Leser mit seinem Ich konfrontiert. Noch ist es fast wie ein Stammeln – *Ja, ein Schrecken, ich erschrak, und er traf mich* (V 25). So ähnlich redet einer, den sein Leiden in Atem hält, der davon besetzt und besessen ist. Mit großer Kunstfertigkeit fängt der Dichter diesen Redegestus ein, die Sprache eines Leidenden, der keinen Frieden und keine Ruhe findet (V 26). Am Ende der Klage hat Hiob zwar keine Antwort, wohl aber sich selbst gefunden. Er hat einen weiten Weg zurückgelegt, vom Spiel mit irrealen Wünschen, vom Ausflug in mythische Gefilde, bis zur Einkehr in das geplagte Ich, das seine Angst und seine Schrecken wie ungeformt-geformte Sprachfetzen aus seiner Seele emporsteigen lässt. Wird damit die Klage ein erster Schritt zum nunmehr anhebenden Dialog?

Es gibt keine schwerere Seelsorge als die an einem Menschen, der sich das Klagen verbietet, sich seinem Schmerz nicht stellt, in ihm nicht öffnet. Da erstirbt jede Kommunikation in der Dürre von Floskeln. Deswegen hat die Klage am Anfang der Dialogdichtung ihre feste Funktion. Der Hiob der frommen Sprüche aus der Rahmenerzählung braucht scheinbar keinen Seelsorger. Souverän steht er *über* seinem Leid. Der Hiob der großen Klage hingegen stellt sich *in* sein Leid, er kostet es durch und schreit es heraus. Welcher von beiden ist wirklich souverän?

In dieser Differenz zwischen Erzählung und Klage wird das jeweilige Profil der so unterschiedlichen Hiobgestalten greifbar, die in einem Buch vereinigt worden sind. Die Erzählung beschreibt den *Typos* des Frommen. An seiner Integrität wird keinerlei Zweifel zugelassen. Selbst der Satan kann diese letztlich nicht untergraben. Seine Frömmigkeit wird durch die vier positiven Eigenschaften, die ihm der Erzähler sowie JHWH selbst attestieren (1,1.8;2,3), geradezu *objektiv* festgestellt und bestätigt. Ganz anders dagegen der Hiob der Dialogdichtung. In ihr wird jede Typisierung durchbrochen. Hier geht es weniger um einen bestimmten Charakter- oder Frömmigkeitstyp als vielmehr um ein ganz *subjektiv* beschriebenes *Individuum* in all seinen Widersprüchen, seinem Aufbegehren, seinem Schmerz. Das Zurücktreten des *Objektiven* hinter das *Individuelle* lässt den eigenen *Sitz im Leben*[150] der Dialogdichtung er-

---

150 Die Rede vom *Sitz im Leben* geht von der Einsicht aus, dass literarische Formen und Gattungen in der Regel keine freien Erfindungen sind, sondern sich aus bestimmten Lebenssituationen ergeben haben (Brief, Gesetz, Lehrrede, Streitgespräch, Weisheitsspruch, Klage, Dankgebet usw.), denen sie sich – auch wenn sie durch ihre Verschriftung schließlich einen *Sitz im Buch* gefunden haben – zuordnen lassen.

kennbar werden. Sie hat ihre Wurzeln in der *persönlichen Frömmigkeit* eines leidenden Menschen. Während hinter dem Hiob der Erzählung das überindividuelle Geschick des Volkes Israel immer wieder aufblitzt, steht der leidende, klagende und anklagende Hiob der Dialogdichtung am Anfang eines langen Weges der Suche nach seinem *persönlichen Gott*. Hier geht es weniger um Hiob als einem Paradigma für die Standhaftigkeit Israels in seiner Leidens- und Rettungsgeschichte, in Exil und Diaspora, als vielmehr um die ganz eigene bewegte Leidensgeschichte eines Einzelnen vor dem Hintergrund der Geschichte JHWHs mit seinem Volk. Zwischen der *offiziellen Religion* des Volkes und der *privaten Frömmigkeit* eines Einzelnen[151] hat sich eine tiefe Kluft aufgetan, die jetzt zwischen Hiob und seinen Freunden zur Debatte steht.

5.2. Die Freundesreden

Den ersten großen Block in der Dialogdichtung, die durch die Klage Hiobs eröffnet wurde (Hi 3), bilden die Freundesreden. In der Reihenfolge, in der die drei Freunde in Hi 2,11 erwähnt werden, ergreifen sie mehrfach das Wort. Auf jede ihrer Reden erfolgt eine ausführliche Antwort Hiobs. In diesem kunstvollen »Ballett der Reden«, so ihre treffliche Charakterisierung durch *Gerhard Kaiser*, gehen »Argumentation und Expression« eine unauflösliche Verbindung miteinander ein.[152] Insgesamt handelt es sich um drei Redegänge, von denen der dritte nur noch unvollständig vorliegt.

---

151 Zur Unterscheidung von *persönlicher Frömmigkeit* und *offizieller Religion* siehe R. Albertz, Religionsgeschichte Israels I, 40 ff.
152 G. Kaiser, Hiob, 55 ff.

Hiobs Klage (Hi 3)	I. Redegang	II. Redegang	III. Redegang
Elifas	Hi 4–7	Hi 15–17	Hi 22–24
Bildad	Hi 8–10	Hi 18–19	Hi 25–27
Zofar	Hi 11–14	Hi 20–21	– – –

Dieser umfangreiche Redecorpus kann hier nur exemplarisch zur Sprache kommen. Wer ihn aufmerksam liest, wird dabei zu dem Ergebnis kommen, dass sich diese Reden keineswegs in ermüdender Redundanz ergehen, sondern einen gezielten Gedankenfortschritt erkennen lassen, freilich ein Denken, das »ein Leben in der Dramatik, Vielschichtigkeit und Bodenlosigkeit« vorführt, »die es unter der Heimsuchung Gottes gewinnt«.[153]

5.2.1. Elifas: Unheil wächst nicht aus dem Acker ...
In der ersten Rede des Elifas aus Teman (Hi 4,1–5,27) stellt dieser sich zunächst als einfühlsamer Seelsorger vor. Nach der erschütternden Klage kann und darf er nicht länger schweigen (4,2). Und dabei erinnert er Hiob zu Beginn an dessen eigene Seelsorgepraxis:

³Siehe, viele hast du zurecht gewiesen,
und müde Hände hast du gestärkt.
⁴Einen Strauchelnden haben deine Worte aufgerichtet,
und wankende Knie hast du gestärkt.
⁵Jetzt aber, kommt es an dich, so wirst du (lebens-) müde,
und trifft es dich, so bist du erschrocken.

---

153 G. KAISER, Hiob, 58f. Vgl. zu Intention und Funktion der Freundesreden auch R. HECKL, Hiob, 181–189.

⁶Ist nicht deine (Gottes-) Furcht deine Zuversicht
und die Vollkommenheit deiner Wege deine Hoffnung?
(Hi 4,3–6)

Hiob soll aus seiner eigenen Erfahrung Mut schöpfen, sich daran erinnern, wie er anderen geholfen hat. Würde das nicht auch ihm selber helfen? Und dann weist Elifas auf zwei der Eigenschaften hin, die wir bereits aus dem Prolog kennen,[154] Hiobs Gottesfurcht und seine Vollkommenheit (1,1.8;2,3). Noch teilt Elifas das positive Urteil des Erzählers und JHWHs über seinen Freund, noch kann alles wieder gut werden. Hiob muss sich nur an das halten, was er in vergleichbaren Situationen in vorbildlicher Weise an anderen getan hat und was er war, eine durch und durch integere Person. Er hat es selber in der Hand, sein Geschick zu wenden, denn:

Bedenke doch, wer ging jemals unschuldig zugrunde,
und wo wurden Aufrichtige vernichtet? (Hi 4,7)

Mit diesem Vers hat Elifas die Schwelle vom *Leben* zur *Lehre* überschritten. In der Erinnerung an Hiobs eigene Seelsorgepraxis (V 3–6) ging es ja immer noch um Hiob selbst und sein bisheriges Leben. Dieses wird jetzt mit einem Lehrsatz konfrontiert: Keiner geht *unschuldig zugrunde.* Unheil ist die Folge von Schuld! Es muss einen Grund für das Leiden Hiobs geben. Das

---

154 In V 7 wird mit den *Aufrichtigen* auch noch auf die dritte der positiven Eigenschaften Hiobs hingewiesen. Der Erzähler, der die ältere Dialogdichtung mit dem jüngeren Prolog versehen hat, hat mit der Erwähnung dieser Eigenschaften ein Signal gesetzt. Obwohl der Hiob der Dialogdichtung als ein vollkommen anderer erscheint als der der Erzählung, ist er doch immer noch ein und dieselbe Person.

seelsorgerliche Angebot, das Elifas Hiob macht, besteht im Kausaldenken. Suche den Grund für das Böse, das dich getroffen hat, dann werden sich auch Wege finden, es zu überwinden. Dass ein Mensch unschuldig leiden könnte, ist eine Möglichkeit, die nicht in seinem Vorstellungshorizont liegt. Es gibt einen Zusammenhang von *Tun* und *Ergehen*. Und vom Ergehen lässt sich auf das Tun zurückschließen.[155] Für das Funktionieren dieser für Elifas unumstößlichen Ordnung steht schließlich Gott selber ein. *Durch Gottes Atem* und sein *zorniges Schnauben* gehen die Frevler zugrunde (V 9). Damit vertritt Elifas auf den ersten Blick keine andere Auffassung als Hiob selbst, dass nämlich auch das Böse von Gott komme (Hi 2,10). Aber – und darin sollte er sich von Hiob unterscheiden – von ihm wird das böse Ergehen eines Menschen grundsätzlich als *Strafe Gottes* für ein menschliches Fehlverhalten interpretiert. Unheil zeigt damit nicht nur eine gestörte Beziehung zu den Mitmenschen, sondern immer auch zu Gott an.

Kann denn ein Mensch vor Gott gerecht sein,
oder ein Mann rein vor seinem Schöpfer? (Hi 4,17)

So also erklärt sich Elifas die Welt. Und er tut das immer noch mit einem wohlwollenden Maß an Sympathie und Solidarität mit Hiob. Denn die Frage, die er in Hi 4,17 stellt, ist ja eine rhetorische Frage. Wer wollte sie nicht mit einem klaren *Nein* beantworten? Vor Gott sind alle Menschen Sünder. Diese Weisheit hat sich Eli-

---

155 Siehe zum *Tun-Ergehen-Zusammenhang* sowie dem mit ihm verbundenen Weltordnungsdenken B. JANOWSKI, Die Tat kehrt zum Täter zurück, 1999, und G. FREULING, »Wer eine Grube gräbt …«, 143 ff.

fas nicht selbst aus den Fingern gesogen, sie wurde ihm vielmehr in einem eigens für ihn bestimmten Nachtgesicht, einer göttlichen Offenbarung eingegeben (4,12–16). Er erklärt sich damit nicht nur zum Künder von Menschenweisheit, sondern von Gottesweisheit. Und dieses Wissen Gottes und der Menschen lässt sich für ihn in einem ganz schlichten Grundsatz zusammenfassen:

Nicht aus dem Staub geht das Unheil hervor,
und nicht aus der Erde sprosst die Mühsal. (Hi 5,6)

So also sieht sie aus, die Ordnung der Welt. Und wenn sie durch Unheil und Böses gestört ist, dann muss man nicht lange suchen, wer dafür verantwortlich ist: letztlich eben der Mensch.

Exkurs 2: Unde malum – Woher das Böse? II

Woher das Böse? Mit der These des Elifas gibt das Hiobbuch die dritte Antwort auf die Frage *unde malum*. Die erste Antwort gaben die Himmelsszenen im Prolog. Sie machten den *Satan* zum Bösen in Person. Zwar war er nicht für alles und jedes Böse verantwortlich, aber eben doch für die Desavouierung der Gottesbeziehung, die Anfechtung des Glaubens, die dem Menschen durch Ungerechtigkeit und tiefes Leid widerfährt. Die zweite Antwort auf die Frage nach dem Ursprung des Bösen hat Hiob gegeben. Er nahm es schlicht aus der Hand *Gottes* entgegen (2,10), ohne nach einem besonderen Grund dafür zu fragen. Gott selbst war ihm Grund genug! Er war frei zu tun und zu lassen, was ihm gefiel. Die dritte Antwort wird jetzt von Elifas präsentiert. Nicht der Satan und auch nicht Gott sind die Quellen des Bösen, es ist vielmehr der

Mensch. Er bereitet sich selbst sein Unheil, ist selbst der Störfaktor in der Gottesbeziehung, weswegen ihn Gott immer wieder durch sein strafendes Eingreifen zur Raison bringen muss. In diesem Dreieck *Satan – Gott – Mensch* wird die Verantwortung für das Böse in der Welt hin und her geschoben. Wem ist in diesem Meinungsstreit recht zu geben? Wer hat die Wahrheit auf seiner Seite? Wer auf diese Frage eine Antwort sucht, wird gut daran tun, sich nicht auf eine Seite der genannten Positionen zu versteifen.

1. Selbstverständlich ist es immer wieder auch der *Mensch*, der in seinem Herzen Böses ersinnt (Gen 6,5; 8,21) und tut. Und dass er sich damit häufig selber schweren Schaden zufügt, kann kaum bestritten werden. Was aber im Allgemeinen selbstverständlich ist, das muss im Besonderen und je und je konkreten Falle alles andere als selbstverständlich sein. Dafür steht Hiob als Exempel! Und deswegen muss die These des Elifas – so richtig sie im Allgemeinen sein mag – an seinem besonderen Fall scheitern. Wer die Erfahrungen des Bösen ausschließlich beim Menschen sucht, neigt zu ihrer Bagatellisierung. Es gibt Unheilserfahrungen, die jedes menschliche Maß übersteigen; Naturkatastrophen oder tödliche Erkrankungen, die ohne Ansehen der Person Schuldige und Unschuldige verschlingen.

2. Will man für derartige Übel nicht Gott verantwortlich machen, dann bleibt nur der *Satan* übrig. Doch den hat der moderne Mensch in die Welt der Mythen verbannt. Er redet deswegen schlicht von *Katastrophen,* die in sein Leben eingebrochen sind, oder *Schicksalsschlägen,* die ihn getroffen haben. Was aber ist mit der Entmythologisierung des Satans gewonnen? Die Wirklichkeit des Bösen jedenfalls lässt sich auf diese Weise nicht aus der Welt schaffen. Die Bibel sieht

in solchen Erfahrungen zunächst einmal schöpfungs-
widrige, chaotische Urkräfte am Werk, die immer
wieder den durch die Schöpfung geordneten und sta-
bilisierten Kosmos bedrohen. Daher befindet sich der
Schöpfer in einem ständigen Chaoskampf mit dem
Ziel, diese chaotischen Kräfte zurückzudrängen, aus
seiner Schöpfung herauszuhalten und sich zu unterwerfen.[156] Hat der Erzähler des Prologs diesen Chaos-
mächten in der Gestalt des Satans einen Namen und
eine Gestalt gegeben? Ist der Satan das *personifizierte
Chaos*?[157] Mit ihm jedenfalls hat sich Israel sein eigenes Bild von den vielseitigen Aspekten des Bösen gemacht.

Aber das Hiobbuch will auch eine Warnung davor
sein, alles Böse dem Satan als Verkörperung chaotischer
Mächte in die Schuhe zu schieben. Wer ihn für jedes
Unheil verantwortlich macht, steht in der Gefahr, die
menschlichen Anteile am heillosen Zustand der Welt
klein zu reden und zu verharmlosen. Ist der Satan an
allem Schuld, dann ist der Mensch immer nur Opfer,
niemals ein für seine Untaten verantwortlicher Täter.
Säkulare Spielarten dieses Denkens finden sich hin und
wieder in einer Verabsolutierung sozialpsychologischer
oder auch biologisch-hirnphysiologischer Komponen-
ten schuldhaften menschlichen Verhaltens. Dann waren es letztlich immer die gesellschaftlichen Verhältnisse oder die Gene, die das Böse hervorgerufen haben.
Eine solche Sicht der Dinge negiert den freien Willen

---

156 Im Zusammenhang der Gottesreden (Hi 38,1–42,6) wird noch
     ausführlicher auf diesen Vorstellungskomplex eingegangen.
     S. S. 246. Zur Vorstellung von Schöpfung und Chaoskampf
     siehe zunächst O. KEEL / S. SCHROER, Schöpfung, 123 ff.
157 So die ansprechende These von M. BAUKS, Was ist der Mensch,
     6 ff.

des Menschen und nimmt ihm die Würde eines ethischen Subjekts.

Wenn daher der Satan nicht der *alleinige* Regent im Reich des Bösen ist, so hat sich allerdings die in seiner Figur verdichtete Wirklichkeit nicht einfach verflüchtigt. Die mythologische Wahrheit des Satans liegt darin verborgen, dass die Macht des Bösen weiter reicht als der Mensch mit seinen abgründigen Möglichkeiten. Darin besteht das bleibende Recht des Erzählers, über den Satan als Erfahrung einer widergöttlichen sowie menschenfeindlichen Wirklichkeit nachzudenken. Diese Wirklichkeit hat sich auch damit nicht erledigt, dass der Satan am Ende des Prologs sang- und klanglos von der Bühne des Geschehens abtreten muss. Dahinter verbirgt sich letztlich das Hoffnungspotenzial dieses Buches und seiner Autoren, das erst ganz am Ende explizit zum Ausdruck gebracht wird.[158]

3. So bleibt schließlich nur noch die Frage offen, ob mit dem Menschen als Verursacher von Unheil und der Einführung der Satansgestalt *Gott* endgültig von allem Bösen freigesprochen werden kann und muss. Hat er nach dem biblischen Zeugnis seine Schöpfung nicht selbst mit dem Qualitätssiegel *und siehe, es war sehr gut* (Gen 1,31) versehen?[159] Für den Hiob des Prologs und auch für den der Dialogdichtung war das offensichtlich nicht der Fall. Denn dieser Hiob nahm ja einerseits ohne Zögern auch das Böse aus Gottes Hand entgegen (Hi 2,10), und klagte ihn andererseits – wie wir noch sehen werden – mit unvergleichlicher Schärfe wegen des ihm widerfahrenen Unheils an (vgl. z. B. Hi 7,11–21). Wer dem Menschen und dem Satan die Allmacht des Bösen überlässt, der verbannt den Gott Israels in das

---

158 Siehe dazu S. 271 ff.
159 Vgl. auch die Zusagen in Gen 8,21 f.; 9,11 ff.

Reich der Ohnmacht und denkt viel zu gering von ihm. Da bliebe nichts mehr von der souveränen Herrschaft des Schöpfers über seine Schöpfung übrig, von seinem Gerichtshandeln, mit dem er strafend in die Geschichte Israels sowie das Leben einzelner Frevler eingreift.

Geschieht ein Unheil in einer Stadt
und JHWH hat es nicht getan? (Am 3,6)

Doch hinter JHWHs Kommen zum Gericht, diesem großen Thema der Propheten, steht nicht sein Wille zum Bösen. Da geht es nicht um blinde Vernichtung, sondern darum, die durch das böse Tun der Menschen gestörte Weltordnung wieder herzustellen, die Störenfriede zur Rechenschaft zu ziehen und diejenigen, die in die Irre gingen, wieder zurecht zu bringen, sie zur Umkehr zu rufen.[160] Mit diesem pädagogischen Einsatz des Unheils durch Gott kann der Mensch leben, da er der Erhaltung der Welt- und Schöpfungsordnung dient.

Der Fall Hiobs aber ist anders gelagert. Schließlich steht hier die Frage nach der Störung der Weltordnung *durch Gott* zur Debatte. Hat Hiob daher nicht recht, wenn er auch das Böse in Gott selber sucht, es von ihm entgegennimmt und ihn gleichzeitig unter Protest dafür verantwortlich macht? Ja, recht hat er, aber wirklich nur *er*! So etwas darf nicht jeder sagen und denken. Das ist das Vorrecht der leidenden Gerechten, die mit Zittern und Zagen, mit Kühnheit und Protest in eine Tiefendimension des Glaubens vorstoßen, die sich nur dem erschließt, der selbst einmal in solcher Lage war.

---

160   Vgl. Jer 3,11 ff.;7,1–15;36,3.7; Hag 1; Sach 1,2–6 u. ö.

Im Munde von Beobachtern, Freunden, Seelsorgern gewinnt derlei Reden häufig den Beigeschmack des frommen Zynismus. Eine Generalisierung der Auffassung, dass Gott der Urheber des Bösen sei, muss in die Irre führen. Wer Gott – und nur ihn – dafür verantwortlich macht, setzt ihm die Maske des Satans auf, ohne dahinter auch denjenigen zu erkennen, der vergibt und heilt, Böses *und* Gutes gewährt. Die »Satanisierung Gottes«, sollte sie wirklich ein Thema des Hiobbuches sein,[161] löst das Hiobproblem nicht. Sie hebt die Aporie in Gott nicht auf, sondern stürzt den Menschen in sie hinein, ohne dass es daraus ein Entrinnen gäbe. Besteht dabei nicht die Gefahr, dass durch sie das *Widergöttliche* des Bösen, das sowohl in seiner literarischen Figuration als Satan als auch im Menschen begegnet, übersehen wird? Ja, gibt nicht eine Verabsolutierung der Position Hiobs, der in seinem Falle allein Gott für das Unheil verantwortlich macht, dem Menschen allzu leichtfertig ein Alibi? Schlüpft der Mensch damit nicht doch wieder in die Opferrolle der Welt- und Lebensgeschichte, bei der eben jetzt nicht mehr er selbst oder der Satan, sondern nur Gott Regie führt? Und hat daher Elifas mit seiner These nicht doch angesichts der sich immer wieder bestätigenden Wahrheit Recht, dass das *Unheil nicht aus der Erde aufsteigt, sondern der Mensch selbst es sich bereitet* (Hi 5,6)?

Unde malum? Eine Antwort auf diese Frage gibt es nicht. Wen immer wir auch für das Böse verantwortlich machen, den Menschen, den Satan, oder Gott, jede Antwort trägt Wahrheitsmomente in sich und jede hat ihre Grenzen. Wenn Gott der Urheber der Leiden Hiobs ist, dann stellt sich die Frage nach seiner Ge-

---

161 Siehe H. Spieckermann, Die Satanisierung Gottes, 436.

rechtigkeit und Güte. Ist es der Satan, dann stellt sich die Frage nach Gottes Macht über die Gegenmächte des Bösen. Und wenn Hiob selbst für sein Unheil verantwortlich wäre, dann stellt sich die Frage nach der Gerechtigkeit vor Gott. Alle Antworten stellen eine legitime Denkmöglichkeit dar. Und doch versagt die eine oder andere immer wieder im je konkreten Fall. Daher ist im Gespräch über die Übel dieser Welt und ihre Ursachen immer genau darauf zu achten, wer was und in welcher Situation sagt. Die Wahrheit ist konkret. Sie lässt sich nicht von den unterschiedlichen Lebenssituationen und den Rollen, die Menschen in ihnen spielen, trennen. Keine der im Hiobbuch durchdeklinierten Antworten auf die Frage *unde malum* deckt das Ganze der Wirklichkeit des Bösen ab. Jede bringt immer nur Teilwirklichkeiten zur Sprache, die an Zeit, Ort und Person gebunden sind (Ende des Exkurses).

Mit seiner These über den Menschen als demjenigen, der sich sein Unheil selbst bereitet, hatte Elifas sein gesamtes Erfahrungswissen (4,7–11;5,2–11) und Offenbarungswissen (4,12–17) vor Hiob ausgebreitet. Mehr vermag er ihm letztlich nicht zu sagen. Und weil er um seine Grenzen als Seelsorger weiß, gibt er Hiob jetzt folgerichtig den Ratschlag:

Ich jedoch würde bei Gott nachsuchen
und meine Sache Gott vorlegen. (Hi 5,8)

Mit diesem Rat setzt Elifas Hiob genau auf diejenige Spur, die Hiob dann in seinen Antwortreden an die Freunde immer intensiver verfolgt. Er wendet sich letztlich von diesen ab und allein Gott zu, um ihm in den Reinigungsreden in Hi 29–31 seinen Fall zur Entscheidung vorzulegen. Daher kann die Empfehlung an

Hiob auch nicht falsch gewesen sein. Woran sich Hiob dann aber in seiner Antwort an Elifas reibt, das ist vielmehr die Seligpreisung, mit der Letzterer seinen Rat versieht:

Siehe, glücklich/selig ist der Mensch, den Gott richtet,
und der die Zurechtweisung Schaddajs[162] nicht verachtet.
(Hi 5,17)

Sie setzt voraus, dass die Leiden Hiobs auf ein Fehlverhalten seinerseits zurückgehen. Der Leser, der in seiner Lektüre des Buches vom Prolog herkommt, in dem Hiob für gerecht erklärt wurde, kann in dieser indirekten Seligpreisung Hiobs durch Elifas nur eine fromme Anmaßung sehen. Er muss sie daher ebenso ablehnen, wie Hiob selbst das tut. Dieser hält nichts von pauschalen Verurteilungen, sondern verlangt nach einer gründlichen Abwägung seines Geschicks:

²Würde mein Verdruss doch abgewogen
und mein Unglück dazu auf die Waagschalen gelegt.
³Ja, schwerer ist es jetzt als der Sand des Meeres.
Darum waren meine Worte stammelnd. (Hi 6,2f.)

Hier begegnet zum ersten Mal das Bild der *Waage*, mit der die Leiden Hiobs gewogen werden sollen (vgl. Hi 31,6).[163] Seine vermeintlichen Sünden, die stammelnden oder auch unbedachten Worte, stehen offensicht-

---

162 Hierbei handelt es sich um einen im Hiobbuch nur in der Dialogdichtung begegnenden Gottesnamen (vgl. 6,4.14;8,3.5;11,7; 13,3;15,25 u.ö.), dessen Bedeutung nicht mehr mit letzter Sicherheit aufgeklärt werden kann. Da Hiob und seine Freunde für den Dialogdichter ja Nichtisraeliten sind, vermeidet er den Gottesnamen JHWH in ihrem Munde.
163 Siehe dazu Näheres S. 207ff.

lich in überhaupt keinem Verhältnis zu den ihm auferlegten Schicksalsschlägen. Diese wiegen schwerer als der Sand des Meeres und sprengen damit jedes einsichtige Maß. Deswegen weist er den indirekten Vorwurf des Elifas zurück, fühlt sich unverstanden und antwortet mit einem Gegenvorwurf.

14Dem Verzagten gehört die Treue seines Freundes,
selbst wenn er die Furcht Schaddajs verließe.
15Meine Brüder aber sind treulos wie ein Bachtal,
wie Flussbetten, die versickern. (Hi 6,14f.)

Damit wird bereits am Beginn des Dialogs annonciert, was sich am Ende als Ergebnis herausstellen wird: das Scheitern! Die Freunde werden sich als falsche Freunde und treulose Gesellen erweisen. Und so bleibt Hiob im Grunde keine andere Möglichkeit als die, seinen Unmut Gott zu klagen und ihn dazu zu drängen, die Unverhältnismäßigkeit seiner Leiden anzuerkennen und von ihm endlich abzulassen:

17Was ist das Menschlein,[164] dass du ihn für so groß (wichtig)
hältst,
und dass du dein Herz (Denken) auf ihn richtest,
18dass du ihn an jedem Morgen prüfst,
ihn in jedem Augenblick erprobst?

---

164 Das hier verwendete Nomen *ᵃnosch* bezeichnet den *Menschen* im Hiobbuch häufig in seiner Hinfälligkeit und Sterblichkeit wie auch in seinem qualitativen Abstand gegenüber Gott (5,17;7,17;9,2;10,4f.;14,19;15,14;25,4.6). Er, die »Krone der Schöpfung«, bleibt doch vor Gott und in dessen Schöpfung letztlich unendlich klein und gering. Umso mehr kann der Psalmist im positiven Sinne darüber staunen, mit welcher Aufmerksamkeit Gott ihn auszeichnet und krönt (Ps 8,5f.), während Hiob genau darunter leidet.

¹⁹Wie lange noch schaust du nicht weg von mir,
lässt nicht ab von mir, solange ich meinen Speichel schlucke?
²⁰Habe ich gesündigt, was kann ich dir tun, Hüter des
Menschen?
Warum hast du mich zu deiner Zielscheibe gemacht,
dass ich mir selbst zur Last geworden bin?
²¹Und warum erträgst du meinen Frevel nicht,
lässt meine Schuld nicht vorübergehen?
Jetzt aber lege ich mich in den Staub,
und wenn du mich suchst, dann bin ich nicht mehr da.
(Hi 7,17–21)

Letztlich hat Elifas mit seiner Seelsorge an Hiob das erreicht, was er erreichen wollte, und ist trotz alledem gescheitert. Hiob hat sich Gott zugewendet, aber nicht in der Weise, die Elifas im Sinn hatte. Nein, er hat sich Gott *zugewendet*, damit dieser sich endlich von ihm *abwendet*, ihn nicht länger durch seine dauernde Aufmerksamkeit belästigt. Kann denn ein einzelner Mensch für Gott wirklich so wichtig sein, dass er ihn unablässig auf die Probe stellt und ihm keinen Augenblick Ruhe gönnt? Kennt er denn keine Vergebung, und wenn schon nicht diese, dann wenigstens ein gehöriges Maß an Souveränität und Grandezza, ein großherziges Wegsehen? Noch sieht Hiob keinen Hoffnungsschimmer am Horizont, noch sieht er für sich nur die Möglichkeit, sich in den Staub zu legen und zu sterben. Das aber würde das endgültige Ende der Gottesbeziehung bedeuten. Und dies nicht nur von ihm aus, sondern auch von Gott her. Suchte er dann nach ihm, so würde er den nicht mehr finden, der doch nach dem Prolog sein treuer Knecht gewesen ist. Mit dem Tod würde Hiob für den *deus absconditus*, den verborgenen Gott, zum *homo absconditus*, zum verborgenen, unerreichbaren Menschen.

Elifas sah in dieser Reaktion Hiobs letztlich nur die Bestätigung seiner These. Er hielt ihn für unbelehrbar. Daher nehmen seine Vorwürfe, die er ihm in den weiteren Reden macht, an Schärfe zu:

4Du jedoch brichst die (Gottes-) Furcht,
und verkürzt die Andacht vor Gott.
[…]
6Dein Mund spricht dich schuldig und nicht ich,
und deine Lippen sagen gegen dich (selbst) aus. (Hi 15,4.6)

4Richtet er dich etwa wegen deiner (Gottes-) Furcht,
geht er deswegen mit dir ins Gericht?
5Ist dein Frevel nicht gewaltig
und deine Sünde ohne Ende? (Hi 22,4f.)

Es bleibt dabei, Hiobs Verhalten spricht ihn schuldig. Und es gibt nur eine Möglichkeit für ihn, diese Schuld anzuerkennen und Buße zu tun. So münden die Reden des Elifas abermals in die versöhnlich klingende und doch an Hiob in seiner besonderen Lage vorbei redende Aufforderung:

21Vertrage dich doch mit ihm (Gott) und schließe Frieden,
dadurch wird Gutes zu dir kommen.
[…]
23Wenn du umkehrst zu Schaddaj, wirst du auferbaut,
(wenn) du den Frevel aus deinem Zelt entfernst. (Hi 22,21.23)

Aus alledem wird deutlich, dass Elifas ein Gefangener seines eigenen Denkens und Redens über Gott geworden ist. Er ist ein Mann mit festen Grundsätzen. Und zu diesen gehört auch die Lehre vom unverbrüchlichen Zusammenhang von Tun und Ergehen, die Vergeltungslehre. Diese wird von ihm in einer ganz eigenen

Weise ausgelegt. Während sie in der älteren Weisheit eine pädagogische Faustregel war, die die junge Generation darauf hinwies, dass das Tun des Bösen schlimme Folgen hat und die gute Tat am Ende ihren Lohn findet, glaubte Elifas aus dem Ergehen eines Menschen, aus seinem Leid automatisch auf dessen Tun Rückschlüsse ziehen zu können. Dass auch der Gerechte in abgrundtiefes Unglück gestürzt werden kann, diese Vorstellung hatte in seinem Denkgebäude keinen Platz. Dass das Leben sich nicht an die Regeln der Vernunft hält, an das Prinzip der Vergeltung, das lag außerhalb seines Vorstellungsvermögens.

Die Reden des Elifas sind letztlich nichts anderes als eine große Flucht vor der Anfechtung des Glaubens. Hätte er sich wirklich solidarisch an die Seite Hiobs gestellt, dann hätte dies bedeutet, angesichts der Anfechtung des Freundes den eigenen, scheinbar so sicheren Grund der Lehre zu verlassen, um mit ihm die Widersprüche des Lebens und des Glaubens vor Gott auszuhalten. Darin hat er als Seelsorger versagt, dass er trotz aller Empathie und trotz all der richtigen und wichtigen Ratschläge, die er Hiob gab, letztlich dessen Gottesfurcht infrage stellte, seinen Glauben, und nicht die eigene Gottesfurcht und den eigenen Glauben. Nicht der Seelsorger hat den Glauben der Verzweifelten zu prüfen, geschweige denn zu beurteilen, sondern es sind immer noch die Leidenden, die den Glauben des Seelsorgers prüfen, wenn er denn wirklich ein solcher sein will.

5.2.2. Bildad: Frage doch die vor dir waren …

Bildad von Schuach, der zweite Freund, schließt sich im Grundsatz der Auffassung des Elifas an. Nachdem er gleich am Anfang seinen Unwillen über Hiobs Starrköpfigkeit zum Ausdruck gebracht hat (Hi 8,2), betont er vor allem die *Gerechtigkeit Gottes*. In seiner Antwort an Elifas hatte Hiob ja auf seiner Gerechtigkeit gegenüber Gott und den Freunden bestanden und sie zur Umkehr aufgefordert.

²⁹Kehrt doch um, es geschehe kein Unrecht.
Kehrt um, noch habe ich Recht darin.
³⁰Gibt es (etwa) Unrecht auf meiner Zunge,
oder nimmt mein Gaumen nicht wahr, was Verderben bringt?
(Hi 6,29f.)

Bildad sah in diesem Insistieren Hiobs auf seine Gerechtigkeit nichts anderes als die Haltung maßloser Selbstgerechtigkeit, die keinem Menschen vor Gott zukommt. Daher stellt er ihm die rhetorische Frage:

Beugt Gott denn das Recht,
oder beugt Schaddaj die Gerechtigkeit? (Hi 8,3)

Wenn Hiob auf seiner Gerechtigkeit besteht, dann kann nur Gott im Unrecht sein. Und weil nicht sein kann, was nicht sein darf, muss Hiob einsehen, dass es besser für ihn wäre, er würde seine Position der Selbstgerechtigkeit räumen. Denn anderenfalls stünde der unausgesprochene Vorwurf im Raum, dass sich Gott der Rechtsbeugung schuldig mache. Und um Hiob die Gerechtigkeit Gottes zu beweisen, hält er ihm das Schicksal seiner Söhne vor Augen:

⁴Wenn deine Söhne gegen ihn (Gott) gesündigt haben,
dann hat er sie in die Hand ihrer (eigenen) Schuld gegeben.
⁵Wenn du aber nach Gott suchst,
und bei Schaddaj um Gnade flehst,
⁶wenn du lauter und aufrichtig bist,
dann wird er augenblicklich um deinetwillen erwachen
und die Stätte deiner Gerechtigkeit wieder herstellen. (Hi 8,4–6)

Für Bildad steht fest, was die Diskretion des Erzählers im Prolog des Hiobbuches offen ließ, dass der Tod der Söhne Hiobs eine Strafe Gottes für ihr sündhaftes Treiben gewesen ist. Ihr Geschick ist ihm lediglich ein weiterer Beleg für die Gültigkeit des Tun-Ergehen-Zusammenhangs. Wenn die Dialogdichtung des Hiobbuches erst später in die aus Prolog und Epilog bestehende Rahmenerzählung (Hi 1–2;42,7–17) eingebettet wurde, dann ging der Erzähler mit seiner Zurückhaltung auf kritische Distanz zu den vermeintlichen Gewissheiten, die Bildad von sich gab.

Ebenso gewiss war sich Bildad wohl auch im Blick auf die Person Hiobs. Gegen dessen Integrität sprach schon seine vermeintliche Selbstgerechtigkeit. Doch für ihn war es noch nicht aller Tage Abend. Er hatte immer noch die Möglichkeit, zu Gott umzukehren und ihn um Gnade zu bitten. Wenn er wirklich lauter und aufrichtig ist, dann wird Gott auch sein Recht wieder herstellen.

Das waren die Weisheiten, die Bildad zu bieten hatte. Er definierte das Verhältnis Gott – Mensch als eine Rechtsbeziehung. Während der Mensch das Recht immer wieder verletzt, ist der Tatbestand der Rechtsbeugung von Gottes Seite her ausgeschlossen. Doch der Gott des Bildad ist keineswegs ein gnadenloser Richter. Vielmehr gewährt er dem Menschen die Möglichkeit zur Verhaltensänderung durch Umkehr. Daher soll der Leidende nicht auf seiner Gerechtigkeit bestehen, sondern die Gerechtigkeit Gottes anerkennen und nach seinen Gnadenerweisen suchen. Denn nur auf der Basis von Lauterkeit und Aufrichtigkeit würde Gott Gnade vor Recht ergehen lassen und die gestörte Gerechtigkeitsordnung Hiobs erneuern.

Im Unterschied zu Elifas beruft sich Bildad in alledem, was er Hiob zu entgegnen hat, nicht auf das ihm

persönlich zugefallene Erfahrungs- und Offenbarungswissen, sondern auf das Überlieferungswissen der *Tradition*.

*[8]Ja, frage doch eine frühere Generation
und achte auf das, was ihre Väter erforscht haben.
[9]Denn wir sind erst seit gestern und wissen nichts,
ja, ein Schatten sind unsere Tage auf Erden.* (Hi 8,8f.)

Was hier begegnet, das ist die Achtung vor dem *Langzeitwissen* der Generationen, das in der altorientalischen
und biblischen Weisheit intensiv gepflegt worden ist.
Das menschliche Leben steckt voller Kontingenz. Es ist
in Zeiten, Räume, Ereignisse verwoben, die der Mensch
sich nicht aussuchen konnte. Wenn einer diese Kontingenz als bittere Wahrheit zu spüren bekam, dann Hiob.
Die Zufälligkeit, mit der das Unheil über ihn hereinbrach, musste aus seiner Lebensperspektive heraus als
Willkür und Sinnlosigkeit empfunden werden. Sie
stellte alles überlieferte Wissen der Väter in Frage und
stürzte ihn in eine tiefe Orientierungskrise. Daher ist
der Hinweis Bildads auf die *Tradition* keineswegs als
leichtfertiges Gerede abzutun. Die Tradition stellt ja
gerade in Orientierungskrisen einen Wissens- und Er-
fahrungsschatz zur Verfügung, der weit über die individuelle Lebenszeit des Menschen hinaus reicht. Und
da das endliche Leben eines Menschen viel zu kurz ist,
um sich ständig neu zu erfinden, bleibt er grundsätzlich
auf seine Herkunft angewiesen.[165] Es ist diese Rückbin-
dung an die Tradition, an das, was andere vor mir er-

---

165 Siehe dazu die Überlegungen zur »Philosophie der Endlichkeit
von O. MARQUARD in seinem Essayband »Zukunft braucht Herkunft«, 220–233 und 234–246.

kannt, gedacht, erfahren und überliefert haben, die das Maß des Kontingenten in meinem Leben reduziert und ihm eine Orientierung über die Zufälligkeits-, Vergeblichkeits- und Endlichkeitserfahrungen hinaus gibt.[166]

Doch auch hier gilt wiederum: So richtig und wichtig dieser Hinweis des Bildad auf das Väterwissen im Allgemeinen war, so unangebracht erwies es sich im speziellen Fall Hiobs. Denn im Blick auf seine Person hatte die Tradition ihre tragende und orientierende Funktion ja gerade eingebüßt. Daher verfängt weder die ausführliche Schilderung vom Untergang der Gottvergessenen und Ruchlosen (8,13–18), noch das Postulat *Gott verwirft den Vollkommenen nicht* (8,20). Alles das kennt Hiob (vgl. 13,2;16,4). Ja, darin kann er Bildad durchaus beipflichten:

Gewiss, ich weiß (auch), dass es so ist.
Wie kann ein Mensch vor Gott gerecht sein? (Hi 9,2)

Grundsätzlich gibt es keine Gerechtigkeit vor Gott! Neben dem Grundsätzlichen gibt es allerdings auch besondere Erfahrungen, die sich jedem Grundsatz entziehen. Die Unmöglichkeit menschlicher Gerechtigkeit vor Gott besteht für Hiob nämlich weniger im allgemeinen Sündersein des Menschen, das ja auch von ihm eingeräumt wird (vgl. 14,4). Dass der Mensch vor Gott nicht gerecht sein kann, liegt vielmehr an der unvergleichlichen Übermacht des Schöpfers, der an keinen Grundsatz gebunden ist. Dieser kann die Regeln des Kosmos mühelos außer Kraft setzen, Schreckliches und Wunderbares wirken (9,4–10), ohne dass der Mensch ihn in alledem erkennen könnte (9,11). Er bleibt der *deus*

---

166 Siehe dazu R. Lux, Alter und Weisheit, 634 ff.

absconditus. Und welcher Mensch hätte jemals das Recht, von diesem übermächtigen und verborgenen Gott Rechenschaft für dessen Taten zu fordern? Keiner! Gott ist der Souverän (9,12.19). Sein Handeln geht nicht in den menschlichen Kategorien von Schuld oder Unschuld auf.

[20]*Selbst wenn ich gerecht bin, mein Mund spräche mich schuldig.*
Wäre ich vollkommen, er lässt mich falsch erscheinen.
[21]*Vollkommen bin ich, (aber) erkenne mich selbst nicht (wieder),*
ich verwerfe mein Leben.
[22]*Es ist einerlei, daher sage ich:*
Den Vollkommenen und den Frevler, er macht Schluss (mit ihnen).
(Hi 9,20–22)

Wenn Gott ohne Ansehen der Person mit den Schuldigen ebenso verfährt wie mit den Unschuldigen, wenn er beiden unabhängig vom Maß ihrer Gerechtigkeit ein Ende setzt, dann steht damit nicht nur die Moral des Menschen zur Debatte, sondern ebenso die Moral Gottes. Daher steigert sich der Protest Hiobs gegen das Postulat seiner Freunde, dass Gott über der Weltordnung wache und letztlich Böses mit Bösem und Gutes mit Gutem vergelte, zu einem Vorwurf gegen Gott, der alle bisherigen übertrifft.

[24]*Die Erde wurde in die Hand eines Verbrechers gegeben.*
Das Angesicht ihrer Richter verhüllt er.
Wenn es nicht so ist, wer ist es dann? (Hi 9,24)

Spätestens damit hatte Hiob nach der Ansicht seiner Freunde den Bogen überspannt. Man spürt diesem Vers noch die ganze Ungeheuerlichkeit ab, die in ihm steckt. Dieser Vorwurf gegen Gott ist so maßlos, dass der Autor ihn nur mit äußerster Verhaltenheit zu Papier gebracht hat. Wird da an einen mächtigen Tyrannen gedacht, dem Gott die Erde überlassen hat, oder gar an Gott selbst? Dieser Verbrecher jedenfalls nimmt vor allem eine Funktion wahr, *er verhüllt das Angesicht der Richter,* er sorgt dafür, dass es keine Gerechtigkeit auf der Erde gibt. Die dritte Zeile stellt dann ausdrücklich noch einmal die Frage nach der Identität des *rascha',* des *Verbrechers,* in dessen Gewalt sich die Erde befindet. Ihre Übersetzung ist umstritten. Bleibt es eine offene Frage, wer sich hinter der ominösen Person verbirgt,[167] oder muss sie mit der griechischen und der lateinischen Übersetzung des Textes eindeutig auf Gott bezogen werden? Ist er selbst der *Verbrecher?*[168] Wen immer man auch für den Übeltäter hält, einen menschlichen Tyrannen, den Satan, der sich vom Prolog her nahelegen würde, oder gar Gott selbst, dieser Vorwurf Hiobs bleibt ein religiöser Skandal. Denn die Passivform des Verbs *geben* hält auf jeden Fall fest, dass dieser Verbrecher sich nicht selbst ermächtigt hat, sondern dass es einen gibt, der ihm die Erde überließ. Daher läuft der Vorwurf Hiobs am Ende doch auf Gott selbst und keinen anderen hinaus. Und deswegen zieht Hiob voller Verbitterung die Bilanz:

Mich ekelt vor meinem Leben,
ich überlass mich meiner Klage,
ich will reden in der Bitternis meiner Seele. (Hi 10,1)

---

167 So jedenfalls der hebräische Text und seine Übersetzung durch F. Horst, Hiob, 138: *»Fürwahr denn nun, welch einer Art ist Er!«*

168 *Septuaginta* und *Vulgata* machen aus der offenen Frage des hebräischen Textes eine rhetorische Frage, die sich auf Gott festlegt: *Und wenn nicht er selbst (Gott) es ist, wer ist es dann?*

Wer so spricht, der sieht keine Hoffnung mehr. So überlässt sich Hiob wie bereits in seiner großen Eingangsklage (Hi 3) seiner Todessehnsucht, quält sich selbst und Gott mit der Frage, warum er angesichts seines Geschicks überhaupt geschaffen wurde (10,8–12), und ob es nicht besser gewesen wäre, wenn er gleich bei seiner Geburt gestorben wäre (10,18f.).

In seiner zweiten Rede (Hi 18) hat Bildad keine neuen Argumente mehr vorzubringen. Er macht Hiob darauf aufmerksam, dass dieser sich in seinem maßlosen *Zorn nur selbst zerreißt* (18,4), und dass die Frevler letztlich doch ihre Strafe finden werden (18,5–21), also auch er, wenn er – so die unausgesprochene Drohung – unbelehrbar auf seinem Standpunkt beharrt.

Daher münden die Reden Bildads in den Appell an Hiob, sich der Übermacht Gottes endlich zu beugen.

Herrschaft und Schrecken sind bei ihm,
der Frieden schafft in seinen Höhen. (Hi 25,2)

Und er konfrontiert den leidenden Gerechten ein letztes Mal mit der quälenden Frage, die den Rebellierenden zur Raison und zum Eingeständnis seiner Schuld bringen soll:

Wie könnte das Menschlein gerecht sein vor Gott,
und wie könnte rein sein der vom Weibe Geborene? (Hi 25,4)

Exkurs III: Ich weiß, dass mein Löser lebt …

An dieser Stelle muss ein Text aus der Antwort Hiobs auf die zweite Rede Bildads noch ein wenig ausführlicher bedacht werden (Hi 19,23–27). Hiob selbst konnte in alledem, was seine Freunde ihm mitzuteilen hatten, bisher weder eine hilfreiche Belehrung, noch Trost finden. Im Gegenteil, sie treiben ihn immer tiefer in seine Verbitterung hinein. Er ist hin- und hergerissen zwischen schwersten Vorwürfen, die er ihnen macht, und verzweifelten Bitten.

²Wie lange noch wollt ihr meine Seele plagen,
und mich mit Worten zermalmen?
[…]
²¹Erbarmt euch, erbarmt euch meiner, meine Freunde,
denn die Hand Gottes hat mich geschlagen.
²²Warum wollt ihr mich wie Gott verfolgen,
und werdet an meinem Fleisch nicht satt? (Hi 19,2.21f.)

Da ist trotz der Bitte um Erbarmen offensichtlich kaum noch etwas zu reparieren. Auf die Freunde ist weder Verlass, noch kann sich seine Hoffnung wirklich auf sie richten, die ihn mit ihren Worten regelrecht zerfleischen. Sie wiederholen gebetsmühlenartig ihr angelerntes Wissen. Seelsorge wird – bildlich gesprochen – zum Kannibalismus. Eine schärfere Anklage ist kaum denkbar. Daher scheiden die Freunde als künftige Retter und Helfer Hiobs aus.

Er aber geht der Sache auf den Grund. Es bleibt ihm, solange er noch am Leben ist, letztlich nur die Möglichkeit, auf den zu hoffen, der ihn wie einen Feind zur Zielscheibe seiner Angriffe gemacht hat (Hi 6,4;16,12f.; 19,11), auf Gott. Da er nicht Menschen für das Unheil, das ihn traf, verantwortlich zu machen weiß, weder andere noch sich selbst, kann es auch nicht durch Menschen wieder aufgehoben werden. Wenn sein Leben und Leiden nicht vorzeitig im Tod enden und angesichts der Vergänglichkeit alles Irdischen nicht im Meer der Anonymität versinken soll, dann stellt sich die Frage, wer oder was ihm überhaupt noch Zukunft gewähren kann. Alle herkömmlichen Strategien, dem eigenen Namen Dauer und Bestand vor der Welt und über den Tod hinaus zu geben, kamen für ihn offensichtlich nicht mehr in Frage. Die mächtigen Herrscher des Zweistromlandes gründeten Dynastien und ließen ihre Namen und Heldentaten in monumentale Felsinschriften einmeißeln, die ihren Ruhm vor Göttern und Menschen für alle Zeit bezeugen sollten.[169]

Es liegt nahe, dass Hiob, bzw. der Autor der Dialogdichtung solche monumentalen Inschriften vor Augen hatte, als er diesem die für seine Person und sein besonderes Geschick im Grunde irrealen Fragen in den Mund legte:

[23]*Wer gibt's wohl, dass meine Worte aufgeschrieben werden?*
Und wer gibt's, dass sie in einem Schriftstück festgehalten werden?
[24]*Dass sie mit eisernem Griffel und Blei,*
auf Dauer in den Fels gemeißelt werden?[170] (Hi 19,23f.)

Eine den in Fels gemeißelten Königsinschriften vergleichbare, dauerhafte Aufzeichnung seines Namens und seines Schicksals, das ist wohl der Sinn des unerfüllbar scheinenden Wunsches Hiobs auf der Sachebene des Textes, der die Kommunikation zwischen ihm und seinen Freunden wiedergibt.[171] Indirekt wird allerdings mit den Fragen Hiobs noch eine weitere Kommunikationsebene eröffnet, die zwischen dem Autor der Dialogdichtung und seinen Lesern. Hiob wünscht ja nicht mehr und nicht weniger als die fiktive

---

169 Siehe dazu A. MEINHOLD, »Leben auf Dauer«, 351 ff.
170 Wahrscheinlich ist daran gedacht, dass die in den Fels gemeißelte Prunkinschrift zusätzlich mit Blei ausgegossen werden sollte.
171 Vgl. A. MEINHOLD, »Leben auf Dauer«, 358 f.

Abb. 5: Monumentales Felsrelief (3 x 5,5 m) des Perserkönigs Dareios in Bisotun. Die mehrsprachige Inschrift berichtet über die Niederwerfung des Aufstandes des Magiers Gaumata in den persischen Kernlanden sowie die Folgeaufstände der sogenannten Lügenkönige in den Provinzen des persischen Weltreiches (522–521 v. Chr.). Diese werden gefesselt dem König Dareios vorgeführt. Zum Zeichen des Sieges hat Dareios seinen Fuß auf den besiegten Gaumata gestellt. Hinter ihm stehen seine Waffenträger Vindafarnah und Gaubarva. Über der Bildkomposition schwebt der Gott Ahuramazda in der geflügelten Sonnenscheibe, der die Ruhmestaten des Dareios zur Kenntnis nimmt.

Veröffentlichung seines Falles. Das, was ihm geschehen ist, soll vor Gott und der Welt für jedermann sichtbar und nachlesbar bleiben. Denn was aufgeschrieben und überliefert wird, das ist nicht mehr an Zeit und Stunde und auch nicht mehr an den Ort des Geschehens gebunden, sondern beginnt ein Eigenleben zu führen in der Schrift und als Schrift. Damit hat sich der Dialogdichter zum Mandatar seines eigenen literarischen Helden gemacht. Denn er, der Autor der Dichtung, steht dafür gerade, dass Hiobs Wunsch – in ganz anderer Weise – doch noch in Erfüllung ging. Und diese

Geschichte der Erfüllung in der literarischen Kommunikation zwischen dem Autor und seinen Lesern war auf Zukunft und auf Dauer angelegt.[172] So wurde aus der Fiktion eine Realität.

Ist es aber ein Zufall, dass der Dialogdichter an dieser Stelle das Hiobbuch als Schrift und damit auch sich selbst und seine Adressaten implizit thematisiert hat? Oder hat er damit ein Signal gesetzt, das darauf aus ist, die besondere Aufmerksamkeit seiner Leser zu wecken? Letzteres liegt nahe, denn ausgerechnet auf den Wunsch nach Verschriftung der Worte Hiobs folgt einer der bekanntesten und zugleich rätselhaftesten Texte der Dialogdichtung.[173] Biblische Grundlage unendlich vieler Traueransprachen und eingemeißelt in die Grabmäler von Generationen wurde dieser Text zu einem Widerspruch gegen den letzten Feind, der keinen Widerspruch duldet, gegen den Tod.

[25]Ich aber weiß, dass mein (Er-) Löser lebt.
Und als Letzter wird er auf dem Staub sich erheben.
[26]Und nachdem sie meine Haut derartig geschunden haben,
werde ich doch ohne mein Fleisch Gott schauen.
[27a]Ich selber werde ihn für mich schauen,
meine Augen werden (ihn) sehen und kein anderer.
(Hi 19,25–27a)

---

172 J. EBACH, Streiten mit Gott 1, 161: Die »Frage, ob Hiobs Wunsch nach einem Ort seiner Worte ›in der Schrift‹ erfüllt wird oder unerfüllt bleibt, hängt davon ab, ob sie in der Lektüre des Buches wiederholt, wiedergeholt werden. Die Erinnerungsgemeinschaft derer, die in Synagoge und Kirche das Buch Hiob lesen, ist damit Adressat dieses Hiobwunsches.« Vgl. auch G. KAISER / H.-P. MATHYS, Hiob, 94f.

173 A. MEINHOLD, »Leben auf Dauer«, 356: »Trotz nicht abreißender Bemühungen um Hi 19,25–27a gibt allem Anschein nach der intakte hebräische Text sein Geheimnis nicht preis«.

Da Hiob weder auf seine Freunde hoffen darf, noch darauf, dass er in seinen Nachkommen weiterlebt, oder dass sein Name den Königen gleich für alle Zeit aufgeschrieben wird, gibt es für ihn nur einen, an den er sich halten kann, »sein scheinbarer, göttlicher Gegner«.[174] Ihn ruft er als seinen *Löser* (*go'el*) auf den Plan.

Im Alltagsleben Israels hatte der *go'el* die Funktion, einen verarmten Familienangehörigen, der in Gefangenschaft oder Schuldknechtschaft geraten war, sowie seinen Grundbesitz gegen einen entsprechenden Betrag auszulösen.[175] Diese soziale Funktion wurde von den Propheten und Betern Israels im übertragenen Sinne auf Gott bezogen.[176] Hiob schließt sich dieser Hoffnung Israels auf den *Löser* Israels an. Durch die Gottesfinsternis, in die ihn der *Gestaltwandel Gottes*[177] gestürzt hatte, durch das *Nichtwissen* über das »Warum?« bricht ein *Wissen* durch, das ihm gegen allen Augenschein zur *Gewissheit* wird. Die Gestalt des *Feindgottes* wird sich ihm verwandeln in seinen *Erlöser*. Er, der *gegen* ihn ist, wird *als Letzter,* der ihm verblieb, am Ende *für* ihn *aufstehen aus dem Staub,* um als sein Anwalt für ihn einzutreten und ihm Gerechtigkeit widerfahren zu lassen. Wahrscheinlich verbindet sich in diesem Vertrauensbekenntnis Hiobs von Gott als seinem *go'el* die soziale Dimension dieses Begriffes mit einer juridischen Bedeutung. Der, der ihn aus seiner Not freikauft und erlöst, ist zugleich der Anwalt und Rich-

---

174   A. Meinhold, »Leben auf Dauer«, 359.
175   Siehe die Bestimmungen zum Jobeljahr in Lev 25,25–28.47–54 sowie Jer 32,7f.; Ruth 4,6f.
176   So u. a. in Jes 41,14;43,1.14;44,6.22–24; Ps 69,19;103,4;106,10 u. ö.
177   So die Kennzeichnung der Gotteserfahrung Hiobs durch K. Barth, Hiob, 57f.

ter, der ihn freisprechen wird.[178] *Gott hat das letzte Wort, das Wort in dem Gerichte,*[179] und nicht die Freunde. Darauf vertraut Hiob in aller Klage. Deswegen ruft er *Gott gegen Gott* in den Zeugenstand (Hi 16,19–21), weil er sich dessen gewiss ist, dass dieser für ihn zeugen und ihm das Urteil sprechen wird.

Dieses Vertrauensbekenntnis endet mit einem dreifachen Hinweis darauf, dass er dann, wenn es so weit ist, Gott *schauen* wird (19,26 f.). Zweimal steht da die für den prophetischen Offenbarungsempfang typische Wurzel *chasah.*[180] Dabei ist weniger an eine gestalt- oder bildhafte Erscheinung Gottes gedacht, sondern an sein Wort. Das ist das Paradoxe, dass die *Seher* Israels nicht Gott, sondern sein Wort schauen (vgl. Hi 4,12f.). Die Ausleger haben immer wieder darüber gerätselt, ob der Dialogdichter dabei eine Gottesschau des lebenden oder des verstorbenen Hiob vor Augen hatte. Und oft wurde die Formulierung *ohne mein Fleisch werde ich Gott schauen* (19,26) als Hinweis auf eine – wie auch immer geartete – postmortale Gottesbegegnung gedeutet. Das muss aber nicht so sein. Denn für den Menschen im alten Israel begann der Tod bereits mitten im Leben. Und Hiob war mit seiner ganzen Existenz bereits umstellt von einer schier unerbittlichen Todeszone.[181] Vielmehr zielt die Gewissheit Hiobs, dass er *Gott schauen* wird, darauf ab, dass er ihm – ob tot oder lebendig – *begegnen* wird, und zwar er *selbst und kein anderer* (V 27).

---

178 Siehe H.-J. HERMISSON, »Ich weiß, dass mein Erlöser lebt«, 676–682.

179 Evangelisches Gesangbuch, 199,3.

180 Davon abgeleitet sind die Nomina *chason* und *chissajon*, prophetische *Schauungen* oder *Gesichte*, wodurch Gott den Propheten seinen Willen mitteilt. Vgl. Gen 15,1; 1 Sam 3,1; 2 Sam 7,4.17; Jer 14,14;23,16; Hos 12,11 u. ö.

181 So H.-J. HERMISSON, »Ich weiß, dass mein Erlöser lebt«, 684.

Das, worauf es beim Sehen ankommt, ist die persönliche *Gottesbegegnung* und nicht das *Gottesbild* oder die Gestalt Gottes. Auf diese Gottesschau, und auf das, was seine Augen – so paradox das klingen mag – dabei zu hören bekommen, läuft schließlich die gesamte Dialogdichtung hinaus (vgl. Hi 42,5). Hier, im Vertrauensbekenntnis Hiobs zu seinem Gott, steht die Hiobdichtung an ihrem eigentlichen Wendepunkt, an dem sich ihm der Feindgott am Ende in seinen Erlöser verwandelt. Aber noch ist Hiob nicht am Ende seines langen Leidens- und Erkenntnisweges angekommen. Noch geben die Freunde nicht auf. (Ende des Exkurses)

5.2.3. Zofar: Dies irae – Tag des Zorns

Nachdem Elifas und Bildad sich noch darum bemühten, Hiob mit Respekt und Verständnis für seine Situation zu begegnen, schlägt Zofar, der Naamatiter, deutlichere Töne an. Für ihn erweist sich Hiob als »Maulheld«.[182] Daher stellt er gleich eingangs klar, was er von dessen Erwiderungen auf die Tröstungen seiner beiden Vorredner hält:

²Sollte die Fülle der Worte keine Antwort finden,
oder hat der Zungenfertige recht?
³Dein Geschwätz lässt die Leute verstummen.
Darfst du spotten, ohne dass dich jemand beschämt? (Hi 11,2f.)

Damit steht fest, worum es jetzt geht, nicht mehr um Trost, sondern um Zurechtweisung und Beschämung. Nicht Gott trägt die Schuld an Hiobs Geschick, sondern dieser selbst. Gott hingegen sieht sogar großzügig

---

182   Vgl. F. STIER, Das Buch Ijjob, 57.

über so manche Schuld Hiobs hinweg (V 6). Dieser soll daher endlich begreifen, dass keiner das Wesen Gottes herausfinden kann. Seine Macht ist höher als der Himmel und tiefer als die *Scheol* (V 7f.). Kann etwa ein sterbliches Wesen ihn zur Umkehr bewegen (V 10), Gott von seinem weisen Ratschluss abbringen? Undenkbar ist das! Deswegen warnt Zofar den rebellischen Hiob:

[11]*Ja, er (Gott) kennt die Leute des Nichtigen*
und sieht die Lüge, und sollte nicht darauf achten?
[12]*Kann etwa ein Hohlkopf zur Einsicht kommen,*
und ein Wildeselhengst als Mensch geboren werden? (Hi 11,11 f.)

Das sind deutliche Worte. Für Zofar ist Hiob letztlich ein Mensch mit nichtigen Wahnvorstellungen, ein Lügner und Hohlkopf. Ja, im Grunde gleicht er in seinem blinden Zorn gar nicht mehr einem Menschen, sondern einem störrischen Wildesel. Deswegen kann er ihm nur den guten Rat geben, nicht länger darauf zu bestehen, dass Gott sich ändern und zu ihm umkehren soll, sondern er selbst soll sein Herz neu ausrichten, seine Hände zu Gott erheben und sich endlich von dem Unrecht trennen, das in seinen Zelten wohnt (V 13f.). Nur eine Umkehr an Haupt und Gliedern seinerseits kann ihn in seinem Elend retten, das er selbst verschuldet hat.

Und in seiner zweiten und letzten Rede (Hi 20) stellt Zofar dem klagenden und anklagenden Hiob dann noch einmal eindrücklich das Schicksal der Frevler vor Augen. Das Glück in dem diese leben ist doch nur von kurzer Dauer. Mehr noch, ihr vergängliches Glück ist selbst schon die Strafe. Denn das Vermögen, das der Übeltäter gierig verschlungen hat, muss er wieder ausspeien. Gott selbst treibt es aus seinem Bauch heraus,

in dem es sich in das Gift von Vipern wandelt (20,15 f.).
Denn all der Wohlstand und Besitz, an denen er sich
delektierte, war unrecht erworben:

¹⁹Fürwahr, er misshandelte Arme und ließ sie liegen,
raubte ein Haus, das er nicht gebaut hat.
²⁰Denn sein Wanst kannte keine Ruhe.
Mit seinem Schatz (der Begierde) entkommt er nicht. (Hi 20,19 f.)

Was Zofar mit dieser Beschreibung des vergänglichen
Glücks der Frevler Hiob vorhält, will mehr als nur ein
Exempel sein, durch das sich Hiob warnen lassen soll.
Nein, es ist eine indirekte und doch kaum übersehbare
Anklage des leidenden Gerechten. Der Übeltäter mit
dem unersättlichen, gierigen Bauch, der Arme und Ge-
ringe misshandelte und sich an ihrem Gut bereicherte,
das ist in den Augen des Zofar kein anderer als Hiob
selbst. So also sieht ihn der Freund, der die Seiten
wechselte und zu seinem Gegner wurde. Und daher
lässt er ihn am Ende dessen, was ihm zu sagen bleibt,
schuldig sprechen, und zwar durch den Himmel
selbst. Das Urteil steht fest:

²⁷Der Himmel offenbart seine Schuld,
und die Erde steht gegen ihn auf.
²⁸Weggeschleppt wird der Ertrag seines Hauses,
(zu) reißenden Bächen am Tag seines Zorns.
²⁹Das ist der Anteil eines Menschen, eines Frevlers von Gott her,
und das Erbe, das Gott ihm zugesprochen hat. (Hi 20,27–29)

Weil Hiob genau solches widerfahren ist, weil ihm der
Besitz seines Hauses an einem einzigen *Tag des Zorns*
(vgl. Ps 110,5; Klgl 2,1) entrissen worden ist, deswegen
muss er schuldig sein. Zofar stimmt hier Hiob gegenüber den Hymnus vom *Dies irae* an, den die Propheten

Israels gekündet haben,[183] und der in die Totenmesse der römisch-katholischen Kirche Eingang fand. Solange Hiob an der Behauptung seiner Unschuld festhielt, war er für ihn – obwohl noch lebend – bereits ein toter Mann.

Hiob pariert diesen Frontalangriff mit einem ebenso unmissverständlichen Gegenangriff, in dem er sicherstellt, dass die Freunde für ihn als Gesprächspartner jegliche Autorität verloren haben:

²Wahrhaftig, ja, ihr seid (mir) ein Volk,
und mit euch wird die Weisheit sterben.
³Auch ich habe ein (verständiges) Herz, dem euren gleich,
und falle nicht gegen euch ab. (Hi 12,2–3)

²Was ihr wisst, weiß auch ich.
Ich falle nicht gegen euch ab.
³Ich aber will mit Schaddaj reden,
und mit Gott rechten, das begehre ich.
⁴Ihr jedoch seid Lügenkleisterer,
Kurpfuscher seid ihr allesamt. (Hi 13,2–4)

Damit sind die Fronten geklärt. Von den Freunden ist nichts zu erwarten, was Hiob nicht selber wüsste. Er bestreitet ihnen das Recht, weiterhin im Namen Gottes ihre Argumente vorzubringen. Darin kann er nur eine religiöse Anmaßung sehen, frömmelnde Besserwisserei, die von ihm entschieden zurückgewiesen wird.

⁷Wollt ihr etwa für Gott Lügen reden
und für ihn Trug aussprechen?
⁸Wollt ihr ihm sein Angesicht erheben,

---

183 Jes 13,9.13; Ez 7,19;22,24; Zef 1,15.18. Siehe dazu H. SPIECKERMANN, Dies irae, 1989.

oder für Gott den Rechtsstreit führen?
⁹Wird es gut gehen, wenn er euch erforscht,
oder wollt ihr ihn verspotten, wie man einen Menschen verspottet?
(Hi 13,7–9)

Hinter diesen Fragen, die Hiob seinen Freunden stellt, kommt mehr zur Sprache als nur eine Zurechtweisung. Wenn es um die religiöse Dimension der Seelsorge geht, dann spricht der Seelsorger ja nicht mehr aus eigener Erfahrung und Autorität, sondern nimmt die Autorität Gottes für das, was er zu sagen hat, in Anspruch. Wann immer Seelsorge im Namen Gottes geschieht, ist die Verantwortung des Seelsorgers in besonderer Weise herausgefordert. Da bedarf es eines feinen Gespürs dafür, wie das Leid des nach Trost und Hilfe suchenden Menschen mit dem Namen Gottes und seinem Wort miteinander ins Gespräch gebracht werden können. Den Freunden Hiobs ist das offensichtlich nicht gelungen. Die Art und Weise, Hiob mit ihrem Schulwissen über Gott zu belehren und zu konfrontieren, wurde von ihm nur als religiöses Geplapper empfunden. Er weiß sich in seinem tiefen Leid weder ernst- noch angenommen. Doch ist er davon überzeugt, dass die Freunde damit nicht nur über seinen Kopf hinwegreden, sondern auch Gott in seiner Abgründigkeit und Undurchschaubarkeit nicht wirklich ernst nehmen. Ist das die große Versuchung der Seelsorge, dass sich der Seelsorger zu eilfertig auf die Seite Gottes schlägt, zu nahe bei Gott zu sein meint, für ihn Partei ergreift und sich ermächtigt weiß, den Rechtsstreit für ihn führen zu können? Die Freunde Hiobs jedenfalls waren dieser Versuchung erlegen. Sie haben sich die Autorität Gottes angemaßt und ihm damit die Sache Hiobs aus der Hand genommen. Sie haben nicht Gott das Urteil über den Klagenden und Anklagenden überlassen, sondern es selbst gesprochen. Sie haben sich auf den Richterstuhl Gottes gesetzt und sich damit der Ursünde schuldig gemacht, sein zu wollen wie Gott (Gen 3,5). Und dort, wo der Mensch sich an Gottes Stelle wähnt, da zieht die Ursünde einen ganzen Rattenschwanz weiterer Sünden nach sich. Sie haben im Namen Gottes Lug und Trug geredet und damit gegen das dritte Gebot verstoßen (Ex 20,7; Dtn 5,11). Und das alles taten sie in ihrer Verblendung und Wahrnehmungsunfähigkeit für den leidenden Hiob aus bestem Wissen und Gewissen. Darin liegt die große Versuchung der Seelsorge, dass sie zur Gotteslästerung wird, dass die Seelsorger ihr vermeintliches Gotteswissen wie eine Wand als Selbstschutz zwischen sich und dem Hilfesuchenden aufrichten. Dass sie ihren eigenen Glauben nicht mit diesem gemeinsam dem Feuer der Anfechtung aussetzen, sondern sich selbst in Sicherheit wähnen.

Doch gab es für die Freunde Hiobs eine andere Möglichkeit, Gott am Abgrund des sinnlosen Leids zur Sprache zu bringen. Es wäre unredlich, wollten auch wir, die wir nicht wie Hiob in der Asche des Unglücks sitzen, die Freunde ganz ins Abseits stellen.[184] Ja, sie hätten wohl besser daran getan, solidarisch an der Seite Hiobs auszuharren und gemeinsam mit ihm Gott das bittere Leid des Gefährten zu klagen. Doch wie lange hält ein Mensch das aus? Wie lange vermag ein Gesunder, Glücklicher, mit einem Geschundenen zu klagen? Ist der Wille, den anderen aus der Gefangenschaft der Klagen und Anklagen herauszuholen, denn nicht verständlich? Erst ganz am Ende des Hiobbuches

---

184 Siehe dazu die aufschlussreichen Erwägungen von J. Ebach, Gott und die Normativität des Faktischen, 1995.

wird den Freunden vor Augen geführt, welche Möglichkeiten die Seelsorge noch hat, Gott im Leiden Raum zu geben.[185]

Eines aber haben sie – wie bereits festgestellt – durchaus erreicht mit dem Widerstand, den sie Hiob entgegensetzten. Sie haben ihn vielleicht gerade durch ihre »falsche« Seelsorge nicht im Netz der Klagen zappeln lassen. Es gibt ja auch die Klage, die im Jammern und Räsonieren verharrt und sich häuslich einrichtet. Der haben sie durch ihr Eingreifen das Wort abgeschnitten und auf diese Weise den Widerstand Hiobs und seinen Willen zum Leben provoziert. So wurde Hiob mehr und mehr in die Arme Gottes getrieben. Daher mag er nun nicht länger mit den Freunden rechten, sondern nur noch mit Gott selbst:

[15]*Siehe, er wird mich töten, ich will nicht länger warten.*
Meine Wege aber will ich vor ihm rechtfertigen.
[...]
[18]*Sieh doch, ich habe mich gerüstet zum Verfahren,*
ich weiß, dass ich im Recht bin. (Hi 13,15.18)

5.2.4. Gescheiterte Seelsorge!?

Nachdem der Dialogdichter Zofar kein drittes Mal zu Wort kommen lässt, verliert sich das »Redeballett« in einer ganzen Reihe von Wiederholungen. Vehement hält Hiob an seiner Position fest. Er leistet abschließend einen regelrechten Unschuldseid (27,1–6) und geht nun seinerseits dazu über, die Freunde über Schaddaj zu belehren (27,11). Dabei verblassen die Konturen immer mehr. Ganz zum Schluss kommt es zu einer scheinbaren Verwirrung der Stimmen. Hat Hiob am Ende doch

---

185 Vgl. S. 266 ff.

die Position der Freunde übernommen? Immerhin bestätigt er ihnen doch in eindrücklichen Bildern, dass Gott den Frevler richtet (27,13–23). Fast hat man den Eindruck, dass er mit Zofars zweiter Rede in Hi 20 und dessen Ausführungen über die Übeltäter vollkommen übereinstimmt.[186] Aber eben nur fast! Denn wenn zwei unterschiedliche Personen das Gleiche sagen, müssen sie noch lange nicht dasselbe meinen. Vielmehr kommt es ja immer darauf an, von welcher Position aus und mit welcher Absicht jemand etwas sagt. Zofar schilderte in Hi 20 den Untergang der Frevler, weil er von Hiobs Schuld überzeugt war und ihn in seiner Selbstgerechtigkeit warnen wollte, dass der Himmel am Ende doch seine Sünde aufdecken würde (20,27). Hiob hingegen wünscht sich, dass das Geschick der Frevler seine Feinde und Gegner treffen möge (27,7), damit auf diese Weise vor aller Welt seine Unschuld offenbar würde und er endlich Ruhe hätte. Einerseits wird das Paradigma der Frevler von Zofar eingesetzt, um damit einen Leidenden unter Druck zu setzen, sich als Sünder zu bekennen. Andererseits greift es der leidende Hiob auf, um sich damit von seinen Gegnern zu befreien. Zofar und Hiob sagen das Gleiche. Und doch liegen Welten zwischen dem, was sie damit zu erreichen suchen.

Dieser merkwürdige Abschluss der Erwiderungen Hiobs hat zu der Annahme geführt, dass der Text hier auf dem langen Weg seiner Überlieferung in Unordnung geraten sei. Eine ganze Reihe von Vorschlägen wurde gemacht, um die ursprüngliche Ordnung wieder herzustellen, wobei man in Teilen der letzten Rede Hiobs die fehlende dritte Rede des Zofar glaubte er-

---

186   So wird Hi 20,29 in 27,13 regelrecht zitiert.

kennen zu können.[187] Andere sehen in den Auffällig-
keiten des dritten Redegangs (Hi 22–27) deutliche
Anzeichen für weitgehende redaktionelle Überarbei-
tungen, die das gesamte Buch betreffen. Die hierfür an-
geführten Beobachtungen und Argumente sind zu hören.[188]

Jedoch lassen sich auch andere Erklärungen denken,
die von einem im Großen und Ganzen intakten Text
ausgehen. Vielleicht hat sich der Dialogdichter gar
nicht dem Formzwang unterworfen, auch für Zofar
noch eine dritte Rede zu konzipieren. Wollte er mit der
kurzen letzten Rede Bildads (Hi 25) und einem Ver-
zicht auf eine weitere Rede Zofars andeuten, dass sich
der Disput vorzeitig erschöpft habe, dass den Freunden die Argumente förmlich ausgegangen sind? Ließ
er am Ende bewusst eine Leerstelle, die das Scheitern
des Dialogs unübersehbar zum Ausdruck bringen
sollte?[189] Eines jedenfalls haben die quälenden Ausein-
andersetzungen zwischen Hiob und seinen Freunden
bewirkt. Sie haben dazu geführt, dass sich Hiob immer intensiver Gott selbst zugewendet und von seinen
Freunden abgewendet hat.[190] Dieser Befund ist überaus ambivalent. Einerseits kann man mit Fug und
Recht behaupten, dass den Lesern damit ein Muster-
beispiel *gescheiterter Seelsorge* eindringlich vor Augen
geführt wird.[191] Die zunächst in ihrer solidarischen
Trauer so vorbildlichen Freunde (2,11–13) wurden für

187 Siehe dazu J. VAN OORSCHOT, Die Entstehung des Hiobbuches,
     166f.; M. KÖHLMOOS, Das Auge Gottes, 56–66.
188 So u. a. M. WITTE, Vom Leiden zur Lehre, 1994.
189 Vgl. zu derartigen Erwägungen J. EBACH, Hiob 2, 28–30.
190 So auch B. JANOWSKI, »Die Erde ist in die Hand eines Frevlers
     gegeben«, 2.
191 Siehe dazu vor allem T. MICKEL, Seelsorgerliche Aspekte, 50 ff.

Hiob im seelsorgerlichen Gespräch zu Versagern und Kurpfuschern (13,4). Anstelle von *Trost* hatten sie letztlich nur *Trug* zu bieten. Waren sie aber mit ihrer Blindheit für die Differenz zwischen Lehre und Leben, zwischen dem grundsätzlich richtigen Zusammenhang von Tun und Ergehen und seiner Grenze am konkreten Lebensgeschick Hiobs, zu »hilflosen Helfern« und »trostlosen Tröstern« geworden?[192] Einerseits wird man diese Frage bejahen müssen. Andererseits muss man hinter dieses Ja ein Fragezeichen setzen. Ihr Erfolg bestand letztlich darin, dass sie durch ihre Fixierung auf die Lehre Hiob genau zu dem führten, an den er sich ihrer Meinung nach von Anfang an wenden sollte: zu Gott (Hi 5,8). Darin erweist sich der Dialogdichter als ein Meister der Dialektik, dass er aus dem Versagen ein Gelingen hervorgehen lässt, aus dem Scheitern das einzig Gescheite, nämlich dass Hiobs Fragen nur von Gott selbst her eine Antwort finden können.[193] Soll der Leser hinter diesem mit großer Ausdauer geführten Streitgespräch, in dem keine Seite der anderen etwas schuldig blieb, eben doch mehr erkennen als das Scheitern vor der alten Menschheitsfrage des Zusammenhangs von Leid und Gerechtigkeit? Wird hinter diesem endlosen Hin und Her, der Ratlosigkeit, dem Zweifel und der Verzweiflung eine Spur sichtbar, die etwas von der *providentia dei* erkennen lässt, von der Führung und Vorsehung des *deus absconditus*? Ist es der im Leiden verborgene Gott, der Hiob durch das Tal von Klagen und Anklagen zu sich ruft? Und durch wen, wenn nicht durch ihn selber wurde in Hiob die Hoffnung geweckt, dass

---

192   T. Mickel, Seelsorgerliche Aspekte, 72.
193   J. Ebach, Gott und die Normativität des Faktischen, 60.

– selbst wenn am Ende nicht die Lösung seiner Fragen steht – der Erlöser auf ihn wartet und für ihn eintreten wird?

5.3. Wo will man Weisheit finden?

Das Lied von der Weisheit (Hi 28) gehört wohl zu den spätesten Texten, die in das Hiobbuch aufgenommen worden sind. Man kann es als eine Art Schlüssel zum Gesamtverständnis des Hiobbuches lesen.[194] Seinen besonderen Ort hat es an der Nahtstelle zwischen der Auseinandersetzung Hiobs mit seinen Freunden und dem Rechtsstreit mit Gott gefunden, auf den die folgenden Reinigungsreden in Hi 29–31 zielstrebig zusteuern. Es ist daher im Gesamtzusammenhang des Buches »Hiobs letztes Wort an die Freunde«.[195] Der Abbruch des Gesprächs mit den Freunden lässt auch den Leser für einen Moment innehalten und die Frage stellen: Sind am Ende dieser quälenden Redeschlacht denn alle Beteiligten mit ihrer Weisheit am Ende? Führt das Leiden der Gerechten jede menschliche Weisheit und alle Theo-Logik in eine Sackgasse? Genau auf diese Fragen will das Lied eine Antwort geben. Es geht der Leitfrage nach:

Die Weisheit aber, wo willst du sie finden?
Und wo ist der Ort der Erkenntnis? (Hi 28,12)

Diese Frage wird vom Dichter des Liedes in zwei eindrücklichen Bildern entfaltet. Im ersten Bild (28,1–11) entführt er den Leser in ein antikes Bergwerk.

---

194 Siehe die neuere Diskussion dazu bei R. HECKL, Hiob, 151–155.
195 R. HECKL, Hiob, 154.

²Eisen wird aus der Erde geholt
und Gestein zu Kupfer geschmolzen.
³Er (der Mensch) setzt der Finsternis ein Ende.
Und bis zur äußersten Grenze erforscht er
das Gestein (in) Dunkelheit und Todesschatten. (Hi 28,2 f.)

Und dann wird die lebensgefährliche und zugleich faszinierende Arbeit der Bergleute beschrieben, die an Seilen über der schwindelnden Tiefe in den Schächten hängen (V 4), Stollen in den Fels vortreiben und Wasseradern stilllegen (V 11), Feuer an das Gestein legen, um es mürbe zu machen (V 5) und ihm die Schätze der Erde zu entreißen, Silber, Eisen, Kupfer, Lapislazuli und Gold (V 6). Was kein Mensch und kein Tier auf der Erde erblickt, selbst das scharfsichtige Auge der Raubvögel nicht (V 7), der Forscherdrang des Menschen, sein Mut und seine Kühnheit bringt Licht in fast jedes Dunkel. Mit der Beschreibung eines antiken Bergwerks hebt der Dichter die außergewöhnlichen technischen Fähigkeiten des Menschen hervor. Die grenzenlose Bewunderung ist den wenigen Zeilen noch deutlich abzuspüren. Eines aber findet der Mensch unter all diesen Schätzen der Erde, die er zu Tage fördert, nicht: die Weisheit.

¹³Nicht kennt der Mensch ihren Wert,
und im Lande der Lebendigen wird sie nicht gefunden.
¹⁴Die Urflut spricht: In mir ist sie nicht,
und das Meer spricht: Bei mir ist sie (auch) nicht. (Hi 28,13 f.)

Selbst wenn der Mensch in die Tiefen des mythischen Urmeeres tauchen würde, er fände sie nicht. *Sapientia abscondita*, die *verborgene Weisheit* bleibt dem Menschen unerreichbar. Sie lässt sich mit keinem Gold der Welt aufwiegen. Ihr unermesslicher Wert wird in dem zweiten Bild beschrieben, in dem der Poet der Weisheit seine Leser auf einen orientalischen Basar mitnimmt.

15Man kann kein Feingold für sie geben,
und kein Silber aufwiegen für ihren Preis.
16Man kann sie nicht mit Ofirgold bezahlen,
(nicht) mit dem kostbaren Schohamstein oder dem Saphir.
(Hi 28,15f.)

Die Poesie der Kostbarkeiten, die vor dem Leser entfaltet wird, weckt Assoziationen an die Straßen der Gold- und Silberschmiede sowie der Edelsteinhändler und Juweliere, die man heute noch in den traditionellen orientalischen Basaren finden kann. Doch lässt sich der Reichtum der ganzen Welt nicht gegen die Weisheit aufwiegen. Was macht sie so unendlich viel kostbarer als die edelsten Perlen (V 18)? Dies, dass sie unerreichbar bleibt. Denn wieder mündet das Bild in die Feststellung:

20Die Weisheit aber, woher kommt sie,
und wo ist er, der Ort der Erkenntnis?
21Verborgen ist sie den Augen aller Lebenden,
und vor den Vögeln des Himmels versteckt.
22Unterwelt und Tod sprachen:
Mit unseren Ohren haben wir (nur) ein Hörensagen gehört.
23Gott kennt ihren Weg,
und er weiß um ihren Ort. (Hi 28,20–23)

Wovon weder die Sterblichen, noch Tod und Unterwelt eine Ahnung haben, allenfalls ein Gerücht vernommen haben, das weiß allein Gott. Die *sapientia abscondita* wird hier als ein *Gotteswissen* gepriesen, das den Menschen entzogen ist. Ja, noch genauer, sie ist das Schöpfungswissen, mit dem der Schöpfer Himmel und Erde, das gesamte Regelwerk des Kosmos, die Wege des Windes und des Wassers, Blitz und Donner ins Dasein rief (V 24–27). Sie ist als Ordnungselement der Schöpfung eingestiftet und doch in ihr verborgen, unsichtbar und unbezahlbar.

Darin sind sich die Dichter von Hi 28 und Spr 8 einig, in der Kostbarkeit der Weisheit, die mehr wert ist als Silber, Gold und Perlen (Spr 8,10 f.). Und auch darin, dass sie als schöpferische Kraft, als Erstling der Schöpfung (Spr 8,22 ff.) bei der Erschaffung der Welt anwesend war, Gott zur Seite stand und in spielerischer Leichtigkeit an allem mitgewirkt hat, was er erschuf. Dennoch gibt es eine fundamentale Differenz zwischen beiden Weisheitsgedichten, die uns aufmerken lässt. In Spr 8 hat jedermann, der guten Willens ist, Zugang zur Weisheit. Sie steht auf öffentlichen Plätzen, an den Straßen und Stadttoren und wirbt für ihre Sache (Spr 8,1 ff.), die jedem offen steht. Man muss nur auf sie hören und sie annehmen. Hier ist die Weisheit nicht verborgen, sondern ein öffentliches Gut, das gelehrt wird, und das sich jeder aneignen kann, der will. Hi 28 widerspricht diesem Weisheitsoptimismus von Spr 8 deutlich. Da wird gegen die *sapientia revelata,* die für jeden *enthüllte, offenbarte Weisheit,* das Hohelied von der *sapientia abscondita,* der *verborgenen Weisheit* gesungen. Am harten Fels der Leiden zerbricht der Optimismus der Weisen. Hier, an der Gestalt Hiobs und seinem Geschick, findet die gelehrte Weisheit der Freunde ihre Grenze. Im normalen Schulbetrieb mag sie ihren Ort haben, wenn sich das Leben im Gleichmaß zwischen Höhen und Tiefen seinen Weg sucht, mag sie eine vernünftige Hilfe und ein Wegweiser sein. Aber es gibt Widerfahrnisse, die alle Normalität sprengen, Irrationales, das sich jeder Rationalität entzieht, Unvernünftiges, das einfach keine Vernunft annehmen will, Regelwidrigkeiten, für die die sonst so nützlichen Regeln der Weisheit nicht tauglich sind. Das haben die Gespräche Hiobs mit seinen Freunden deutlich werden lassen. Was bleibt dem Menschen, wenn er sich vom Irrationalen umstellt weiß, wenn sich jeder Lebenssinn in Sinnlosigkeiten aufzulösen droht? Muss er sich dem Absurden widerstandslos ergeben? Nein! Der Dichter von Hi 28 beantwortet den überlieferten Weisheitsoptimismus in Spr 8 nicht mit einem Weisheitspessimismus, sondern mit dem Realismus des Vertrauens. Was darunter zu verstehen ist, das hat er in seiner abschließenden Mahnung zum Ausdruck gebracht.

Zum Menschen aber sprach er:
Siehe, die Furcht des Herrn, sie ist Weisheit.
Und das Meiden des Bösen ist Einsicht. (Hi 28,28)

Damit gibt es nur zwei Wege, die zur verborgenen Weisheit führen, die Gottesfurcht und das Unterlassen des Bösen. Mit diesem Votum knüpft derjenige, der das Lied von der Weisheit in das Hiobbuch eingefügt hat, an den Prolog an. Denn dort waren ja die Gottesfurcht und die Vermeidung des Bösen Eigenschaften, die Hiob nicht nur vom Erzähler selbst (1,1), sondern auch von Gott (1,8;2,3) zuerkannt wurden. Und dieses Urteil wurde bisher weder vom Erzähler noch von Gott widerrufen. Jetzt bekennt sich Hiob den Freunden gegenüber selbst zu den Werten, die ihm in Hi 1 zugeschrieben worden sind. Er gibt ihnen und den Lesern damit zu verstehen, dass er auch als Klagender und Anklagender an der überlieferten Weisheit festhält, die in der Gottesfurcht ihren Anfang sah.[196] Seine Rebellion gegen Gott, der ihm zum Feind geworden war,

---

196   Ps 111,10; Spr 1,7.29;9,10;15,33; Koh 3,14;12,13.

sollte offensichtlich nicht als Blasphemie missverstanden werden. Im Gegenteil: Gerade darin, dass er auf seinem Recht bestand und Gott zu einem Rechtsstreit herausforderte, nahm er ihn als Bürgen der weisheitlichen Ordnung ernst. Er stellte sich dem Urteil Gottes in dem Wissen, dass es nur einen gibt, der dazu in der Lage ist, die gestörte Welt- und Rechtsordnung wieder herzustellen. Gottesfurcht, das sollten die Leser wohl nach dem Zeugnis von Hi 28 wissen, ist nicht nur geduldige *Ergebung* in das Schicksal, das einen Menschen trifft (vgl. Hi 1,21;2,10), frömmelnde Duckmäuserei, sondern auch *Widerstand* gegen das Böse, gegen das, was als Unrecht empfunden wird. War diese widerständige Gottesfurcht auch eine Art, das Böse zu meiden, ihm etwas entgegenzusetzen, sich gerade nicht damit abzufinden? Es gibt Nächte des Lebens, in denen Menschen solch einen Gotteskampf zu bestehen haben. Man denke nur an Jakobs Kampf am Jabbok (Gen 32,23–33). Das ist das Große an Jakob und auch an Hiob, dass sich ihre Gottesfurcht nicht in Zwangsvorstellungen und vorgefertigten religiösen Schablonen erschöpft, dass sie in den Nächten der Entscheidung nicht feige den Rückzug suchen, sondern als freie Menschen Gott in seiner Freiheit entgegentreten. Sie stellen sich ihm und weichen nicht aus!

5.4. *Bilanz eines Lebens*

Die sogenannten *Reinigungsreden* stellen eine eigene Einheit im Hiobbuch dar. Ihre Überschrift macht deutlich, dass sie eigentlich gar keine Antwort mehr an die Freunde sind. Dieser Dialog hat unwiderruflich sein Ende gefunden. Jetzt geht es um die Herausforderung Gottes. Alles läuft auf die Forderung Hiobs hinaus, dass Gott ihm eine Antwort geben möge (Hi 31,35).

Um dies zu erreichen, legt er Gott noch einmal in aller Ausführlichkeit seinen Rechtsfall vor und zieht Bilanz. Dies erfolgt in einem Dreischritt. Zuerst beschreibt er ausführlich die besseren Zeiten, die von ihm gewichen sind. Er war ein geachteter Mann, dem alle Welt Respekt zollte (Hi 29). Dem folgt eine umfangreiche Elendsmeditation, in der er seinen Absturz ins Nichts schildert (Hi 30). Abschließend legt er einen ausführlichen Reinigungseid ab, in dem er auflistet, welcher Vergehen er sich nicht schuldig gemacht hat (Hi 31). Damit wird gleichsam die Untersuchungsakte Hiobs geschlossen, die er Gott vorlegt, der sich nun endlich seinerseits zu seinem Fall äußern möge.

Hi 29	Hi 30	Hi 31
Hiobs früheres Glück	Hiobs Unglück	Reinigungseid

Diese Reinigungsreden nehmen den Leser noch einmal mit auf eine biographische Zeitreise. Die *Vergangenheit* wird erinnert, die *Gegenwart* beklagt und die *Zukunft* eingefordert. Damit lassen die Reinigungsreden indirekt doch eine erhebliche Veränderung im Verhalten Hiobs erkennen. Während er sein Leben in der großen Eingangsklage (Hi 3) sowie in den Antworten an die Freunde nur aus der Perspektive des erfahrenen Leids betrachtet, kann er es jetzt wieder als Ganzes in den Blick nehmen. Der Schilderung seiner bedrückenden Situation (Hi 30) geht die Erinnerung an gute und glückliche Jahre voraus (Hi 29). Damit wird zunächst natürlich noch einmal der biographische Riss markiert, der sein Leben bestimmt. Aber durch die Erinnerung der gesamten bisher durchlaufenen Lebensspanne bleibt auch das Böse begrenzt. Ihm wird nicht das

Ganze der Lebenswirklichkeit überlassen. Hiob reduziert sein Leben gerade nicht auf die Leiderfahrungen, sondern nimmt diese als brutalen Einbruch des Absurden und Widersinnigen in ein gesegnetes, glückliches Leben wahr. Es ist diese in Glücks- und Unglückserfahrungen gebrochene Biographie, die er vor Gott bringt, um sie seinem Urteil zu überlassen.

5.4.1. Seine Leuchte über meinem Haupt

Schlechte Zeiten provozieren die Erinnerung an bessere Tage. Das scheint eine anthropologische Konstante in der Erinnerungskultur zu sein. Bei Hiob ist die Erinnerung aber mehr als nur eine rückwärtsgewandte Nostalgie. Er flieht nicht vor der tristen Gegenwart in die leuchtende Vergangenheit, sondern verbindet damit den leidenschaftlichen Wunsch auf Wiederherstellung seines früheren Glücks. Mit *Odo Marquard* weiß er um das Geheimnis, dass es keine *Zukunft* ohne *Herkunft* geben kann, dass Neues nicht ohne das Alte zu haben ist.[197] Daher muss der Mensch, der mit seinem Leben auf Zukunft aus ist und dieses nicht im Augenblick der Gegenwart aufgehen lassen möchte, seine Herkunft im Auge behalten.

²Wer gibt's mir, dass es wie in früheren Monden (Monaten) sei,
den Tagen gleich, da Gott mich behütet hat,
³als er seine Leuchte über meinem Haupt leuchten ließ,
bei seinem Licht ich durch Dunkel ging?
⁴Dass ich wäre wie in den Tagen meiner Jugendzeit
als Gott mein Zelt beschützte,
⁵als Schaddaj noch mit mir war
und meine Kinder rings um mich herum? (Hi 29,2–5)

---

197   Vgl. O. MARQUARD, Zukunft braucht Herkunft, 234–246.

So wie der Hiob der großen Klage in Hi 3 zurückgeschaut hat auf seine Zeugungsnacht und seine Geburt, die äußerste Grenze seines werdenden Lebens, so hält er hier Rückschau auf seine Jugend und seine Zeit als junger Vater. Und so wie Hi 3 mit einem Wunsch eröffnet wurde, so auch Hi 29. Zwischen diesen beiden Wünschen liegen allerdings Welten. Hatte er sich in Hi 3 noch die Rücknahme seiner Zeugungsnacht und seiner Geburt gewünscht, also die *Auslöschung* seiner Existenz, so wünscht er sich jetzt die *Wiederherstellung* seines früheren Lebens. Dieser Gesinnungswandel macht deutlich, dass Hiob in dem Rededisput mit seinen Freunden einen langen Weg hinter sich gebracht hat. Die Klage in Hi 3 war ausschließlich rückwärts gewandt, von Todessehnsucht bestimmt. Die Erinnerung in Hi 29 richtet den Blick nach vorne, hält Ausschau nach Leben. Wieder begegnet die Licht-Finsternis-Metaphorik (29,3). Aber während sich Hiob in 3,4–6 wünschte, dass sein Leben ganz von der Finsternis verschlungen werden möge, erinnert er sich jetzt daran, dass er in früheren Tagen im Licht Gottes durch die Finsternis gehen durfte. Er weiß darum, dass auch sein früheres Leben aus Tag und Nacht, Licht und Schatten bestand. Jedoch die dunklen Stunden konnten ihn nicht schrecken, weil er das Licht Gottes an seiner Seite wusste, mit dem sich die Dunkelheit bezwingen lässt.

Daher folgt jetzt eine ausführliche Beschreibung seiner Persönlichkeit, die der eines Aristokraten gleicht. Der Leser verfolgt seinen Weg. Er verlässt das Tor seines Gehöfts und steigt hinauf zur Stadt, um dort auf einem offenen Platz seinen Sitz aufzustellen (V 7). Stellte sich der Dialogdichter den Wohnsitz Hiobs außerhalb einer befestigten Stadt in ihrem Weichbild vor, zu der er hinauf zog, wenn ein Gerichtstag abgehalten wurde? Schließlich spielte sich ja die sogenannte Torgerichtsbarkeit auf den öffentlichen Plätzen an den Stadttoren oder in den Städten ab.[198] Hiob spielte an derartigen öffentlichen Gerichtstagen keine unbedeutende Rolle.

[8]Sahen mich die Knaben, dann verbargen sie sich.
Und die Greise erhoben sich und stellten sich auf.
[9]Fürsten hielten sich zurück mit Worten
und legten eine Hand auf ihren Mund.
[10]Die Stimme der Edlen verstummte
und ihre Zunge klebte an ihrem Gaumen.
[11]Wenn ein Ohr (mich) hörte, pries es mich glücklich,
und sah mich ein Auge, legte es Zeugnis für mich ab,
[12]dass ich den Armen rettete, der um Hilfe rief,
und die Waise, für die es keinen Helfer gab. (Hi 29,8–12)

Es folgt eine lange Aufzählung der guten Taten und Worte, mit denen Hiob das »Prekariat« seiner Stadt vor dem Unrecht bewahrte. Er war der Helfer der Witwen (V 13), das Auge der Blinden und die Füße der Lahmen (V 15), der Vater der Armen (V 16) und der, der den Frevlern ihre Beute entriss (V 17). Er stand für die Rechtsordnung ein, die in seinem eigenen Falle ganz offensichtlich aus den Fugen geraten war. Unter seinen Mitbürgern, den jungen wie den alten, Edlen wie Elenden genoss er höchsten Respekt. Sein Wort galt etwas. Seine Rede überzeugte und rettete. Dieser Hiob war von Kopf bis Fuß auf das Recht eingestellt:

Gerechtigkeit zog ich an und mich bekleidete
wie ein Mantel und ein Turban mein Rechtsspruch. (Hi 29,14)

---

198 Siehe dazu Dtn 21,19;22,15.24;25,7; Jos 20,4; Jes 29,21; Jer 1,15; Am 5,10.12.15; Ruth 4,1ff. und F. Crüsemann, Das Gericht im Tor, 69ff.

Und wenn davon die Rede ist, dass selbst die Fürsten und die Vornehmen verstummten, wenn er das Wort ergriff, dann wird ihm damit eine geradezu königliche Würde zugeschrieben. Denn es war ja die ureigenste und vornehmste Aufgabe der Könige, für die Stummen, die keine Stimme in der Gesellschaft hatten, den Mund aufzumachen und für die Durchsetzung des Rechts der sogenannten *personae miserae*, der Witwen, Waisen, Armen und Fremdlinge zu sorgen (vgl. Spr 31,8f.; 1 Kön 3,16–28). Fast hat man den Eindruck, dass der Dialogdichter ein Kenner der altägyptischen Weisheitsschriften war.[199] So ermahnt ein ägyptischer König (Pharao Cheti?) seinen Sohn und potenziellen Nachfolger Merikare im »ersten ›Fürstenspiegel‹ der Welt«[200] mit den Worten:

»Sei ein Meister im Reden, damit du mächtig seist!
Die Waffe (eines Königs) ist seine Zunge,
die Rede ist mächtiger als jeder Waffenkampf,
und einen Mann mit Esprit kann man nicht hintergehen.«[201]

Die Redekunst des Herrschers, die hier gepriesen wird, gehörte zusammen mit dem Einsatz für Gerechtigkeit gegenüber den Schwachen zu den Grundkonstanten der altorientalischen Königsideologie. Dabei ging es um die Erhaltung der irdischen Rechtsordnung als einem Bestandteil der allgemeinen Weltordnung, die die vornehmste Aufgabe der Könige darstellte.[202]

---

199 Solch eine Annahme ist aber keineswegs zwingend nötig, weil es sich dabei um ein allgemein verbreitetes Königsideal des Alten Orients handelte.
200 H. Brunner, Altägyptische Weisheit, 140.
201 H. Brunner, Altägyptische Weisheit, 142.
202 Siehe dazu J. Assmann, Ma'at, 222 ff.

Daher verwundert es auch überhaupt nicht, wenn sich Hiob in der Darstellung seines untergegangenen Renommees selbst mit einem König vergleicht.

Ich prüfte ihren Weg und saß als (ihr) Oberhaupt da.
Wie ein König wohnte ich in ihrer Schar,
wie einer, der Trauernde tröstet. (Hi 29,25)

Spätestens mit dieser Charakterisierung wird deutlich, dass Hiob hier die Verkörperung eines idealen Herrschers darstellt. Ein solcher aber durfte auch ein gesegnetes Leben erwarten.

[18]Ich sprach: Mit meinem Nest werde ich sterben,
aber wie ein Phönix[203] (meine) Tage zahlreich machen.
[19]Meine Wurzel ist offen zum Wasser hin,
und Tau nächtigt auf meinem Gezweig.
[20]Meine Ehre ist (immer) bei mir,
und mein Bogen wird neu in meiner Hand. (Hi 29,19–20)

Der Abschnitt bietet den Übersetzern eine ganze Reihe von Schwierigkeiten, mit denen sich bereits die alten Übersetzungen abgeplagt haben. Deutlich geht aber aus der von Hiob ausgesprochenen Überzeugung die Erwartung hervor, dass er eigentlich mit seinem vorbildlichen Einsatz für Recht und Gerechtigkeit auf ein diesem Verhalten entsprechendes Ergehen hoffen durfte. Falls V 18 auf den Mythos des Vogels Phönix

---

203 Alternative Übersetzung: *Wie Sand werde ich (meine) Tage zahlreich machen.* Zur Problematik der Deutung des Nomens *chol*, das im Hebräischen in der Regel mit *Sand* wiedergegeben wird, in dem die Septuaginta (LXX) und die Vulgata (V) hier aber eine Anspielung auf den Vogel Phönix sehen, vgl. den Babylonischen Talmud (bSan 108b) und H. STRAUSS, Hiob, 192.

anspielt, der im ägyptischen Sonnenkult die Quelle der Schöpfung symbolisierte und in der griechischen Mythologie für ein langes, sich immer wieder aus der Asche erneuerndes Leben steht,[204] so glaubte auch Hiob ein langes Leben erwarten zu dürfen. Vom Grundwasser und vom Tau der Nacht gespeist, hoffte er auf ständige Zufuhr von Lebenskraft und Erneuerung seiner Ehre. Die vom Dichter heraufbeschworenen Bilder und Mythologeme kreisen um zwei Dimensionen des Lebens, die Dauer des *natürlichen Leibes* (zahlreiche Tage) sowie des *sozialen Leibes* (Erneuerung der Ehre) angesichts des Todesgeschicks. Dabei könnte die Anspielung auf den Vogel Phönix ein Hinweis auf die Vorstellung sein, dass der soziale Leib, gesellschaftliches Ansehen, ein guter Name, Ruhm und Ehre, den natürlichen Leib überleben wird.[205]

Dass dem, der für Recht sorgte, auch Gerechtigkeit widerfuhr, das war im Grunde eine Selbstverständlichkeit, von der auch Hiob in seinen früheren Tagen ausgegangen war. Doch diese Erwartung, das war die *konstruierte Welt,* die wir uns immer wieder zurechtlegen, und die ja auch in fünfundneunzig von hundert Fällen funktionieren mag. Wir wären blind, undankbar und würden ein gesellschaftliches Chaos heraufbeschwören, wollten wir behaupten, dass diese konstruierte Welt für das Zusammenleben vollkommen irrelevant sei. Sie versteht sich allerdings nicht von selbst, sondern bedarf der Pflege und des Einsatzes der Starken für die Schwachen, eben einer Recht*skultur,* die die menschliche *Natur* zivilisiert. Hiob selbst hat sich darin als außergewöhnliches Vorbild erwiesen. In der *wirklichen Welt* des gemeinsamen Lebens gibt es aber immer

---

204 Vgl. L. Käppel, Phoinix, 937 f.
205 Siehe dazu J. Dietrich, Ehre und Ehrgefühl, 422 ff.

Ausnahmen von der Regel, die den berechtigten Erwartungen nicht entsprechen. Und eben das war die Wirklichkeit Hiobs, dass dem Gerechten nicht Recht, sondern Unrecht widerfuhr.

5.4.2. Ein Bruder der Schakale bin ich

Auf die Erinnerung an frühere Tage folgt die Beschreibung der Gegenwart. Sie ist bestimmt durch eine Auflösung der Rechtsordnung, soziale Verwahrlosung, Isolation und körperlichen Ruin. Die Elendsmeditation setzt mit der Beschreibung einer Personengruppe ein, die am untersten Rand der Gesellschaft lebt, aus der sie sich selbst durch ihr asoziales Verhalten ausgeschlossen hat (30,1–8). Ruchlose Personen, die zu keiner Arbeit taugen (V 2), am Rande von Steppe und Wüste ihr Dasein fristen (V 3 f.), Söhne von Toren, Namenlose, also Leute, die keinerlei Ehre im Leibe haben,[206] die man mit der Peitsche aus dem Land trieb (V 8). Ausgerechnet diese ehrlosen und brotlosen Randexistenzen fühlen sich jetzt aber über Hiob erhaben und treiben ihr böses Spiel mit ihm.

¹Nun aber lachen sie über mich,
die jünger sind an Tagen als ich,
deren Väter ich ablehnte,
sie den Hunden meines Kleinviehs zuzugesellen.
²Auch die Kraft ihrer Hände – was sollte sie mir (nützen)?
Zugrunde gegangen war ihre Jugendfrische.
[…]
⁹Jetzt aber bin ich ihr Spottlied geworden,
und wurde für sie zum Geschwätz.

---

206   Zum Namen als Ausdruck für die Ruhmesehre siehe J. Dietrich, Ehre und Ehrgefühl, 436 f. Danach käme der Verlust des Namens auch einem Ehrverlust gleich.

¹⁰Sie verabscheuen mich, halten sich fern von mir,
und vor meinem Angesicht halten sie (ihren) Speichel nicht zurück.
(Hi 30,1 f. 9 f.)

Die Beschreibung dieser *Outlaws*, die am Rande der Gesellschaft jenseits der bestehenden Rechts- und Sozialordnung ihr Leben fristen, dient der Kennzeichnung der gegenwärtigen Position Hiobs. Wenn sich selbst diese Leute über ihn in Spott und Hohn ergehen, dann war er auf der untersten Stufe der gesellschaftlichen Hierarchie angekommen, ja eigentlich noch unter diese herabgesunken. Seine gegenwärtige Situation war damit von einem totalen Ansehens- und Ehrverlust bestimmt. Das hat dazu geführt, dass er vogelfrei geworden ist. Jeder kann nach Gutdünken mit ihm verfahren und tut es auch.

¹²Auf der rechten Seite erheben sie sich, die Brut,
meine Füße haben sie weggestoßen,
und Wege ihrer Zerstörung haben sie gegen mich aufgeschüttet.
¹³Meinen Pfad haben sie aufgerissen,
zu meinem Unglück tragen sie bei,
und es gibt keinen Helfer (ihnen) gegenüber.
¹⁴Wie durch eine breite Bresche kommen sie näher,
unter Trümmern wälzen sie sich heran. (Hi 30,12–14)

Die Anfeindungen, denen Hiob ausgesetzt ist, werden verglichen mit der Eroberung einer sturmreifen Stadt. Wie Feinde robben sich die ruchlosen Leute heran, um ihm den Rest zu geben. Alles, was sein früheres Leben ausgemacht hat, Stärke, Widerstandskraft, Ansehen und Ehre, sind am Boden zerstört (V 15). Zum sozialen Absturz mit seinen psychischen Belastungen kommen unerträgliche körperliche Gebrechen hinzu. Tag und Nacht bohrt der Schmerz in seinen Knochen (V 17). So wird er nicht müde zu klagen:

²⁹Ein Bruder der Schakale bin ich geworden
und ein Gefährte der Straußenhennen.
³⁰Meine Haut ist schwarz geworden auf mir,
und mein Gebein brennt vor Fieberglut. (Hi 30,29 f.)

Die Tiervergleiche symbolisieren, dass Hiob aus dem
menschlichen Sozialverband herausgefallen ist und als
Geselle der Schakale und Strauße zum Wüsten- und
Steppenbewohner wurde. Damit befindet er sich bereits im Abseits, in einer lebensfeindlichen Gegenwelt,
die das Kulturland mit seiner Zivilisation bedroht.[207]
Doch in alledem gibt sich Hiob nicht mit dem zufrieden, was ihm vor Augen steht, dem Pöbel, der ihm das
Leben schwer macht, dem Zerfall des Leibes. Vielmehr
sieht er hinter diesem Zerfall seiner Persönlichkeit eine
dunkle Macht am Werk, die niemand anderes sein
kann als Gott selbst.

¹⁹Er hat mich zum Kehricht geworfen,
und ich wurde gleich wie Staub und Asche.
²⁰Ich rufe zu dir, aber du antwortest mir nicht.
Ich stand bereit, du aber hast mich nicht beachtet.
²¹Du wandelst dich zu meinem Peiniger,
mit der Stärke deiner Hand befehdest du mich.
[…]
²³Ja, ich weiß, du treibst mich in den Tod,
in das Haus der Begegnung für alles, was lebt. (Hi 30,19–21.23)

Damit ist Hiob wieder bei dem angekommen, bei dem
er die Ursache für all seine Leiden sucht. Gott selbst
treibt ihn in den Tod. Daher kommt auch nur er als
Adressat für seine Klage infrage. Er kann es ihm nicht

---

207   Siehe dazu P. Riede, »Ich bin ein Bruder der Schakale«, 294 ff.

ersparen, auf sich und sein Elend aufmerksam zu machen. Denn es gilt, das Übel an der Wurzel zu packen. Und wenn dieses Übel in Gott selbst verborgen ist, dann kann es auch nur von diesem selbst wieder aufgehoben werden.

Damit ist die Situation geklärt. Die Vergangenheit und die Gegenwart Hiobs liegen jetzt wie ein offenes Buch vor dem Leser und vor Gott. Hiobs Existenz wurde zu einem einzigen »Trauerspiel«.

Zur Trauer wurde mein Leierspiel
und mein Flötenspiel zum Weinen. (Hi 30,31)

5.4.3. Wäge mich auf gerechter Waage

Hiob beschließt seine Reden mit einem ausführlichen Reinigungseid. Wie in einem Beichtspiegel erforscht er sein Gewissen. Sorgfältig zählt er eine denkbare Verfehlung nach der anderen auf und stellt die Frage, ob er sich dieser schuldig gemacht habe. Dabei geht er – nicht anders als die Freunde – vom Vergeltungsdenken aus. Gott straft den Täter für die böse Tat.

[1]*Einen Bund habe ich mit meinen Augen geschlossen,*
dass ich nicht einer Jungfrau hinterher schaue.
[2]*Was wäre der Anteil Gottes (dafür) von oben her,*
und das Erbe Schaddajs aus der Höhe?
[3]*Ist das Unheil denn nicht für den Übeltäter (bestimmt)*
und das Unglück für die Täter der Sünde? (Hi 31,1–3)

Wenn das gilt, dann hat Gott offensichtlich Hiob aus den Augen verloren. Denn an seiner Person scheitert dieser angenommene Zusammenhang zwischen dem Tun und dem Ergehen. Welche Untat Hiobs sollte es denn sein, die solch eine grausame Vergeltung verdient hätte? Daher bittet er Gott inständig darum:

Man möge mich wägen auf den Waagschalen der Gerechtigkeit,
damit Gott meine Unschuld erkenne. (Hi 31,6)

Hinter dem Bild von den *Waagschalen der Gerechtigkeit*
steht die Vorstellung vom ägyptischen Totengericht.
Jeder Verstorbene muss solch ein Tribunal bestehen.
Als Angeklagter wird er von dem Totengott Anubis in
die Gerichtshalle geführt, in der eine Waage steht. Auf
die eine Waagschale wird das Herz des Verstorbenen
gelegt und auf der anderen befindet sich eine Feder,
Symbol der *Ma'at*, Göttin der Wahrheit, Weisheit, Gerechtigkeit und Weltordnung. Während des Verfahrens
trägt der Tote einen umfangreichen Sündenkatalog vor
und erklärt bei jeder einzelnen Sünde, dass er sich ihrer nicht schuldig gemacht habe. Bei einer Lüge würde
die Schale mit dem Herz sinken, der Tote wäre nicht
gerechtfertigt vor Gott. Jetzt müsste er nach dem ersten, leiblichen Tod auch den zweiten, ewigen Tod sterben. Jede Aufnahme in die Gemeinschaft der vergött-
lichten Ahnen bliebe ihm auf Dauer verwehrt.[208]

Es liegt nahe, dass der Hiobdichter mit diesem religiösen Vorstellungskomplex des ägyptischen Totenge-
richts vertraut war.[209] Denn auf die Bitte, Gott möge ihn
mit einer gerechten Waage wägen, folgt nun ein in mancher Aussage an den Spruch 125 des ägyptischen To-
tenbuches erinnernder Sündenkatalog,[210] der auch von
Hiob abgearbeitet wird. Er hat sich nicht von der Frau
eines Nachbarn betören lassen (V 9), die Rechte seiner
Knechte und Mägde nicht gebeugt (V 13), den Armen
keinen Wunsch abgeschlagen (V 16), den Waisen kei-

---

208 Vgl. J. ASSMANN, Tod und Jenseits, 103 ff.
209 Ausführlicher A. KUNZ-LÜBCKE, Hiob prozessiert mit Gott,
      271 ff.
210 Siehe E. HORNUNG, Das Totenbuch der Ägypter, 233 ff.

Abb. 6: Totengerichtsszene mit Waage. Das Herz des Toten auf der rechten Waagschale wird von dem schakalköpfigen Gott Anubis gegen Maat, die Göttin der Weisheit, auf der linken Waagschale aufgewogen. Links davon auf dem Thron sitzt der Totenrichter Osiris. Ihm gegenüber erstattet der Schreibergott Thot mit dem Ibiskopf Rapport. Zu seinen Füßen befindet sich ein Krokodil als Chaosungeheuer, das darauf wartet, den Toten, der im Gericht nicht bestanden hat, zu fressen, und ihm auf diese Weise den zweiten, endgültigen Tod zu bereiten. Rechts davon ist der Verstorbene zu sehen, der den ersten leiblichen Tod erlitten hat.

nen Bissen Brot verweigert (V 17), den Nackten und Armen Kleidung und eine warme Decke nicht versagt (V 19), nicht nach Gold und Reichtum gegiert (V 24 f.) und auch nicht Sonne, Mond und Sterne als Götzen verehrt (V 26–28). Über den Untergang seiner Feinde hat er sich nicht gefreut (V 29), niemanden verflucht (V 30), niemandem die Gastfreundschaft verweigert (V 32).

Und obwohl sich Hiob all dieser Vergehen nicht schuldig gemacht hat, war er alles andere als hochmütig und vermessen. Er wusste ja wie seine Freunde, dass keiner vor Gott gerecht ist (vgl. Hi 9,2). Jedoch entscheidend war nicht die Sünde, sondern der Umgang mit ihr:

[33]*Habe ich denn wie ein Mensch meine bösen Taten zugedeckt, um in meiner Brust meine Sünde zu verbergen,*

[34]weil ich mich fürchte vor der großen Menge,
und die Verachtung der Sippen mich erschrecken lässt,
ich schwieg und nicht hinausging vor die Tür? (Hi 31,33 f.)

Dieser Hiob hat sich seiner Schuld öffentlich gestellt. Er hat sie weder beschönigt noch geleugnet, sondern hat sich zu ihr bekannt und ist offensiv damit umgegangen. Dieser Mut, die Verachtung, das Gerede, die Häme der Menge nicht zu scheuen, dem allen nicht auszuweichen, Reue zu zeigen und zu dem, was man getan hat, zu stehen, darin bestand und besteht seine Rechtschaffenheit. Und gerade deswegen hat er das Geschick, das ihn in so unverhältnismäßig harter Weise getroffen hat, nicht verdient. Daher legt er Gott jetzt seine »Klageschrift« vor, damit der Prozess, den er anstrebt, eröffnet werden kann.

[35]Wer gibt mir (jemanden), der mich hört?
Hier ist mein(e) Zeichen (Unterschrift)!
Schaddaj möge mir antworten,
oder das Schriftstück, das mein Prozessgegner geschrieben hat.
[36]Gewiss werde ich es auf meine Schulter legen,
und mir als Diadem umbinden.
[37]Die Zahl meiner Schritte will ich ihm vortragen,
wie ein Fürst ihm näher treten. (Hi 31,35–37)

Hinter diesen Versen steht das Begehren nach einer formalen Prozesseröffnung. Hiob hat seine Klageschrift (Hi 29–31) in Gestalt eines Reinigungseides vorgelegt und diesen mit seinem *taw*, seinem *Zeichen*, bzw. seiner *Unterschrift* gesiegelt und beglaubigt (V 35a). Jetzt ist Gott an der Reihe, ihm endlich zu antworten, oder die Anklageschrift durch einen von ihm beauftragten Prozessgegner vorzulegen (V 35b). Damit ist das geschehen, was er sich bereits in 19,23–25 wünschte. Sein

Schicksal wurde in einem Schriftstück festgehalten. Wen er mit dem *'isch ribi*, dem *Mann meines Rechtsstreits*, also dem Prozessgegner meinte, das bleibt unbestimmt. Dachte er an einen »himmlischen Staatsanwalt«? Diese Rolle übernahm in Sach 3,1f. z. B. der Satan. Und nach der Rahmenerzählung ist auch er der eigentliche Ankläger Hiobs, der ihm seine Rechtschaffenheit nicht abnimmt. In der Dialogdichtung aber hatte diese Figuration des Bösen in einer eigenen von JHWH unterschiedenen Gestalt noch keinen Ort. Daher steht für Hiob letztlich Gott selbst hinter dem Prozessgeschehen. Er und kein anderer soll einen Rechtsentscheid herbeiführen.

Die Vorlage der Klageschrift Hiobs und die Bitte um Prozesseröffnung werden durch einen Schwursatz abgeschlossen (V 36). Er schwört, dass er, kommt es zum Prozess, die Anklageschrift auf seine Schulter nehmen und sich wie ein Schmuckstück um seine Stirn winden will. Am Ende wird sie – das ist der Sinn der Bildsprache des Dichters – seine Unschuld und nicht seine Schuld beweisen. Hiob ist sich eines positiven Ausgangs des Prozesses ganz sicher. Damit es dazu kommt, ist er bereit, jeden einzelnen seiner Schritte vorzutragen und zu rechtfertigen. Und der Ausgang des Verfahrens wird darin bestehen, dass er wie ein *Fürst* (vgl. Hi 29,10) von der Bühne abtreten kann. Er hat keinerlei Zweifel, dass er durch die Wiederherstellung seiner Ehre und des öffentlichen Ansehens rehabilitiert wird (V 37). Daher schließen die Reinigungsreden Hiobs mit dem Satz:

Zu Ende sind die Worte Hiobs. (Hi 31,40b)

Damit stehen wir an einer Zäsur der Dichtung. Was Hiob zu sagen hatte, das hat er vorgebracht. Er hat geklagt und angeklagt, gestritten und argumentiert, meditiert, gefordert, gebeten, seine Unschuld beteuert und heilige Schwüre geleistet. Hiob standen alle Register der Sprache zur Verfügung, Worte der Psalmenklage und des Hymnus, der Weisheitsspruch, die Lehrrede und die Sprache des Rechts. Was jedoch der leidende Mensch in seiner Not auch immer zu sagen vermag und wie er es sagt, irgendwann versiegen die Worte und schließen sich die Lippen. Was bleibt, ist Schweigen, Warten auf eine Antwort, die ihm weder Fremde, noch er sich selbst zu geben vermögen. Diese Antwort widerfährt Hiob in den Gottesreden (Hi 38–41). Aber es gibt immer Klüglinge, die draufsatteln und meinen, sie hätten auch noch etwas beizutragen zu dem, was bereits lang und breit besprochen wurde. Zu ihnen gehört Elihu, ein junger Freund, der jetzt vollkommen überraschend noch einmal das Wort ergreift.

5.5. Elihu – der verspätete Freund

Die Elihureden unterbrechen den literarischen Zusammenhang zwischen Hi 31 und 38. Ihre eigene aramaisierende Sprache, die Art und Weise, in der sich Elihu auf Worte Hiobs beruft und diese als Zitate einführt (Hi 33,8f.;34,9;35,2f.), die doppelte Redeeinleitung (Hi 32,1–5.6ff.), die sonst im Buch nicht anzutreffende Vorstellung von einem großen Engelheer (Hi 33,23f.) sowie die Vorwegnahme von wesentlichen Aussagen der Gottesreden (Hi 36,27–37,22), alles das weist darauf hin, dass wir es hier mit einem späten Einschub in das Hiobbuch zu tun haben. Möglicherweise handelt es sich dabei um einen der frühesten »Kommentare« zur Dialogdichtung, der später mit Hilfe einer eigenen Einleitung (32,1–5) in das Buch als zusätzlicher Redegang aufgenommen wurde.[211] Der »Kommentar« besteht aus vier poetisch geformten Reden, die mit einer eigenen Einleitung im Prosastil versehen wurden.

32,1–5 Da entbrannte der Zorn	32,6–33,33 Gott ist größer als der Mensch	34,1–37 Ferne sei es, dass Gott frevelt	35,1–16 Blicke zum Himmel auf	36,1–37,24 Wer ist ein Lehrer wie er?

5.5.1. Da entbrannte der Zorn ...

Die ersten fünf Verse der Elihureden machen den Leser mit einem weiteren Disputanten bekannt, der weder in Hi 2,11–13 im Kreis der Freunde Hiobs Erwähnung fand, noch in 42,7–9. Daher hat der Redaktor, der die Reden an dieser Stelle in die Dialogdichtung eingefügt hat, es für notwendig erachtet, diesen hier näher vorzustellen. Ausführlicher als bei allen anderen bisher handelnden Personen werden wir über Elihus Herkunft informiert. Er war ein *Sohn Barachels, des Busiters aus der Sippe Ram* (Hi 32,2). Der Name *Elihu* war keine Seltenheit im alten Israel und hat die Bedeutung: *Mein Gott ist (nur) er*. Nach 1 Sam 1,1 hieß der Urgroßvater Samuels ebenfalls Elihu. Und auch in 1 Chr 12,21;26,7; 27,18 begegnen drei Personen mit diesem Namen. Ob der Verfasser der Elihureden an einen der genannten Namensträger dachte, etwa an Elihu, den Bruder Davids in 1 Chr 27,18, das bleibt eine Spekulation. Der Name des Vaters, *Barachel – Gott hat gesegnet –* könnte als Hinweis darauf verstanden werden, dass die Familie Elihus durch ihren persönlichen Gott in besonderer

---

211 Vgl. dazu F. STIER, DAS BUCH Ijjob, 329; R. HECKL, Hiob, 462 ff.

Weise als gesegnet galt. Wird hier bereits mit dem Vatersnamen ein Gegenpol zur Familie Hiobs aufgebaut, der der Segen entzogen worden war? Der Herkunftsort der Familie lässt sich trotz der weiteren Angaben nicht mit Sicherheit bestimmen. Die Nennung eines Stammes *Bus* in Jer 25,23 könnte auf die arabische Halbinsel hindeuten.

Zunächst einmal begründet der Autor, warum es wichtig war, Elihu zusätzlich zu Wort kommen zu lassen. Die drei Freunde Hiobs *hatten aufgehört, Hiob zu antworten, obwohl er sich für gerecht hielt* (V 1). Sie waren demnach mit ihrer Redekunst am Ende und hatten vor der »Selbstgerechtigkeit« Hiobs kapituliert. Mit dem Redeabbruch der Freunde hielt Elihu seine Stunde für gekommen. Und das erste und letzte Wort, das der Erzähler über diesen vierten Disputanten zu sagen hatte, lautet: *wajjichar 'appo – da entbrannte sein Zorn.* Insgesamt begegnet diese Aussage viermal in diesen ersten Versen (V 2.3[2×].5). Deutlicher konnte den Lesern gar nicht signalisiert werden, was sie von den Reden Elihus zu halten haben. Dieser vierte »Freund« war ein regelrechter Heißsporn, vom Zorn getrieben, und zwar nicht nur vom Zorn gegen Hiob, *weil er (Hiob) sich für gerechter hielt als Gott* (V 2), sondern auch vom Zorn gegen die drei anderen Freunde, *weil sie keine (passende) Antwort* auf Hiobs Reden gefunden hatten (V 3). Ja, hatte der Zorn über die Freunde vielleicht sogar darin seinen Grund, dass diese sich in dem Rededuell nicht nur geschlagen gaben, sondern durch ihr Schweigen die Unschuldserklärung und den Reinigungseid Hiobs (Hi 31) faktisch akzeptierten? Waren sie letztendlich zu der Auffassung gelangt, dass Hiob doch im Recht sei und nicht Gott?[212] Worin auch immer der Zorn Elihus

---

212   In diesem Sinne haben offensichtlich einige Schreiber des ma-

über Elifas, Bildad und Zofar begründet gewesen sein mag, ob in ihrem Verstummen, darin, dass sie nicht weiter lautstark gegen Hiobs Selbstgerechtigkeit protestierten, oder gar darin, dass sie resignierten und ihm Recht gaben, Elihu, der Klügling, wollte es besser wissen. Bisher hatte er sich nur deswegen mit Worten gegen Hiob zurückgehalten, weil die drei anderen Freunde älter waren als er (32,4). Damit bringt der Erzähler ein Motiv ein, das dann in der ersten Rede des Elihu eine zentrale Rolle spielen sollte.

5.5.2. Gott ist größer als der Mensch

Die erste Rede gliedert sich in vier Abschnitte und einen kurzen Abgesang (32,6–22;33,1–7.8–22.23–30.31–33). Zunächst einmal setzt sich Elihu ausführlich mit Hiobs Freunden auseinander.

6Ich bin noch jung an Tagen,
ihr aber seid Greise.
Daher habe ich mich verkrochen und gefürchtet,
euch mein Wissen mitzuteilen.
7Ich sprach: die Betagten mögen reden,
und die Bejahrten sollen Weisheit zur Kenntnis geben.
(Hi 32,6 f.)

Damit bekennt sich Elihu zunächst einmal zu den Regeln der Weisheit und der Höflichkeit, die dem Alter den Vortritt lassen.[213] Die Alten haben die Pflicht, die

---

soretischen Bibeltextes V 3b verstanden. Anstelle des überlieferten Textes – *und sie setzten* **Hiob** *ins Unrecht* – lesen diese: *Und sie (die Freunde) setzten (durch ihr Verstummen)* **Gott** *ins Unrecht.* Die Textänderung gehört zu den sogenannten *tiqqune sopherim,* den *Verbesserungen der Schreiber,* die auf Esra zurückgehen sollen.

213 Vgl. Sir 6,32–36;8,6–9.

junge Generation zu belehren, das über Generationen angesammelte Langzeitwissen als Lebensorientierung weiterzugeben. Doch diese weisheitliche Verhaltensnorm hat ihre Grenzen. Die Elihureden lassen erkennen, dass es auch ein Versagen der Alten gibt.

⁸Aber der Geist ist im Menschen,
und der Odem Schaddajs macht sie verständig.
⁹Nicht viele sind weise
und nicht (nur) die Alten verstehen das Recht. (Hi 32,8 f.)

Hier behauptet die junge Generation selbstbewusst, dass Weisheit keineswegs ausschließlich eine Sache des Alters ist. Vielmehr hat sie etwas mit dem *Geist* und dem *Lebensatem* zu tun, die Gott dem Menschen eingehaucht hat (Gen 2,7). Die Weisheit wird schöpfungstheologisch begründet. Sie ist wie das Leben selbst eine Gabe des Schöpfers, die jedem Menschen mitgegeben worden ist und nicht nur dem Alter vorbehalten bleibt. Der Mensch als solcher *ist* ein *homo sapiens,* er muss es nicht erst *werden.*[214] Daher hat auch die Jugend das Recht, das Wort zu ergreifen (32,17), ja, sogar die Pflicht, wenn die Alten schweigen und nicht weiterwissen (32,12–16). Diese schöpfungstheologische Argumentation, die sich mehrfach auf die *ruach,* den dem Menschen von Gott eingegebenen *Geist* beruft (Hi 32,8.18;33,4;34,14), legitimiert Elihu dazu, sich nun im zweiten Redeabschnitt (33,1–7) auch an Hiob zu wenden.

⁴Der Geist Gottes hat mich erschaffen,
und der Odem Schaddajs macht mich lebendig.
[...]

---

214   Siehe R. Lux, Alter und Weisheit, 638.

⁶Siehe, ich bin wie du vor Gott,
ich wurde vom Lehm abgezwackt, auch ich. (Hi 33,4.6)

Das aus *Odem/Geist* und *Lehm/Fleisch* bestehende Zwei-
komponentenwesen Mensch kennt vor Gott keine
Unterschiede. In ihrem Gottesverhältnis sind alle Menschen gleich. Diese theologische Begründung der Ega-
lität des Menschen relativiert die in den gesellschaftlichen Konventionen üblichen Vorrechte des Alters
ebenso wie ein mögliches Sonderrecht des leidenden
Hiob. Weil alle Menschen Gottes Geschöpfe sind, hat
Elihu dasselbe Recht, sich zur Sache Hiobs zu äußern
wie dieser selbst.

Daher setzt er sich nun im dritten Redeabschnitt
(Hi 33,8-22) ausdrücklich mit den Argumenten Hiobs
auseinander.

⁸Jedoch vor meinen Ohren hast du gesprochen
und den Laut der Worte habe ich gehört:
⁹›Rein bin ich und ohne Frevel,
sauber bin ich und ohne Sünde.
¹⁰Siehe, er (Gott) erfindet Anlässe gegen mich
und hält mich für seinen Feind.‹ (Hi 33,8–10)

Damit ist klar, was Elihu bestreitet. Das Beharren
Hiobs auf seiner Unschuld und die sich daraus erge-
bende Konsequenz, dass Gott unrechtmäßig gegen ihn
vorgehe, sind für ihn inakzeptabel. Zwei Gründe führt
er dafür ins Feld. Der erste Grund ist ein regelrechtes
Totschlagsargument:

Gott ist größer als der Mensch! (Hi 33,12)

Wer wollte gegen diese Feststellung Einspruch erheben? Allein die *maiestas dei*, Gottes Unvergleichlichkeit

und Würde, hätte Hiob davor zurückschrecken lassen müssen, sich ihm gegenüber ins Recht zu setzen. Wie kann sich das Geschöpf über den Schöpfer erheben? Und wie könnte er ihm vorschreiben wollen, was er zu tun und zu lassen habe?

Das zweite Argument geht auf den Vorwurf Hiobs ein, Gott erhöre und antworte ihm nicht (Hi 19,7;30,20; 31,35). Dem hält Elihu entgegen, dass Gott sehr wohl und mehrfach zum Menschen spricht, dieser aber nicht darauf achtet (33,14). Dabei hat er seine eigene Weise, mit dem Menschen ins Gespräch zu kommen, im *Traum und in Nachtgesichten* (V 15) *öffnet er ihm das Ohr* (V 16) und warnt ihn.[215] Aber auch Krankheit und Schmerzen können die Sprache Gottes sein, auf die ein Mensch achten sollte, der am Rande des Grabes steht (V 19–22).

Hier wird in der Tat ein gegenüber den bisherigen Freunden neues Argument ins Feld geführt. Leiden können für den Menschen eine kommunikative und pädagogische Funktion annehmen. Sie können die Art sein, in der Gott mit den Menschen redet, auf sich aufmerksam macht und sie dazu anhält, sich von ihrem bösen Tun und Lassen abzuwenden (V 17). Eine derartige *Pädagogik der Leiden* mag in der Alltagsweisheit ihr begrenztes Recht haben und sich auch in der allgemeinen Volksweisheit bewähren. Aus Schaden wird man klug! Das gilt durchaus auch für die eine oder andere Krankheit, die sich ein Mensch durch eigene Unvernunft zugezogen hat. Aber auch hier gilt wieder: was im Allgemeinen richtig sein mag, muss im Besonderen noch lange nicht zutreffen. Ein Seelsorger jedenfalls sollte mit dem Argument von der Pädagogik der Lei-

---

215   Ähnliches hat bereits Elifas in Hi 4,12–16 behauptet.

den sehr zurückhaltend umgehen, oder es möglichst ganz meiden. Denn er maßt sich damit ein Wissen über das Handeln Gottes im Leben eines Menschen an, in das er keinen Einblick hat und das ihm auch nicht zusteht. Es ist genau dieses falsche Bescheidwissen über Gott, mit dem die Freunde Hiob noch tiefer in die Not hinabgestoßen haben. Wenn dagegen ein Kranker oder von einem anderen schweren Leid heimgesuchter Mensch sich seine Not nach einem langen Ringen zwischen »Widerstand und Ergebung« selbst auf diese Weise deutet und sie zum Anlass nimmt, sein Leben zu ändern, dann ist das mit Respekt zur Kenntnis zu nehmen.

Dass ein Leidender auf Beistand angewiesen bleibt und sich nicht allein aus eigener Kraft aus seiner Not befreien kann, scheint auch Elihu deutlich gewesen zu sein. Daher entführt er Hiob jetzt im vierten Abschnitt seiner ersten Rede (33,23–30) – ähnlich wie der Prolog in den beiden Himmelsszenen – in die unmittelbare Umgebung Gottes.

[23]Wenn es (aber) einen Engel über ihm (den Leidenden) gibt,
einen Fürsprecher, einen von tausend,
um dem Menschen mitzuteilen, was recht ist,
[24]und der sich seiner erbarmt und spricht:
›Halte ihn zurück vom Hinabsteigen in die Grube,
ich habe ein Lösegeld gefunden!‹,
[25]dann wird sein Fleisch wieder kräftig wie in seiner Jünglingszeit,
und zu den Tagen seiner Jugendfrische kehrt er zurück.
(Hi 33,23–25)

Der Verfasser der Elihureden vertrat offensichtlich eine Engellehre, in der die himmlischen Boten Gottes nicht nur die Funktion hatten, göttliche Botschaften an die Menschen zu vermitteln, sondern – ganz im Gegensatz zum Satan – auch als Fürsprecher und »Schutzengel«[216] für einen Menschen vor Gott einzutreten (vgl. Hi 5,1). Voraussetzung für den Einsatz eines solchen himmlischen Fürbittengels war allerdings die Bereitschaft des Leidenden, sich auf die Pädagogik Gottes einzulassen, und nicht auf seiner Unschuld zu beharren. In diesem Falle könne ihn der himmlische Bote durch die Zahlung eines *Lösegeldes* vor dem vorzeitigen Tod bewahren (V 24).

Die Vorstellung vom *Löse-* oder *Sühnegeld* spielte im Rechtsleben Israels eine wichtige Rolle. So konnte der Besitzer eines stößigen Rindes mit der Todesstrafe belegt werden, wenn dieses einen Menschen niederstieß und tötete, er die Gefahr, die von seinem Tier ausging, kannte und keine entsprechenden Vorsichtsmaßnahmen getroffen hatte. In einem Schiedsverfahren zwischen beiden Parteien war allerdings die Möglichkeit gegeben, dass er sich durch einen *kofär*, ein zwischen den Streitparteien einvernehmlich festgesetztes *Lösegeld* von der Todesstrafe freikaufen konnte (Ex 21,28–32). Diese Vorstellung wird hier auf die Gottesbeziehung des Menschen übertragen. Der auf seiner Unschuld bestehende Hiob hatte nach Ansicht Elihus Gottes Warnungen in Gestalt von Krankheit und Schmerzen nicht beachtet und damit im Grunde sein Leben verwirkt (Hi 33,15–22). Nur durch einen Sinneswandel und den Einsatz eines himmlischen Fürsprechers, der das notwendige Lösegeld aufbringen würde, konnte er vom Tod freigekauft werden, gesunden und zu alter Jugendfrische zurückkehren. Die Hoffnung auf einen (Er-) *Löser*, die in Hi 19,25 eher mit Gott verbunden wurde,[217] knüpft sich hier an

---

216 So J. EBACH, Streiten mit Gott II, 102.
217 Siehe S. 178f.

einen Engel, der sich Hiobs und seiner Leiden annehmen würde.

Die Rede schließt mit einem an Hiob gerichteten Appell Elihus, auf ihn zu hören, oder ihm etwas zu entgegnen. Sollte er dazu nicht in der Lage sein, dann möge er schweigen. Elihu würde ihn *Weisheit lehren* (Hi 33,31–33). Daraus wird noch einmal das Selbstbewusstsein, ja, die Selbstüberschätzung dieser jungen Generation der Weisen deutlich, die die Weisheit der Alten für gescheitert hielt.

5.5.3. Ferne sei es, dass Gott frevelt

Elihus zweite Rede ist von der Tendenz zur Generalisierung geprägt. Dabei wird zunächst der Kreis der Adressaten auf die *Weisen* und die *Kenntnisreichen* ausgeweitet (Hi 34,2–4). Jeder, der sich für klug hält, darf und soll sich angesprochen fühlen. Ihnen allen legt er in V 5–15 den Fall Hiobs noch einmal zur Entscheidung vor. Es ist immer wieder der gleiche Vorwurf, den er ihm jetzt allerdings nicht nur im vertrauten Kreis der Freunde, sondern vor dem Forum einer breiten Öffentlichkeit macht:

Ja, Hiob hat gesagt: ›Gerecht bin ich,
aber Gott nahm mein Recht von mir.‹ (Hi 34,5)

Diese nüchterne Feststellung ist in den Ohren Elihus so ungeheuerlich, dass er gar nicht erst den Versuch unternimmt, den Sachverhalt unvoreingenommen *sine ira et studio* zu prüfen. Bereits die Unschuldsbehauptung als solche setzt Hiob grundsätzlich ins Unrecht. Daher geht Elihu sofort zur Anklage über:

[7]*Wer ist ein Mann, der Hiob gleicht,*
der Spott wie Wasser trinkt?

⁸Er wandelt in der Gemeinschaft mit Sündern,
um mit Männern des Frevels zu gehen.
⁹Denn er hat gesagt: ›Es nützt einem Mann nichts,
seinen Gefallen zu haben an Gott.‹ (Hi 34,7–9)

Das Urteil steht also fest. Die Zunft der Weisen muss es nur noch bestätigen. Und diese Bestätigung versteht sich von selbst, denn nach wie vor gilt ja der Grundsatz:

Ferne sei es, dass Gott frevelt,
und Schaddaj Übles tut. (Hi 34,10)

Die gute alte Vergeltungslehre bleibt in Kraft. Gott bestimmt das Geschick der Menschen, das sie je nach ihrem guten oder bösen Tun ereilt (V 11).

In den V 16–33 wendet sich Elihu dann erneut Hiob zu, um ihm in eindrücklichen Bildern vor Augen zu führen, dass allein Gott sowohl in der Weltgeschichte als auch im individuellen Geschick eines Menschen der Garant von Recht und Ordnung ist.

Kann denn, wer das Recht hasst, die Zügel führen,
oder willst du den Gerechten, den Gewaltigen beschuldigen?
(Hi 34,17)

Damit kommt erneut das Argument der göttlichen Majestät zum Zuge. Nur derjenige, der für Recht sorgt, kann auch die Führung übernehmen. Und diese liegt nun einmal bei Gott und niemandem sonst. Kein Mensch kann ihn zur Rechenschaft ziehen, sondern umgekehrt: er zieht die Mächtigen der Weltgeschichte zur Rechenschaft. Könige und Tyrannen klagt er an (V 18), unbestechlich und ohne Ansehen der Person richtet er die Fürsten wie die Armen (V 19). Jedes Unrecht kommt ans Licht des Tages und wird geahndet (V 21f.). Und dann polemisiert Elihu indirekt gegen Hiobs vermessenen Wunsch, Gott möge ihm doch endlich den Prozess machen.

23Ja, er setzt einem Mann keinen Zeitpunkt fest,
damit dieser bei Gott zum Gericht erscheint.
24Er zerschmettert Mächtige ohne Untersuchung
und setzt andere an ihre Stelle. (Hi 34,23f.)

Der, mit dem Hiob rechten will, ist viel zu gewaltig und hat es gar nicht nötig, den Menschen vor sein Gericht zu zitieren. Er weiß ja längst, wie es um ihn steht. Das Schicksal, das die Menschen ereilt, ist sein göttlicher Urteilsspruch. Die Gerichtsvorstellung, die hier begegnet, unterscheidet sich ganz charakteristisch von dem Prozess, den Hiob nach Hi 31 anstrebte. Mit der Übernahme des Bildes von der Waage der Gerechtigkeit aus dem ägyptischen Totengericht war die Hoffnung auf eine eingehende Prüfung seines Falls verbunden, der Wunsch, dass seine Angelegenheit noch einmal vor der höchsten Instanz, nämlich vor Gott selbst aufgerollt werden möge. In den Augen des Elihu hat es Gott in seiner Majestät aber gar nicht nötig, einen solchen Prozess zu führen und ein einmal ergangenes Urteil zu revidieren. Er, Schaddaj, *ist* gerecht! Und daher entspricht das Geschick eines Menschen auch seinem Tun. Das, was dem König wie dem Bettler, dem Einzelnen ebenso wie den Völkern widerfährt, ist das Urteil, welches über sie gesprochen wurde. Diese präsentische Gerichtstheologie stellt eine Absage an alle Erwartungen dar, dass die Gerechtigkeit Gottes immer noch ausstehe und erst in der Zukunft zum Zuge käme. Die Lebensgeschichte und die Weltgeschichte, sie sind das große Weltgericht. Es ereignet sich nicht erst am Ende eines Lebens, oder am Ende der Tage, sondern bereits inmitten der Zeit, der vielfältigen Schicksale von Menschen und Völkern.

Die unendliche Überlegenheit dieses göttlichen Richters kann nur hingenommen und respektiert, nicht aber kritisch hinterfragt werden.

Er aber (Gott), wenn er still bleibt, wer darf ihn beschuldigen?
Und wenn er sein Angesicht verbirgt, wer könnte ihn schauen?
(Hi 34,29)

Der *deus absconditus,* der verborgene Gott, bleibt danach jedem menschlichen Urteil entzogen. In seiner Zuwendung oder Abwendung zum Menschen ist er frei und niemandem Rechenschaft pflichtig. Denn auch seine Verborgenheit ist ein Aspekt seines richtenden Handelns, das gerecht bleibt. Und daher kann Elihu diese zweite Rede nur mit einer massiven Anklage Hiobs abschließen.

Hiob redet ohne Kenntnis,
und seine Worte sind ohne Einsicht. (Hi 34,35)

5.5.4. Blicke zum Himmel auf

Die dritte Rede Elihus ist fast durchweg von Redundanz bestimmt. Es wird deutlich, dass auch diesem jungen Freund die Argumente ausgehen und er sich wiederholt. Erneut geht er von dem Vorwurf aus, dass Hiob sich für gerechter halte als Gott (V 2) und davon überzeugt sei, dass die Vermeidung von Sünde für ihn letztlich keinerlei Nutzen mit sich bringe (V 3). Daher fordert er Hiob auf, Vernunft anzunehmen sowie die Überlegenheit und Unangreifbarkeit Gottes anzuerkennen:

⁵Blicke zum Himmel auf und sieh,
schau auf die Wolken, die hoch über dir sind.
⁶Hast du gesündigt, was macht's ihm aus?
Und wenn deine Untaten zahlreich sind, was kannst du ihm
(schon) antun? (Hi 35,5 f.)

Elihu vertritt wie auch der Weisheitslehrer Kohelet die Auffassung eines unendlichen qualitativen Abstands zwischen Gott und Mensch. Denn *Gott ist im Himmel, und du, Mensch, bist auf der Erde* (Koh 5,1). Daher mag der Mensch auch noch so sehr gegen Gott aufbegehren und auf seinem angeblichen Recht bestehen, den, der im Himmel ist, kann er damit nicht beeindrucken und schon gar nicht zu einem Prozess herbeizitieren. Denn wenn die Frevler um Hilfe rufen, wie Hiob, so erhört er sie nicht (Hi 35,8 f.12 f.). Wer bisher unbelehrbar war und nicht nach Gott gefragt hat, der darf sich nicht wundern, wenn er jetzt in der Not keine Antwort findet.

¹⁰Keiner (von ihnen) hat gesagt: ›Wo ist mein Schöpfer,
der Lobgesänge eingibt in der Nacht,
¹¹der uns mehr belehrt als das Vieh der Erde,
und weiser macht als die Vögel des Himmels. (Hi 35,10 f.)

Das war das Entscheidende, dass die Frevler ihren Schöpfer vergessen haben, den, der seinen Verehrern nicht nur am Tage, sondern selbst in der Nacht noch Loblieder auf die Lippen legt,[218] ja, der selbst ihr Lied ist und sich mit ihrem Lobgesang verbindet.[219] Er ist es, der den *homo sapiens* vor allen anderen Geschöpfen des

---

218 Vgl. Ps 42,9;77,7;119,54 f.;134,1.
219 Siehe dazu Ex 15,2; Jes 12,2; Ps 118,14 und R. Lux, »Musik« eine Gottesmetapher?, 41 ff.

Himmels und der Erde mit Verstand und Weisheit begabt hat. Die Frevler und Toren aber, die das vergessen, dürfen sich nicht wundern, wenn nun auch der Schöpfer seinerseits sie vergisst und sie ohne Antwort lässt (V 12). Daher fällt Elihu über alles, was Hiob vorzubringen hatte, das Urteil des weisen Kohelet. Hiobs Worte sind *häbäl, eitel/nichtig/vergänglich/Windhauch*.[220] Umgangssprachlich würden wir heute sagen: nichts als heiße Luft!

5.5.5. Wer ist ein Lehrer wie er?

Die letzte Elihurede, die sich in eine Einleitung (36,1–4), vier Sinnabschnitte unterschiedlicher Länge (36,5–15.16–23;36,24–37,13.14–22) und einen Abgesang (37,23 f.) gliedert, setzt noch einmal neue Akzente. Der Autor vermittelt seinen Lesern den Eindruck, dass der am Anfang noch recht zurückhaltende junge Freund, der sich in Bescheidenheit und Höflichkeit übte (32,6–10), am Ende seiner langen Ausführungen ein geradezu übersteigertes Selbstbewusstsein an den Tag legt.

²Hab ein wenig Geduld mit mir, ich will dich unterrichten,
denn in Bezug auf Gott gibt es noch mehr Worte.
³Ich empfange mein Wissen von ferne her,
und meinem Schöpfer verschaffe ich Recht.
⁴Denn wahrlich, keine Lüge sind meine Worte,
einer mit vollkommenem Wissen steht dir bei. (Hi 36,2–4)

Da hat einer die Weisheit mit Löffeln gefressen, ein Prahlhans, der gar nicht mehr merkt, wie vermessen

---

220 Kohelet rahmt sein Buch mit der Aussage *alles ist häbäl* (Koh 1,2;12,8), die er als Grundmelodie immer wieder (insgesamt 38×) anklingen lässt.

seine Worte sowohl gegenüber Gott als auch gegenüber dem leidenden Hiob sind. Mit der Andeutung, dass er sein Wissen *von ferne her* habe, erweckt er den Eindruck, dass er von Gott selbst unterrichtet wurde (V 3a vgl. Hi 4,12 ff.). Dieser erste Schritt der Vermessenheit zieht den nächsten nach sich. Er, Elihu, das Geschöpf, gibt sich in seiner maßlosen Selbstüberschätzung dem Wahn hin, seinem Schöpfer Recht verschaffen zu können (V 3b). Hat dieser denn die Hilfe eines Menschen nötig? Daher ist es schließlich auch nicht mehr verwunderlich, wenn der Jüngling glaubt, sein Wissen sei vollkommen, perfekt und allumfassend (V 4).

Doch stellt sich bei den folgenden Ausführungen heraus, dass Elihu nicht anders als seine Vorgänger nur mit den alten Weisheiten von Gottes gerechter Vergeltung aufzuwarten weiß (V 5–15). Er nimmt dem Frevler das Leben (V 6) und setzt die Gerechten auf den Thron (V 7). Wenn diese versagen, dann erteilt er auch ihnen eine entsprechende Lektion. Er legt sie in Ketten und nimmt sie gefangen (V 8). Der, der auf diese Weise in Not und Elend gerät, möge das also als Prüfung und Gelegenheit zur Umkehr betrachten.

¹⁰Er öffnete (damit) ihr Ohr zur Zucht
und sprach, dass sie umkehren sollen von der Sünde.
¹¹Wenn sie (dann) auf ihn hören und (ihm) dienen,
werden sie ihre Tage im Glück vollenden.
[…]
¹⁵Den Elenden rettet er durch sein Elend
und öffnet durch Bedrängnis ihr Ohr. (Hi 36,10 f.15)

Es gibt also durchaus eine Möglichkeit, das Schicksal noch einmal zu wenden. Gott spricht durch Not und Elend zum Menschen. Wenn Hiob doch nur begreifen wollte, dass sein Leiden Gottes Art ist, mit ihm ins Gespräch zu kommen!

Diese These Elihus geht über den Gedanken vom Leiden als Pädagogik Gottes noch einen Schritt hinaus. Hier erfährt das Leiden grundsätzlich eine Sinngebung. In jeder Not steckt eine Botschaft, ein Sinn, den es nur aufmerksam wahrzunehmen gilt. Der Gedanke, dass es auch für den Menschen uneinsehbares, sinnloses und absurdes Leiden gibt, liegt Elihu offensichtlich vollkommen fern. Das gesamte Leben unterliegt für ihn der Rationalität Gottes, alles und jedes hat seinen Zweck und ist Teil der von ihm gesteuerten Weltordnung, auch wenn der Mensch diese nicht vollkommen durchschaut.

Der zweite Teil dieser letzten Rede (V 16–23) ist in seiner Intention nur schwer zu erfassen. Offensichtlich geht Elihu davon aus, dass Hiobs früheres Glück letztlich nur eine Verführung durch Gott gewesen sei.

[16]Dich aber (Hiob) hat er weggelockt vom Maul der Bedrängnis
(in) einen weiten Raum ohne Enge an seiner Stelle.
Und die Ruhe deines Tisches war voller Fett.
[17]Jetzt aber erfüllt dich das Gericht des Frevlers,
Urteil und Rechtsspruch greifen nach dir. (Hi 36,16f.)

Hier werden Einst und Jetzt gegenübergestellt. Die früheren Tage Hiobs kannten keine Not und Enge. Weite und Wohlstand sowie ein überreich gedeckter Tisch waren eine Verlockung, der er erlag. Die gegenwärtigen Leiden sind daher nichts anderes als das Urteil über den, der sich in Reichtum und Genuss selbst gefangen hat. Da keimt der geradezu modern anmutende Gedanke auf, dass Wohlstand nicht nur Segen – so der Prolog –, sondern auch eine Prüfung Gottes sein kann, weil er die Gefahr der Gottvergessenheit mit sich bringt.[221] Und daher soll sich Hiob in seiner gegenwärtigen Lage nicht länger vom Zorn und Spott leiten lassen (V 18), sondern das göttliche Urteil anerkennen, sich vom Bösen fernhalten und aus alledem seine Lehren ziehen.

Siehe, Gott ist erhaben in seiner Macht.
Wer ist ein Lehrer wie er? (Hi 35,22)

Dieses Bild von Gott als dem unvergleichlichen Lehrer und seiner Pädagogik wird schließlich im dritten Hauptteil dieser Schlussrede (Hi 36,24–37,22) noch einmal breit entfaltet. In ihm wird Hiob aufgerufen, das Werk des Schöpfers zu besingen, das so unvergleichlich und jedermann einsehbar, aber doch in seiner Gesamtheit nicht begreifbar ist.

²⁴Denke daran, dass du sein Werk (in hohen Tönen) preist,
welches die Leute besungen haben.
²⁵Alle Menschen haben es geschaut,
der Mensch erblickt es von ferne.
²⁶Siehe, erhaben ist Gott, und wir begreifen es nicht,
die Zahl seiner Jahre ist unerforschlich. (Hi 36,24–26)

Die Empfehlung, die Elihu hier ausspricht, ist – abgesehen vom konkreten Fall Hiobs – theologisch höchst interessant. Die angemessene Haltung des Menschen gegenüber dem Wirken Gottes besteht letztlich nicht in seinem Vermögen, dieses rational zu durchdringen, sondern im Lobpreis. Wenn es um die Wahrnehmung Gottes und seiner Werke geht, dann muss die *Rationalität* hinter der *Spiritualität* zurücktreten. Das bedeutet

---

221   Vgl. Dtn 6,10–13;8,11–14; Spr 30,8 f.

nicht, dass Gottes Wirken vollkommen irrational, jeder menschlichen Einsicht und Logik entzogen sei. Nein, Gottes Handeln ist gerecht (37,23), es folgt der von ihm der Schöpfung eingestifteten Ordnung. Der Mensch aber erhascht wohl immer nur einen Zipfel vom Mantel dieser Weltordnung. Sein Einsichtsvermögen ist viel zu begrenzt, um die unbegrenzten Dimensionen der Schöpfung und der Weisheit ihres Schöpfers jemals zu erfassen. Damit mündet für Elihu alle *Theologie* letztlich in die *Doxologie*. Und dies wird von ihm abschließend nicht nur thetisch gefordert, sondern in einem großen Schöpfungshymnus entfaltet (36,27–37,22). Da wird Gott als der Herr von Wolken, Regen, Schnee, Wind, Sturm, Blitz und Donner gepriesen. Das ganze kosmische Wunderwerk, durch das er die Völker reichlich mit Nahrung versorgt (36,31), hat in diesem Walten des Schöpfers seinen Sinn und Zweck.

Entweder als Zuchtrute, wenn es seine Erde angeht,
oder als Güte lässt er es (Regen, Blitz und Donner) eintreffen.
(Hi 37,13)

Gott bedient sich souverän aller Kräfte der Natur, um die Völker zu richten und zu retten. Strenge und Güte halten sich dabei die Waage, alles hat seinen Ort und seine Ordnung. Daher kann Elihu an Hiob nur appellieren:

Höre dies doch, Hiob,
tritt herzu und nimm wahr die Wunder Gottes! (Hi 37,14)

Dieser Gang der Argumentation Elihus von der Theologie zur Doxologie könnte den Leser versöhnlich stimmen, wäre da nicht Hiob, der nach wie vor in der Asche sitzt und sich seine Geschwüre kratzt. Würde seine Einstimmung in das Gotteslob Elihus Gott nicht verfehlen, weil es ihn in der Undurchschaubarkeit seines Wirkens letztlich doch nicht ernst nimmt, sondern vorgibt zu wissen, dass alles seine Ordnung habe und mit rechten Dingen zugehe? Was wohl ist die adäquate Antwort auf das abgrundtiefe Leid des Gerechten, der Hymnus oder die Klage? Wie aufrichtig kann das Gotteslob im Leiden sein, das die Klage verbietet? So lassen am Ende die Reden Elihus nicht nur Hiob, sondern auch die Leser ratlos zurück. Mit seiner Pädagogik und Sinngebung des Leidens sowie seiner Aufforderung zur Doxologie hat er sich weit vom konkreten Ort und Problem Hiobs entfernt. Daher bleibt es dabei, dass kein anderer Hiob in seiner Situation eine Antwort zu geben vermag als Gott allein.

5.6. Gottes Reden aus dem Wettersturm

Mit den beiden Gottesreden erreicht die Dialogdichtung ihren Höhepunkt und zugleich auch ihren Abschluss. Sie reagieren auf das in den vorausgehenden Hiobreden zunehmende Drängen, Gott möge ihm doch endlich eine Antwort auf seine Fragen geben. In 9,16 schließt Hiob es noch aus, dass Gott wirklich auf ihn hören würde. In 13,15.18 verlangt er danach, sich unmittelbar vor Gott verteidigen zu können, auch wenn dieser ihn töten würde. In 19,25f. wuchs die Zuversicht, dass er nur in Gott seinen (Er-) Löser finden könne, den er am Ende tot oder lebendig schauen würde. Und in 31,35–37 fordert er ihn förmlich zum Rechtsstreit heraus. Diese Herausforderung nimmt Gott an – wenn auch auf ganz andere Weise als Hiob sich das gedacht haben mag. In zwei Gottesreden gibt er dem Drängen Hiobs nach und antwortet ihm. Dabei sind beide Reden formal parallel aufgebaut. Auf eine

Redeeinleitung folgen jeweils die Ausführung der Rede und eine entsprechende Reaktion Hiobs.

Gottesreden	Rede I: 38,1–40,5	Rede II: 40,6–42,6
Einleitung	38,1–3	40,6–8
Ausführung	38,4–40,2	40,9–41,26
Antwort Hiobs	40,3–5	42,1–6

Der Aufbau macht deutlich, dass hier nicht nur Gottesreden vorliegen, sondern nach dem Dialog Hiobs mit den Freunden jetzt ein Dialog mit Gott beginnt. Dabei fällt dem aufmerksamen Leser allerdings eine Verlagerung der Gewichte auf. Während im Dialog mit den Freunden die Antworten Hiobs von ihrem Umfang her deutlich dominieren, liegt hier der umgekehrte Fall vor. Jetzt spricht Gott, und das fast ausschließlich. Die Antworten Hiobs zeigen, dass er dem, was ihm gesagt wird, weder etwas hinzuzufügen, noch in der Sache wirklich etwas zu erwidern hat. Während die Freunde ihn zu immer neuen heftigen Gegenreden reizen, bringen ihn die Gottesreden zum Verstummen. Dabei wird uns die Schlüsselfrage beschäftigen, ob das Verstummen Hiobs seinen Grund lediglich in seiner Unterwerfung unter die Demonstration der Übermacht Gottes hat, oder im Erwachen eines neuen Gott- und Weltvertrauens.

5.6.1. Wo warst du, als ich die Erde gründete?
Die Antwort an Hiob ergeht aus dem Wettersturm (38,1). Die *se'arah,* der *Wettersturm,* ist ein altes Theophaniemotiv, das der Umschreibung der Erscheinung Gottes und seiner Macht über die Gewalten des Kos-

mos dient.[222] Damit wird von Anfang an festgehalten, dass derjenige, der jetzt das Wort nimmt, alles andere als ohnmächtig ist. Er beherrscht die Naturkräfte, denen der Mensch hilflos ausgeliefert bleibt. Aber diese Demonstration der Macht ist nur ein Aspekt des Motivs. Denn Gott *offenbart* sich im Wettersturm, er spricht aus ihm heraus, aber er ist nicht mit diesem identisch. Er geht nicht in der sichtbaren Natur auf. Der offenbare Gott ist und bleibt zugleich auch der verborgene. Der Wettersturm ist wie der brennende und doch nicht verbrennende Dornbusch einst bei der Begegnung mit Mose (Ex 3) ein Medium seiner Erscheinung und seiner Verhüllung zugleich. Das Bild schützt das Geheimnis Gottes als *deus absconditus* und *deus revelatus.* Und doch bekommt dieser *verborgene* und *offenbare* Gott im Augenblick der Begegnung mit Hiob ein eigenes Gesicht und einen eigenen Namen. Denn nachdem die Dialogdichtung ihn bisher immer mit den allgemeinen Gottesbezeichnungen *El, Elohim, Eloah* oder *Schaddaj* benannte, redet jetzt keine gesichts- und geschichtslose Gottheit mehr zu ihm, sondern derjenige, der sich in Ex 3,14 mit seinem Eigennamen *JHWH* zu erkennen gab.[223] Die Antwort also, die Hiob, der Mann aus dem Lande Uz, von Gott erwartete, die bekommt er nicht von irgendeiner Gottheit, einer anonymen Macht, sondern von JHWH, dem Gott Israels. Und dieser Gott zeichnet sich dadurch aus, dass er mit seinem Volk eine gemeinsame Geschichte hat, mit ihm einen Weg geht und dabei richtend und rettend an seiner Seite bleibt. Es war wohl dieses Signal, das der Dialogdichter ganz bewusst für die Leser mit dem JHWH-Namen aufleuchten ließ. In der Stunde der Be-

---

222 Vgl. Jer 23,29;30,23; Ez 1,4; Ps 107,25.29;148,8.
223 Siehe Anm. 53 mit der Ausnahme in Hi 12,9.

gegnung nimmt kein unbekannter Gott das Wort, sondern einer, mit dem die Leser bereits ihre Erfahrungen gemacht haben. Und deswegen richten sich die Fragen, die er im Folgenden stellt, nicht nur an Hiob, sondern implizit auch an die Leser:

²Wer ist es, der (meinen) Ratschluss verfinstert
mit Worten ohne Erkenntnis?
³Gürte doch wie ein Mann deine Hüften!
Ich will dich befragen. Du aber lehre mich Erkenntnis. (Hi 38,1f.)

Die Herausforderung Gottes durch Hiob wird von JHWH mit einer Gegenherausforderung beantwortet. Hiob, der Mann, möge sich rüsten wie zu einem Zweikampf (V 3): Mensch gegen Gott! Steht da nicht der Sieger von allem Anfang an fest? Ist das nicht ein irreales Unternehmen ohne jede Aussicht auf Erfolg? Spielt JHWH damit nicht seine grenzenlose Überlegenheit gegen den an Kraft und Erkenntnis in jeder Weise begrenzten Menschen aus? Man mag diese Aufforderung zum Kampf als Gipfel der göttlichen Ironie oder gar seines Zynismus deuten. Es könnte aber auch ein anderer Ton in ihr mitschwingen. JHWH erweist Hiob, seinem Herausforderer, die Ehre und stellt sich ihm. Er geht nicht schweigend über ihn hinweg, wie sich Hiob das noch in 7,17–19 gewünscht hatte. Er nimmt sich seiner an und würdigt den klagenden und anklagenden Rebellen einer ausführlichen Antwort.

Diese Antwort besteht darin, dass Gott ihm eine lange Reihe von rhetorischen Fragen stellt, die auf den ersten Blick mit Hiob und dem bösen Geschick, das ihn getroffen hat, gar nichts zu tun haben. Die Fragen betreffen Gottes Wirken als Schöpfer und Herrscher über die Naturgewalten (38,4–35) sowie seine Funktion als »Herr der Tiere« (38,36–39,30).

⁴Wo bist du gewesen, als ich die Erde gründete?
Erzähle, wenn du Einsicht hast!
⁵Wer hat ihre Maße festgesetzt? Weißt du das?
Oder wer hat die Messschnur über ihr ausgespannt?
⁶Worauf wurden ihre Säulenbasen eingesenkt?
Oder wer hat ihren Eckstein gelegt
⁷beim gemeinsamen Jauchzen der Morgensterne
und als alle Gottessöhne jubelten? (Hi 38,4–7)

Und nun geht JHWH alle Bereiche des Kosmos durch vom Urmeer, der Erde und des Himmels mit seinem Gewölk (V 8–11), vom Licht des Morgens (V 12) bis zur Finsternis der Todeswelt (V 17), von den Kammern, in denen Schnee, Hagel, Regen, Donner, Blitz und Eis gespeichert sind (V 22.25–30) sowie den Wegen des Windes (V 24), bis hin zu den Gestirnen, dem Siebengestirn und dem Orion (V 31f.).

Kennst du die Gesetze des Himmels,
oder legst du auf der Erde seine Himmelsschrift fest? (Hi 38,33)

Die Fragen lassen nur eine Antwort Hiobs zu: Nein! Nein, ich war bei der Erschaffung des Kosmos nicht dabei, ich kenne die Maße der Erde nicht, die Tiefe des Meeres und die Höhe des Himmels nicht, nicht die Wege von Regen, Schnee und Wind. Ich regiere weder die Gesetze von Licht und Finsternis, noch den Lauf der Sterne. Diese große geheimnisvolle und unausforschliche Welt ist dem Menschen nie in ihrer Gänze durchschaubar. Der Raum und die Zeit Gottes sind immer größer und umfassender als die Räume und Zeiten der Menschen und Völker. Wir nehmen immer nur Teilwirklichkeiten wahr. Und jenseits der Wirklichkeit, die wir kennen, ist nicht nichts. Da ist immer noch der Schöpfer am Werk, sein Arm und Auge, seine Weisheit und Erkenntnis, die menschliches Vermögen übersteigen.

Diese Bewusstmachung der Grenzen menschlichen Erkennens und Wirkens werden Hiob nach dem Gang durch die Weiten des Kosmos und der Naturgewalten noch an einem weiteren Lebensbereich demonstriert. In 38,36–39,30 nimmt JHWH seinen Herausforderer regelrecht mit auf eine Safari durch die Naturschutzparks des Vorderen Orients.

38,³⁹Jagst du nach Beute für die Löwin,
und füllst die Lebensgier (ihrer) Welpen?
[…]
⁴¹Wer bereitet dem Raben sein Futter,
wenn seine Jungen zu Gott um Hilfe rufen,
umherirren ohne Speise?
39,¹Kennst du die Zeit des Gebärens der Steinböcke,
achtest auf das Kreißen der Hirschkühe?
[…]
⁵Wer ließ das Zebra frei,
und die Fesseln des Wildesels, wer hat sie geöffnet?
[…]
⁹Ist denn der Wildstier willig als dein Knecht,
oder übernachtet er an deiner Krippe? (Hi 38,39.41;39,1.5.9)

Die Liste der Fauna Palästinas und seiner Umwelt wird noch eine ganze Weile weiter fortgesetzt. Da begegnen die Straußenhenne (V 13–18), das Kriegsross (V 19–25), Falke (V 26) und Adler (V 27–30). Und immer werden sie kurz in ihrer besonderen Lebensweise charakterisiert. Diese Aufzählung der wilden Tiere gehört zu den schönsten Zeugnissen der Naturweisheit Israels. Sie erinnert an die sogenannte Listenwissenschaft des Alten Orients, Frühformen der Lexika, die die Phänomene unterschiedlicher Lebensbereiche (Fauna, Flora, menschliche Anatomie, Handwerk, Geographie, Astronomie usw.) in langen Listen zusammenstellte und ordnete.[224]

Die Aufzählung hat hier allerdings noch eine andere Funktion als die der Zusammenstellung naturkundlichen Wissens. Sie dient ja der Beschreibung der Beziehung JHWHs zu diesen Tieren. Damit wird das in der altorientalischen Ikonographie bekannte Motiv von Gott oder der Göttin als dem »Herrn / der Herrin der Tiere« aufgegriffen, auf das vor allem *Othmar Keel* in unserem Zusammenhang hingewiesen hat.[225] Er konnte nachweisen, dass alle in dieser ersten Gottesrede aufgezählten Wildtiere auch in der Glyptik des Alten Orients begegnen. Häufig werden da ein Gott, eine Göttin oder ein König dargestellt, die ein oder zwei Exemplare der genannten Tiergattungen am Hals oder an den Beinen gepackt haben und damit demonstrieren, dass sie in der Lage dazu sind, diese zu bändigen. Dieselbe symmetrische Bildkomposition findet sich aber auch, wenn es um die Versorgung der wilden Tiere mit Nahrung geht. Dann kann an die Stelle des Herren oder der Herrin der Tiere auch ihr jeweiliges Gottessymbol treten. Hin und wieder werden sogar beide Aspekte des Motivs, Bändigung und Versorgung, miteinander kombiniert.

Die Safari, die JHWH in Gestalt seiner Fragen mit Hiob unternimmt, führt diesen zu den vom Menschen nicht domestizierten Wildtieren in die Steppe, das Gebirge und an die Ränder des Kulturlandes. Dabei wird Hiob vor Augen geführt, dass in diesen der menschlichen Zivilisation und Ordnung entzogenen Lebensbereichen nicht etwa Unordnung und Chaos herrschen,

---

224 Vgl. R. Lux, Die Weisen Israels, 35 ff.
225 O. Keel, Jahwes Entgegnung an Ijob, 86 ff.

Abb. 7: Auf der kunstvoll gefertigten Stirnseite der frühbronzezeit-
lichen »Goldenen Leier« von Ur ist das Motiv vom Herrn und der
Herrin der Tiere in drei Registern dargestellt. Im obersten Register
hält ein göttlicher Held zwei Raubkatzen an ihren Hinterläufen
(Bändigung). Darunter knabbern zwei Capriden am Heiligen Baum,
dem Symbol für die Vegetationsgöttin und die Herrin der Tiere (Versorgung). Im darunterliegenden Register wird das Motiv der Ernäh-
rung der wilden Tiere durch die beiden Löwen, die eine Antilope rei-
ßen, noch einmal aufgenommen.

sondern dass auch dort der Schöpfer mit seiner Fürsorge ordnend und regelnd am Werk ist. Hier geht es
also mehr um den Aspekt der *Fürsorge* des Schöpfers
für seine Kreaturen als um den der Unterwerfung und

Bändigung.[226] Er sorgt für die Nahrung der jungen Löwen und Raben, für die Vermehrung der Steinböcke und Hirschkühe; er weist den Wildeseln und Wildstieren ihre Lebensräume zu und kümmert sich um die Aufzucht der Jungen der Straußenhenne, der es dazu an Weisheit fehlt. Diese dem menschlichen Einfluss weithin entzogene, fremde, hin und wieder auch feindlich und geheimnisvoll begegnende Welt der Wildnis ist kein gottwidriges und schöpfungswidriges Terrain, sondern Teil der Schöpfung, vom Schöpfer gewollt und auch erhalten. Was dem Menschen wild, chaotisch und lebensfeindlich erscheinen mag wie das schnaubende und dahinstürmende Kriegsross (V 19–25), muss es nicht sein. Die Herrschaft und die Fürsorge des Schöpfers, seine Weltordnung, reichen weiter als die domestizierende und zivilisierende Kraft des Menschen. Das, was der Mensch nicht überschaut und im Blick hat, ist bei ihm in festen Händen.

Kann aber dieser Gang JHWHs mit Hiob durch den Kosmos von den Quellen des Meeres bis zu den Gestirnen und durch die Wildnis eine Antwort auf die Frage sein, die sein Geschick aufwirft? Vermag denn die antike Naturkunde eine Antwort auf die Frage nach der Gerechtigkeit Gottes und dem Leid zu geben, das sich jeder Erklärung entzieht? Nein! Sie ist ebenso wenig dazu in der Lage wie die moderne Naturwissenschaft und Medizin. Diese vermögen vielleicht die Ursachen für das eine oder andere Übel aufzudecken, aber auf die damit verbundenen Sinnfragen – Warum das? Warum das gerade mir? Warum das ausgerechnet dem Gerechten und nicht dem Frevler? – bleiben auch sie die Antwort schuldig.

---

226 Das wurde bereits von M. OEMING (in: DERS. / K. SCHMID, Hiobs Weg, 103 ff.) erkannt.

Allerdings geht es in dieser Gottesrede um sehr viel mehr als nur um einige Lektionen Naturkundeunterricht. Das wird von ihren Kritikern häufig übersehen.[227] Hier geht es nicht um die Natur als solche, sondern um die *Natur als Kreatur*, um Welt als Schöpfung, also um eine ganz bestimmte menschliche Sichtweise auf die Natur und ihre Phänomene. Diese werden nicht von ihrem Schöpfer abgelöst und in ein »gottloses« Dasein entlassen, sondern in einer bleibenden Beziehung zu ihm betrachtet. Die Kreaturen werden nicht isoliert, verobjektiviert und neutral untersucht, sondern als Beziehungswesen beschrieben. Und das gilt selbst noch für diejenigen Geschöpfe, die fern vom Menschen ohne nähere Beziehung zu ihm in der Wildnis ihren eigenen Lebenskreis haben und sich wie der Wildesel über den Lärm der Stadt erheitern (39,7).

Damit stellen die Fragen JHWHs an Hiob gleich in mehrfacher Weise eine Antwort auf dessen Klagen und Anklagen dar.

1. Dass JHWH die Herausforderung Hiobs annimmt und ihm antwortet ist bereits als solches ein Akt der Zuwendung. Der leidende Gerechte wird nicht ignoriert und übergangen (Hi 30,20;31,35), sondern hat in JHWH einen, der auf ihn hört.

2. Hiob wird von sich selbst und der Fixierung auf sein eigenes Leid abgezogen und in die Weite der Schöpfung neu eingewiesen. Damit wird sein Horizont geweitet und das Leid bleibt nicht die dominierende Perspektive seiner Sicht auf die Welt. Allein das kann man geradezu als eine *therapeutische Inszenierung* betrachten.[228]

---

227 Vgl. dazu die Ausführungen zu C. G. JUNG und E. BLOCH, S. 294 ff. und 298 ff.
228 Siehe R. LUX, Das Böse, 46.

3. Die Not, die Hiob durchlitt, weckte in ihm die Überzeugung, dass die fürsorgliche Beziehung des Schöpfers zu seinen Geschöpfen in seinem Falle zerbrochen sei, dass er gleichsam ins Chaos, in eine lebensfeindliche Wildnis verbannt worden sei. Das führte zu dem irrealen Wunsch der Eingangsklage, Gott möge ihn ganz aus dem Buch der Schöpfung streichen und seine Geburt rückgängig machen (Hi 3,3ff.;10,18). Und, wenn das schon nicht möglich sei, möge er ihm doch wenigstens einen gnädigen Tod gewähren (Hi 6,9; 7,16.21). Mit dem Gang durch Kosmos und Wildnis demonstriert ihm der Schöpfer dagegen, dass er von seiner Seite aus die Beziehung zu seinen Geschöpfen selbst in denjenigen Bereichen nicht abbricht, die dem Menschen uneinsehbar, wild und lebensfeindlich scheinen. Er bleibt ihnen auch gegen allen Augenschein fürsorglich zugewandt und hält an ihnen fest. Sein Wirken dient der Erhaltung und nicht der Vernichtung der Schöpfungs- und Lebensordnungen. Damit widerspricht er deutlich der Anklage Hiobs, er, der Schöpfer, sei sein Feind (Hi 6,4;7,20; 13,24).

4. Gleichzeitig erklärt JHWH seine souveräne Herrschaft über die Gewalten der Natur und signalisiert Hiob auf diese Weise, dass der Schöpfer auch die Macht hat, gefährdetes, bedrohtes und aus den Fugen geratenes Leben wieder in die Regelkreise der Schöpfung zurückzuholen und zu integrieren.[229]

Aus alledem lässt sich schlussfolgern, dass bereits diese erste Gottesrede sehr viel mehr enthält als nur eine reine Demonstration der Macht des Schöpfers, durch die er Hiob, sein Geschöpf, in seine Schranken

---

229 Vgl. B. JANOWSKI, »Die Erde ist in die Hand eines Frevlers gegeben«, 11.

verweist und am Boden zerstört. Vielmehr demonstriert er dem Leidenden die Macht des Schöpfers als eine Macht des Lebens und seiner Erhaltung.

Der Mensch der neuzeitlichen Moderne hat es sich im Haus der Wissenschaften abgewöhnt, die Natur als Kreatur und die Welt als Schöpfung zu betrachten. Dadurch hat er es weithin verlernt, die »Sprachspiele« antiker Naturbetrachtung und ihre Sinngehalte zu entschlüsseln. Das mag wohl eine Ursache dafür sein, dass manche Hiobausleger in dieser Gottesrede nichts anderes als eine Demonstration der Macht zu sehen vermochten, die Hiob nicht getröstet, sondern endgültig am Boden zerschmettert habe. Diese Interpretation wird allerdings nicht der Sprachform des Mythischen gerecht, der sich der Hiobdichter hier bedient.[230] Der Mythos generiert ja mit der Beschreibung der Ur- und Schöpfungszeit weniger ein *Weltbild* als vielmehr eine *Weltbeziehung.* Wenn JHWH Hiob in 38,4–35 auf die Tage der Schöpfung zurückblicken lässt, dann weckt er damit in ihm die regenerativen Kräfte des Mythos, das Vertrauen in die ständige Erneuerung der Schöpfung aus ihren Anfängen heraus.[231] Die *creatio prima* ist auf eine *creatio continua* hin angelegt. Mit der *Schöpfung* ist das Werk des Schöpfers nicht beendet. Es setzt sich in der *Erhaltung* fort. Das wird durch den zweiten Teil der ersten Gottesrede in 38,36–39,30 deutlich. Selbst der Erhaltung der wilden Tiere, die fern vom Menschen in unwirtlichen und lebensfeindlichen Regionen ihr Dasein fristen, dient immer noch die Vorsorge und Für-

---

230 Darauf haben besonders H.-P. MÜLLER (Altes und Neues zum Buch Hiob, 113 ff., und DERS., Gottes Antwort an Ijob, 123 ff.) und G. FUCHS (Mythos und Hiobdichtung, 189 ff.) hingewiesen.

231 Mit H.-P. MÜLLER, Altes und Neues zum Buch Hiob, 114 f.

sorge des Schöpfers. Der Mythos konstituiert und repetiert diese ganz eigene Welt- und Gottesbeziehung des Menschen, in die Hiob hier durch eine lange Reihe von Fragen wieder mit hineingenommen wird. Die *unmenschliche,* chaotische Welt bekommt *menschliche* Züge. Das Irritierende, Ambivalente und Wilde in ihr wird gebändigt. Im *Befremdlichen* leuchtet *Heimatliches* auf. Im ursprungszeitlichen *Heil* der Schöpfung werden die verborgenen Kräfte der *Heilung* geweckt. Darin besteht die unaufgebbare Leistung des Mythos, dem Menschen, der von der Verhältnislosigkeit zu seiner Welt bedroht ist, zu einem erneuerten Weltverhältnis zu verhelfen.

So wie Hiob seine Reinigungsreden mit einer Herausforderung Gottes zum Rechtsstreit beschließt, so mündet auch die erste Gottesrede ausdrücklich noch einmal in solch eine Herausforderung Hiobs durch JHWH.

¹Und JHWH erwiderte Hiob (weiterhin) und sprach:
²Will denn mit Schaddaj streiten der, der tadelt?
Wer Gott richten will, soll Antwort geben.
³Da antwortete Hiob JHWH und sprach:
⁴Siehe, ich bin (viel) zu gering. Was soll ich dir erwidern?
Meine Hand lege ich auf meinen Mund.
⁵Einmal habe ich geredet und will nichts mehr erwidern.
Und ein zweites Mal habe ich nichts hinzuzufügen. (Hi 40,1–5)

Die lange Reihe der Fragen, die JHWH Hiob in der ersten Gottesrede stellte, wartet auf Antwort. Jetzt also ist Hiob an der Reihe. Nun möge er Rede und Antwort stehen (V 2). Und er gibt darauf die dem Menschen einzig mögliche und angemessene Antwort, er schweigt (V 4f.). Mit dieser ersten Antwort Hiobs markiert der Dialogdichter eine entscheidende Wende auf Hiobs

Weg durchs Leid. Der fragende, klagende, Gerechtigkeit einfordernde Hiob erfährt sich selbst als einer, der überfragt ist. Er, dem der Schmerz so viele Gewissheiten in den Mund legte – dass es besser für ihn sei, er wäre gar nicht erst geboren worden (Hi 3,3 ff.), dass die Pfeile Schaddajs in ihm steckten (6,4), dass die Erde in der Hand eines Frevlers ist (9,24), dass Gott ihn töten wird (13,15), dass er sein Feind ist (19,11), aber auch sein (Er-) Löser (19,25) –, er sieht sich nun selbst mit einer Reihe von Fragen konfrontiert, die alle diese Gewissheiten in Frage stellen. Durch die Fragen JHWHs lernt Hiob das Ende der quälenden und zugleich falschen Gewissheiten kennen. Der Weg durch die Schöpfung, den der fragende Schöpfer mit ihm geht, führt ihn zu der Einsicht, dass es Dimensionen des Lebens gibt, die nicht in Frage und Antwort, Ursache und Wirkung aufgehen. Bereiche, die den Menschen nicht allein als einen herausfordern, der *erforscht* und *erkennt*, sondern auch als einen der *vertraut* und *glaubt*. Die Fragen, Klagen und Anklagen Hiobs, des leidenden Gerechten, behalten ihr Recht, aber sie finden auch ihre Grenze. Vor dem Geheimnis der Schöpfung – Warum ist überhaupt etwas und nicht nichts? – und dem Thron des Schöpfers werden alle Fragen und Antworten im Schweigen aufgehoben. Und das in des Wortes doppelter Bedeutung. Sie bleiben bestehen und dürfen doch zur Ruhe kommen, weil in der dem Leidenden gewährten Gottesbegegnung, die für die ungekündigte Gottesbeziehung des Schöpfers zu seinem Geschöpf steht, alles Erkennen vom Vertrauen umfangen ist.

5.6.2. Hast du einen Arm wie Gott?

Dass mit dem Schweigen Hiobs für den Dialogdichter noch nicht das Ende aller Fragen gegeben ist, wird durch die zweite Gottesrede (40,6–42,6) demonstriert. Auch wenn die Weite der Schöpfung alles menschliche Erkenntnisvermögen übersteigt und die Vorsorge und Fürsorge des Schöpfers für seine Geschöpfe selbst die äußersten Winkel der Wildnis erreicht, so bleibt doch immer noch der Riss, der durch die Schöpfung geht,[232] der Skandal des Bösen und der Leiden, die Mensch und Kreatur erdulden müssen.

Noch einmal meldet sich JHWH aus dem Wettersturm (40,6) zu Wort und fordert Hiob auf, sich für die Auseinandersetzung zu rüsten (V 7). Dabei leitet er die folgende Rede mit der Frage ein:

Willst du wirklich mein Recht bestreiten,
willst du mich zum Frevler erklären, damit du Recht behältst?
(Hi 40,8)

Diese Frage nimmt die schärfste Anklage wieder auf, die Hiob Gott gegenüber erhoben hatte. In 9,24 warf er ihm vor, dass die Erde in die Hand eines *rascha'*, eines *Frevlers* oder *Verbrechers* gegeben worden sei. Und er stellt daraufhin die provozierende Frage, wer dieser Frevler denn sei, wenn nicht er selbst, nämlich Gott.[233] Dieser an Blasphemie grenzende Vorwurf findet in der zweiten Gottesrede eine Antwort.[234]

---

232 Siehe S. 14 f.
233 Vgl. S. 172 f.
234 Am deutlichsten hat O. KEEL (Jahwes Entgegnung an Ijob, 126 ff.) auf diesen Zusammenhang aufmerksam gemacht, der sich an der wörtlichen Wiederaufnahme der Wurzel *rascha'* festmachen lässt.

Um Hiob und den Lesern die Unmöglichkeit dieses Vorhabens vor Augen zu führen, dass nämlich das Geschöpf seinen Schöpfer ins Unrecht setzen könnte, lässt der Dialogdichter drei Protagonisten des »Bösen« auftreten, die *Frevler* (40,11–14), *Behemot* (40,15–24) und *Leviatan* (40,25–41,26). Alle drei repräsentieren eine feindliche Gegenwelt, die in die Lebenswelt der Schöpfung immer wieder einbricht, in ihr vorhanden ist und sie bedroht. Angesichts dieser Realität des Bösen inmitten der Schöpfung stellt sich die Frage, wer überhaupt dazu in der Lage ist, diesem Grenzen zu setzen und es im Zaum zu halten, damit der Kosmos nicht ein für allemal im Chaos versinkt. Auch Hiob muss sich diese Frage stellen lassen.

⁹Hast du denn einen Arm wie Gott,

und kannst du donnern mit einer Stimme wie er?

¹⁰Schmücke dich doch mit Erhabenheit und Hoheit,

mit Herrlichkeit und Glanz kleide dich.

¹¹Lass sich ergießen die Ausbrüche deines Zorns,

sieh alles Stolze und erniedrige es.

¹²Sieh alles Stolze und unterwerfe es,

und zermalme die Frevler an ihrem Ort.

¹³Verscharre sie miteinander im Staub,

ihre Gesichter schließe ein im Verborgenen.

¹⁴Dann will auch ich dich preisen,

weil deine rechte Hand dir Hilfe schafft. (Hi 40,9–14)

An der Spitze des Bösen, das die Schöpfung entstellt und bedroht, steht der entmenschlichte Mensch. Der, der die Maße des Menschlichen in seinem maßlosen Stolz und Hochmut hinter sich lässt und zum *rascha'*, zum *Frevler* wird (V 11f.). Und zu diesem Maß des Menschlichen gehört es eben auch, dass der Mensch der in ihm vorhandenen gefährlichen Neigung zu Stolz,

Hochmut und Bosheit nicht wirklich Herr wird. Er vermag es nun einmal nicht, den Stolz in sich selbst und die Stolzen zu besiegen, sie in ihrem Hochmut auf ein menschliches Normalmaß zurückzustutzen. Und schon gar nicht kann er die Frevler ein für allemal auslöschen, sie wie die Toten im Staub verscharren (V 13). Vom Bösen reden heißt eben nicht nur von den »dunklen Seiten Gottes«[235] sprechen, sondern auch von den Verdunkelungen der Schöpfung und ihres Schöpfers durch den Menschen, von seiner Fähigkeit zur abgrundtiefen Bosheit. Darin hatten die Freunde Hiobs bestimmt nicht Unrecht (vgl. Hi 5,6 f.).

JHWH macht darüber hinaus mit seinen Fragen Hiob darauf aufmerksam, dass die dunklen Seiten des Menschen so übermächtig sind, dass dieser sie weder in seiner eigenen Person, noch bei seinen Mitmenschen zum Verschwinden bringen könnte. Wenn es so wäre, wenn des Menschen starke, rechte Hand ihn vor sich selber und den Übeltätern retten könnte, dann würde selbst Gott ihm ein Loblied anstimmen (V 14). Das bedeutet nun aber nicht, dass der Mensch vollkommen hilflos seiner Bosheit und der seiner Zeitgenossen ausgeliefert ist und zu ihrem willenlosen Spielball werden muss. Vielmehr wird Hiob mit den Fragen lediglich zu der Einsicht geführt, dass dem *homo sapiens* im Kampf gegen verderblichen Hochmut und Frevel Grenzen gesetzt sind. Das zu erkennen heißt, die Maße des Menschlichen erkennen. Der Mensch bleibt – biologisch und anthropologisch gesprochen – ein »Mängelwesen«[236], theologisch gesprochen ein Sünder. Und weil

---

235 Siehe dazu die beiden Bände »Die dunklen Seiten Gottes« von W. Dietrich und Chr. Link.

236 In diesem Sinne stammt der Begriff von A. Gehlen (Der Mensch, seine Natur und seine Stellung in der Welt ⁴1950), der

das so ist, deswegen bleibt er auf zweierlei angewiesen: Auf den Mut, dem Bösen in sich selbst und unter seinen Zeitgenossen zu widerstehen und auf einen starken Bundesgenossen, der im Kampf gegen das Böse an seiner Seite bleibt, um mit seiner Macht dort zum Zuge zu kommen, wo menschliche Macht an ihre Grenzen gerät.

Das demonstriert der Dialogdichter in den beiden Gedichten von *Behemot* (40,15–24) und *Leviatan* (40,25–41,26). Die feinen Beobachtungen zum Aussehen und den Lebensgewohnheiten von *Nilpferd* und *Krokodil* gehören zu den Kronjuwelen der biblischen Naturpoesie.

[15]Sieh doch Behemot, den ich schuf samt dir,
Gras frisst er wie das Rind.
[16]Sieh doch seine Kraft in seinen Lenden
und seine Stärke in den Muskeln seines Leibes.
[17]Sein Schwanz ist hart wie eine Zeder,
die Sehnen seiner Schenkel sind verflochten.
[18]Seine Knochen sind eherne Röhren,
seine Gebeine wie Schmiedeeisen.
[…]
[24]Wird er in seinen Augen gepackt,
durchbohrt man mit Wurfhölzern (seine) Nase? (Hi 40,15–18.24)

Behemot, das Nilpferd, wird dem Leser als friedlicher Grasfresser vorgestellt, der doch zugleich von unver-

---

damit im Gegenüber zum Tier den Mangel an Instinkten und die Unangepasstheit des Menschen an seine Umwelt zum Ausdruck bringt, die ihn aber andererseits dazu in die Lage versetzt, seiner Umwelt offen und handelnd zu begegnen, um auf diese Weise die natürlichen »Mängel« durch Kultur zu kompensieren, die ihm zur »zweiten Natur« wird.

gleichlicher Stärke ist. Mit seinen kräftigen Muskeln, geflochtenen Sehnen und eisernen Knochen wird er für den Menschen nahezu unbezwingbar.

Dem tritt *Leviatan*, das *Krokodil* in einer noch viel ausführlicheren Schilderung an die Seite.

[25]*Kannst du Leviatan am Angelhaken ziehen*
und an einer Schnur seine Zunge herabzerren?
[26]*Legst du ihm (ein) Binsen(-seil) an die Nase*
und durchbohrst mit einem Haken seinen Kiefer?
[…]
[29]*Spielst du mit ihm wie mit einem Vogel*
und bindest ihn fest für deine Mädchen?
[…]
[31]*Kannst du mit Lanzen seine Haut spicken*
und mit Fischharpunen seinen Kopf?

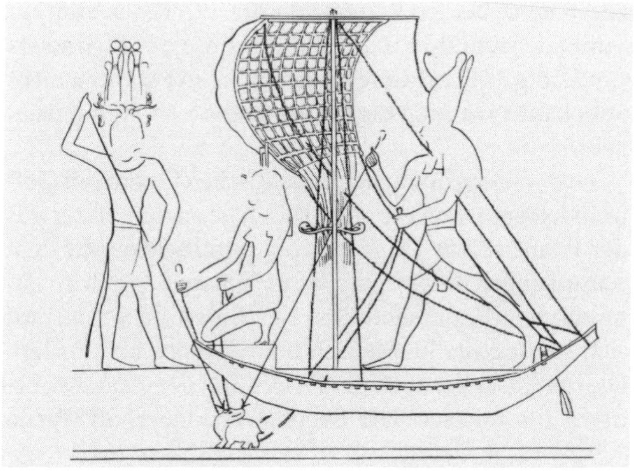

Abb. 8: Nilpferdjagd durch den Gott Horus (auf der Barke stehend rechts) und den König (am Ufer stehend links), der der Gottheit assistiert. Relief in der Tempelanlage von Edfu.

[32]Lege deine Hand an ihn,
bedenke den Kampf, du wirst es nie wieder tun.
(Hi 40,25.26.29.31–32)

In Hi 41 wird schließlich ein derartig Furcht erregendes Bild vom *Leviatan* gezeichnet, dass es selbst den Göttern vor diesem Monster graut (41,17). Daher ist es dem Menschen nahezu unmöglich, sich diese gigantischen Kraftpakete unter den wilden Tieren zu unterwerfen. So verwundert es schließlich nicht, wenn *Behemot* und *Leviatan* mythologisch zu Repräsentanten der bösen, den Menschen gefährdenden Gegenwelt schlechthin erklärt werden. Vor allem *Leviatan* nimmt immer wieder die Gestalt des urzeitlichen Chaos- und Meeresdrachens an (Jes 27,1; Ps 74,13f.;104,26). Wahrscheinlich hat sich der Dialogdichter in der Zusammenstellung von *Behemot* und *Leviatan* von ägyptischen Vorbildern leiten lassen. Dort ist es der Gott Horus, der gegen diese beiden Repräsentanten des Bösen kämpft. Zur Seite steht ihm dabei auf der Erde der Pharao als Gottkönig.[237] Dass diese Motive auch in Palästina nicht unbekannt waren, belegt eine Reihe von Stempelsiegeln.

Zu den ursprünglichen israelitischen Lesern der Gottesreden sprachen diese mythisch besetzten Bilder aus der Fauna seiner Umwelt wohl unmittelbar. Mit dem Kampf gegen diese unmenschlichen und geradezu dämonischen Repräsentanten des Bösen bleibt der auf sich selbst gestellte Mensch hoffnungslos überfordert. Die dunkle Gegenwelt der *Frevler* und der *Chaostiere* bedroht die menschliche Lebenswelt dauerhaft. Wenn

---

237 Siehe dazu die präzisen Beschreibungen der königlichen Jagd von Nilpferd und Krokodil bei O. KEEL, Jahwes Entgegnung an Ijob, 126–156.

Abb. 9: Skarabäus aus Lachisch. Der falkenköpfige Gott Horus hat das Krokodil an der Schnauze gepackt und demonstriert damit seine Macht über das Böse.

diese noch nicht endgültig im Chaos des Bösen versunken ist, dann nur, weil sich der Schöpfer dem Kampf gegen das Böse in seiner Schöpfung verschrieben hat, es zähmt, einhegt und bändigt. Er ist also nicht der Feind Hiobs, sondern der starke Bundesgenosse des Leidenden, der an seiner Seite steht, das Böse begrenzt und abwehrt.

Dem Leser der Moderne stellt sich dabei sofort die Frage, warum denn der Schöpfergott diese Repräsentanten des Bösen nicht ein für allemal aus der Welt schafft und die schöpfungsfeindliche Gegenwelt ausschaltet. Fehlt dem Allmächtigen dazu die Allmacht oder der Wille? Damit steht am Ende der Hiobdichtung ebenso wie am Ende der Auseinandersetzung JHWHs mit dem Satan erneut die Frage nach der Allmacht des Gottes Israels zur Debatte.

Exkurs 4: Wie viel Macht hat der Allmächtige?

Es wurde bereits darauf hingewiesen, dass die Allmacht JHWHs nicht als *potentia absoluta* verstanden werden kann.[238] Der Gott Israels steht vielmehr in einem Geflecht vielfältiger Beziehungen und Konflikte. Es gibt Gegenmächte, die ihm seinen Machtanspruch streitig machen. Daher verwundert es auch nicht, wenn das biblische Hebräisch keinen Begriff für *Allmacht* kennt.[239] Darüber hinaus hat *Hans Jonas* darauf aufmerksam gemacht, dass in dem Begriff selbst bereits eine Paradoxie steckt, »dass Allmacht ein sich selbst widersprechender, selbst-aufhebender, ja sinnloser Begriff ist.«[240] Denn sinnvoller Weise kann ja von Macht nur dort die Rede sein, wo Herrschaft über etwas anderes oder andere ausgeübt wird, die der eigenen Macht widerstehen und sie begrenzen. Absolute Macht würde diese die eigene Macht begrenzenden Gegenmächte ausschließen und sich damit selbst aufheben. Denn wo keine Gegenmacht mehr vorhanden ist, entfällt jede Notwendigkeit zur Machtausübung. Kurz gesagt: Allmacht wäre das Ende der Macht!

Die zweite Gottesrede des Hiobbuches geht zweifellos davon aus, dass es derartige der Macht JHWHs

---

238 Siehe S. 112 f.
239 Siehe zur Frage der Allmacht im Alten Testament ausführlich W. DIETRICH / CHR. LINK, Die dunklen Seiten Gottes II, 23 ff., und R. FELDMEIER / H. SPIECKERMANN, Der Gott der Lebendigen, 151 ff.
240 H. JONAS, Der Gottesbegriff nach Auschwitz, 33 ff.

widerstehende und sie begrenzende Gegenmächte des Bösen in Gestalt der Stolzen und Frevler sowie der Chaosungeheuer gibt, denen JHWH aber – im Gegensatz zum Menschen – weit überlegen ist. »Gott hat sie im Griff«,[241] aber er schaltet sie nicht ein für allemal aus. Darin liegt die eigentliche Provokation dieser Rede. Sie hat wohl etwas damit zu tun, dass im Hintergrund der gesamten Hiobdichtung unterschiedliche Machtkonzepte stehen, die sich nicht zu einer spannungslosen Einheit fügen wollen.

Der Polytheismus, mit dem Israel aus seiner eigenen Geschichte und von seinen Nachbarn her bestens vertraut war, hatte dieses Problem nicht. Hier konkurrierten die Götter eines Pantheons auf vielfältige Weise miteinander und steckten ihre jeweiligen Funktions- und Machtbereiche gegeneinander ab. Polytheismus – das bedeutete immer auch göttliche Macht- und Gewaltenteilung. Diese verlief aber keineswegs nur friedlich. Vielmehr bedurfte es einer ständigen oft konfliktreichen Austarierung der jeweiligen Machtansprüche und Interessen der Götter, um die Stabilität des Kosmos zu gewährleisten. In der altorientalischen Mythologie steht dafür das Motiv des *Chaoskampfes,* das auch die Blaupause für Hi 40–41 abgegeben hat. Danach herrschte vor der Erschaffung des Kosmos nicht nichts, sondern das Chaos, eine von der Finsternis und Urflut gekennzeichnete *Vorwelt,* ein *Tohu-wa-bohu* (Gen 1,2), ein unbewässertes, wüstes Land (Gen 2,4b–6), Tummelplatz von allerlei lebensfeindlichen Mächten, Behemots, Leviatans, des Meeresdrachens, oder der Dämonen der Wüste. Mit dem aus dem Kampf gegen dieses Chaos hervorgegangenen Kosmos waren die Chaos-

---

241   W. Dietrich / Chr. Link, Die dunklen Seiten Gottes II, 90.

mächte allerdings nicht ein für allemal überwunden. Vielmehr blieben sie als eine Art *Gegenwelt* an den Rändern der Schöpfung ständig präsent und drohten immer wieder in diese einzubrechen. Der in den Mythen beschriebene Chaoskampf war also nicht ein für allemal entschieden, sondern bedurfte zur Stabilisierung des Kosmos der regelmäßigen rituellen Wiederholung, um die lebensfeindlichen Mächte zu bannen.[242] Die uns geläufigen Allmachtsvorstellungen haben wie der Begriff selbst in diesem Konzept keinen Platz.

Mit dem Siegeszug des Monotheismus in Israel im späten 6. und 5. Jh. v. Chr. änderte sich das. Wenn es nur noch einen Gott gab und die anderen Götter »Nichtse« waren,[243] dann stellte sich die Frage nach der Macht Gottes und den Mächten neu. Waren jetzt nicht alle im Polytheismus miteinander konkurrierenden und streitenden Mächte in dem einen Gott, dem Schöpfer des Himmels und der Erde, zusammengeschlossen? Und hatte der eine, einzige Gott die Spannungen zwischen den Göttern nunmehr mit sich und in sich selber auszutragen? Durch den Monotheismus entstand ein in sich komplexes »Gottesbild«. Jetzt lassen sich in der Tat die den Kosmos und das Leben gefährdenden Mächte nicht mehr vollkommen von JHWH abspalten und in eigenen, autonom agierenden widergöttlichen Mächten figurieren, wie das in den Mythen des Alten Orients der Fall war. Daher ist es nur konsequent, wenn der Dialogdichter feststellt, dass auch die die Weltordnung bedrohenden Chaoswesen *Behemot* (40,15.19) und *Leviatan* (41,25) Geschöpfe Gottes sind wie der Mensch. Gutes und Böses, Chaos und Kosmos, alles hat seinen

---

242 Vgl. dazu M. Bauks, »Chaos« als Metapher, 431 ff.
243 Siehe Dtn 4,35; Jes 41,4.24;43,10 f.;44,6.

Ursprung in dem *einen* Gott, die chaotische *Vor-* und die *Gegenwelt* sind ohne ihn ebenso wenig denkbar wie die Schöpfung als *Lebenswelt* von Mensch und Tier.

Ohne ihn geschieht kein Unheil in der Stadt (Am 3,6). Er schafft nicht nur das Licht, sondern auch die Finsternis, nicht nur den *Schalom,* das *Heil,* sondern auch das *Unheil* (Jes 45,7). Was auf den ersten Blick als unüberbrückbarer innergöttlicher Widerspruch erscheint, macht im unmittelbaren Kontext dieser prophetischen Zeugnisse durchaus Sinn. Denn diese Aussagen sind nur vor dem Hintergrund der prophetischen Geschichtstheologie sachgerecht zu verstehen. Wenn JHWH eben nicht nur Licht und Heil wirkt, sondern auch die Finsternis und die *ra'ah,* das *Unheil,* dann ist das für die Propheten gerade kein Ausdruck seiner unberechenbaren Willkür. Vielmehr dient das Unheil seinem Gerichtshandeln, mit dem er in die Geschichte eingreift, um sein Volk Israel und die Völker, die durch ihr gottwidriges Verhalten die Weltordnung und seinen Geschichtsplan massiv verletzt haben, wieder auf den rechten Weg zu bringen.[244] Die *ra'ah,* das Unheil oder das Böse, wird hier instrumentalisiert, um Gutes zu wirken.

Was im Rahmen der prophetischen Geschichtstheologie verständlich wird, bleibt jedoch in der Hiobdichtung ein Rätsel. Denn Hiob besteht Gott gegenüber auf seiner Gerechtigkeit, darauf, dass er ohne Schuld in das Räderwerk des Bösen geraten sei. Und das wird ihm in den Gottesreden auch an keiner Stelle ausdrücklich bestritten. Massiv zurückgewiesen werden allerdings die Anschuldigungen Hiobs gegen JHWH. Dies, dass er Gott sein Recht bestreitet und ihn zum

---

244 Siehe W. Dietrich / Chr. Link, Die dunklen Seiten Gottes II, 36 f.

Frevler erklärt (Hi 9,24;40,8). Die Manifestationen des Bösen, die Frevler, die Stolzen und die Chaosungeheuer sind zwar nicht unabhängig vom Wirken JHWHs zu denken, sie sind seine Geschöpfe wie auch Hiob, deswegen ist JHWH aber noch lange nicht für all ihr Tun verantwortlich zu machen. Sie haben eine begrenzte, aber keineswegs vollkommen ausgelöschte Autonomie. Was sie als Geschöpfe sind, das sind sie durch den Schöpfer, und doch agieren sie auch immer wieder gegen ihn, gegen seine Schöpfung und ihre Mitgeschöpfe. Es trifft wohl zu, dass alles, was der *Schöpfer* geschaffen hat, *»sehr gut«* war (Gen 1,31). Daraus folgt allerdings noch lange nicht, dass auch alles, was seine *Geschöpfe* wirken, sehr gut sein muss. Es bleibt dabei, dass durch die an sich gute Schöpfung ein Riss geht, dass das Böse in vielerlei Gestalt immer wieder einbricht, um das Gute zu verderben. Hiob aber soll wissen, dass er in seinem Leid und seiner Klage in Gott einen starken und mächtigen Bundesgenossen hat, der dem Bösen nicht einfach freien Lauf lässt, sondern es bekämpft und begrenzt. Wenn einer die Macht hat, seine Schöpfung vor dem immer wieder übermächtig scheinenden Bösen zu bewahren, dann er. Damit präsentieren die Gottesreden ein in sich spannungsreiches Gottesbild mit in Gott selbst widerstreitenden Mächten. Ein Gottesbild, das allerdings alles andere als realitätsfern ist, weil in ihm sowohl die in der Schöpfung nicht zu leugnende *Realität des Bösen* als auch der *Realismus der Barmherzigkeit*[245] des Schöpfers, der dem Bösen widersteht, einen Platz haben.

---

245 Zum Erbarmen Gottes als einem Grundzug biblischer Theologie siehe G. Schneider-Flume, Der Realismus der Barmherzigkeit, 224–227.

Eine Frage bleibt: Konnte Gott die Schöpfung und seine Geschöpfe nicht perfektionieren? Woher kommt dieser dunkle Drang zum Bösen, der die Schöpfung korrumpiert? Warum bleibt den Geschöpfen Raum, sich gegen den Schöpfer und ihre Mitgeschöpfe zu entscheiden? Warum ist die »sehr gut« geschaffene Welt keine vollkommene Welt? *Gottfried Wilhelm Leibniz* hatte diese Frage dahingehend beantwortet, dass es im Monotheismus neben dem absoluten Gott kein zweites Absolutes geben kann. Daher muss die Schöpfung ein Defizit behalten, unvollkommen bleiben.[246] Die Kabbala, eine mittelalterliche Strömung der jüdischen Mystik, hat nach einer anderen Erklärung gesucht. Sie entwickelte den Gedanken des *Zimzum,* der freiwilligen, souveränen Selbstrücknahme und Selbstbeschränkung des Schöpfers. Am Anfang war dieser alles in allem. Nur durch den *Zimzum,* durch die freiwillige Selbstbeschränkung schuf er Raum für eine eigene autonome Welt außerhalb seiner selbst und ihm gegenüber.[247] Diese Selbstrücknahme des Schöpfers ist nicht nur ein Akt der Freiheit seiner selbst, sondern auch der Freiheit für die von ihm geschaffene Welt, der er mit seiner Selbstbeschränkung Raum gab, ein Akt des freiwilligen Machtverzichts.[248] Zu dieser Freiheit der Geschöpfe gehört es dann auch, dass die autonome Welt sich immer wieder gegen ihren Schöpfer und ihre Mitgeschöpfe entscheiden kann. In der Idee des *Zimzum* verbirgt sich demnach die Entlassung der Schöpfung in und die Ermächtigung zur Freiheit im positiven wie auch im negativen Sinn. Damit aber sind wir im Rah-

---

246   Siehe S. 25 ff.
247   Vgl. G. SCHOLEM, Zur Kabbala und ihrer Symbolik, Zürich ²1977, 148 ff.
248   So auch H. JONAS, Der Gottesbegriff nach Auschwitz, 43 ff.

men unserer Überlegungen zur Allmacht des Schöpfers weit über die Gottesreden des Hiobbuches hinaus gelangt und in das Reich kabbalistischer Spekulationen vorgestoßen, die zu neuen Fragen Anlass geben. Warum hat der Schöpfer seine Schöpfung in die Freiheit entlassen, ihr Autonomie eingeräumt? Wenn man sich überhaupt vermisst, auf diese Frage eine Antwort zu geben, dann könnte sie vielleicht lauten: Weil ihm an seiner Schöpfung und seinen Geschöpfen als einem lebendigen Gegenüber lag und nicht als einer großen Weltmaschine, die lediglich funktioniert, aber weder Frage noch Geheimnis, weder Schmerz noch Freude kennt.

5.6.3. Darum widerrufe ich

Obwohl Hiob in seiner Antwort auf die erste Gottesrede erklärte, dass er von nun an schweigen will (40,3–5), fühlt er sich durch die zweite Gottesrede doch noch einmal zu einem Schlusswort herausgefordert, mit dem die Dialogdichtung schließt. Er bekennt JHWH gegenüber:

²Ich weiß, dass dir alles möglich ist.
Kein Vorhaben ist dir unausführbar.
³›Wer ist es, der den Plan verhüllt ohne Erkenntnis?‹
Darum habe ich erzählt und hatte doch keine Einsicht,
was mir zu wunderbar war, erkannte ich nicht.
⁴›Höre doch und ich will reden,
ich will dich fragen, du aber lass mich erkennen.‹
⁵Vom Hörensagen habe ich von dir gehört,
jetzt aber hat mein Auge dich gesehen.
⁶Darum widerrufe ich und tröste mich
auf Staub und Asche. (Hi 42,2–6)

Damit nimmt Hiob noch einmal ausdrücklich auf die zweite Gottesrede Bezug. Jetzt, nachdem er die Übermacht Gottes selbst über die Chaosungeheuer *Behemot* und *Leviatan* wahrgenommen hat, weiß er, dass diesem alles möglich ist (V 2). Hier wurde eine Machtfülle deutlich, die geradezu an Allmacht grenzt, ohne dass die damit gegebene Sache zu einem Begriff verdichtet worden wäre. Vielmehr geht es um das planvolle Wirken Gottes, das keine auch noch so starke Gegenmacht letztlich verhindern kann. Schwingt in dieser Feststellung bereits ein Moment der Hoffnung mit, dass diesem Gott, dem alles möglich ist, es auch möglich sein wird, Hiobs Schicksal zum Guten zu wenden? Immerhin hat der erste Zweizeiler ja geradezu einen konfessorischen Charakter. Wie kommt Hiob dazu, solch ein Bekenntnis abzulegen? Hat Gott nicht seitenweise von der Natur und ihren Geheimnissen geredet, aber so gut wie nicht vom Menschen, nicht von Hiob und seinen Problemen? Ist er ihm damit nicht die entscheidende Antwort schuldig geblieben?

Auf den ersten Blick trifft das zu. In letzter Zeit wurde allerdings mehrfach darauf hingewiesen, dass Gott gerade damit den Anthropozentrismus Hiobs und seiner Freunde durchbrochen habe, diese unselige Fixierung auf das eigene Geschick, diese Selbstfesselung im eigenen Leid.[249] Ohne Zweifel ist das ein Aspekt der Gottesreden. Darüber hinaus sollte allerdings auch der andere Aspekt nicht vergessen werden, dass Gott mit seinen Naturbetrachtungen zwar nicht *vom* Menschen redet, *von* Hiob und seinem Leid, sehr wohl aber *zum* Menschen, und zwar zu einem ganz bestimmten Menschen, *zu* Hiob, dem leidenden Gerech-

---

249 Vgl. O. Keel / S. Schroer, Schöpfung, 198 ff.; M. Oeming / K. Schmid, Hiobs Weg, 114 ff.

ten. Gott spricht nicht über Hiob und den Menschen hinweg, sondern *zu* einem konkreten *Du*. Er wendet sich ihm zu. Es kam zu der ersehnten und erhofften dialogischen Beziehung. Und in diesem Sprechen Gottes, in dieser Beziehung stellte sich für den Leidenden ein neuer Blick auf die Welt ein.

So kam es, dass das, was Hiob *bekannte*, das machtvolle Wirken Gottes (V 2), in einer *Erkenntnis* gründete, die er durch die Begegnung mit Gott und dessen Reden gewonnen hatte. Und dass es hier in diesem Schlusswort wirklich um einen Erkenntnisgewinn geht, wird schon daran deutlich, dass der Dialogdichter in drei Versen viermal die hebräische Wurzel *jada'*, *erkennen/wissen*, verwendet (V 2.3[2×].4). Er markiert damit einen Erkenntnisumschwung, der sich in Hiob vollzogen hat. Durch zwei Zitate (V 3a.4) nimmt er Bezug auf die Einleitung zu den Gottesreden in 38,2f. und 40,7. Die Erkenntnis, die er dort noch nicht hatte, zu der er herausgefordert wurde, hat sich jetzt eingestellt. Dort hatte ihn JHWH gefragt, wer es denn sei, der seinen Plan verdunkele ohne Erkenntnis. Jetzt muss Hiob bekennen, dass er es war, der ohne Einsicht von wunderbaren Dingen geredet hat, die er nicht kannte. Da begegnet das Substantiv *niphla'ot* (V 3). Dieses Wort bezeichnet immer die großen Wundertaten, die der Gott Israels in der Geschichte seines Volkes und der Völker sowie in der Schöpfung getan hat und tut.[250] Es sind durchweg Heilstaten, für die er gepriesen wird. Wurden Hiob auf dem Gang an der Hand des Schöpfers durch die Schöpfung (38,4–39,30) sowie beim Anblick der gebändigten Chaoswesen *Behemot*

---

250 Ex 3,20;34,10; Ps 9,2;26,7;78,4.11.32;105,2.5;106,7.21f.;111,4; Hi 5,9;9,10;37,5 u. ö.

und *Leviatan* (40,15–41,26) die Augen für diese Wundertaten, die Heilstaten Gottes geöffnet, von denen er bisher nichts wusste (42,3b)? Bei alledem handelte es sich keineswegs um Wunder im Sinne der Durchbrechung von Naturgesetzen, sondern um das fürsorgende und machtvolle Wirken des Schöpfers, das sich in der Natur und ihren Ordnungen spiegelt.

Zweimal hatte Gott Hiob aufgefordert: *Ich will dich befragen, du aber lass mich erkennen* (38,3;40,7)! Bittet Hiob jetzt umgekehrt Gott darum, dass er ihn hören möge, wenn er redet, und ihm auch künftig Erkenntnis schenken möge, wenn er ihn befragt (42,4)? Möchte er mit ihm und keinem anderen dauerhaft im Gespräch, in einer persönlichen Beziehung bleiben, um nicht nur vom *Hörensagen* etwas über seinen Gott zu erfahren (V 5a)?[251] Es gibt ja solch ein Hören, das ohne Verstehen, ohne Erkenntnis bleibt. Spielte Hiob auf das an, was ihn die Freunde über Gott hören ließen? War es ein Hören von Dingen, Meinungen, Lehren, die man akustisch zur Kenntnis nimmt, ohne sie wirklich auf- und anzunehmen?

Dass es jedenfalls um ein defizitäres Hören ging, das wird durch die Gegenüberstellung zum *Sehen* deutlich: *Jetzt aber hat mein Auge dich gesehen* (V 5b). Das Schauen Gottes stellt eine Steigerung gegenüber dem Hören dar. Doch was hat Hiob eigentlich geschaut? An keiner Stelle wurde gesagt, dass Gott selbst ihm erschien. Vielmehr sprach er zu ihm aus dem Wettersturm (38,1;40,6). Was er sah, war ein Naturphänomen, nicht aber die Gestalt Gottes. Offensichtlich war sich der Dialogdichter darüber im Klaren, dass man den Gott Israels nicht sehen kann, ja, dass es lebensgefährlich

---

251 In diesem Sinne einer Umkehrung interpretiert R. HECKL (Hiob, 198) das Zitat.

ist, ihn zu sehen. Selbst Mose, der Erzprophet Israels, der dieses begehrt, bekommt ihn nicht von Angesicht zu Angesicht, sondern nur seine Rückseite zu sehen (Ex 33,20ff.). Immer bleibt der in Theophanien erscheinende JHWH zugleich verborgen. So stellt Mose auch gegenüber Israel fest, dass sie im Rahmen der gewaltigen Sinaitheophanie den Berg in Finsternis, Wolken und Feuer vorfanden, dass sie den Schall von Worten hörten, aber keine *Gestalt* (Gottes) gesehen haben (Dtn 4,11f.). Auch für Hiob blieb es bei dieser Paradoxie. Der *Deus revelatus* erschien ihm als *Deus absconditus*. Seine Verborgenheit wurde nur im Wort aufgehoben. Er sieht Worte, Sprach- und Hörbilder, und in diesen Worten sieht er Gott, aber keine Gestalt.[252] Darf man über diesen Befund noch einen Schritt hinausgehen? Zwar sieht Hiob nicht die *Gestalt Gottes,* wohl aber den vom Schöpfer *gestalteten Kosmos.* Hält Gott Hiob mit seinen Fragen dazu an, ihn in seinen Werken zu sehen und zu erkennen? Stößt er ihm mit den Naturbildern der Schöpfung ein Fenster zu sich selbst, zum Schöpfer auf? Lässt er die Schöpfung für sich selber sprechen, damit Hiob durch sie den Schöpfer schaue?

»Solch ein souveräner theologischer Doktor ist Gott, daß er gerade, um von sich selbst zu reden, von sich selbst schweigen und auch alle seine Geschöpfe nicht von ihm, sondern nur eben von sich selbst reden lassen kann: mit dem Erfolg, daß er gerade so mit unwiderstehlicher Klarheit und Gewalt von sich selbst redet und – jedenfalls von Hiob – gerade so alsbald und pünktlich verstanden wird: verstanden in dem, was er ihm gerade so von sich selbst gesagt hat.«[253]

---

252 Siehe zu dieser Problematik die wichtigen Überlegungen von
     J. EBACH, Die Einheit von Sehen und Hören, 85 ff.
253 Vgl. K. BARTH, Hiob, 86, und G. V. RAD, Weisheit in Israel, 290 f.

Diese eigentümliche Dialektik, dass Gott seine Geschöpfe sprechen lässt, um auf diese Weise von sich selbst zu reden, setzt sich in der vom Dichter gewählten Sprachform fort. Gott gibt Hiob keine Antworten. Er stellt ihm Fragen. Und gerade diese Fragen werden für Hiob offensichtlich zu einer Antwort, die ihm eine neue Sicht der Dinge offenbart.

»Erspürte Ijjob an den ›Wundern‹ den Wundersamen, den Weisen und Mächtigen, ihn selber, im Durchschein der an ihn hingefragten Dinge und Wesen? Mehr als ›überfragt‹ ward er hinübergefragt, hin vor Gott. […] Gott fragte sich ihm an, fragte ihn hinüber, hinein in das Seine.«[254]

Hier wird das Hiobbuch tatsächlich zur Hohen Schule der Theologie. Nicht die Fragen, die Antworten, zumal die vorschnellen und selbstgewissen oder gar selbstgerechten Antworten können – wie man das an den Freunden Hiobs trefflich studieren kann – zum Abgrund werden, der von Gott trennt. Dieses *neue Sehen* Gottes und seiner Werke, das Hiob eröffnet wurde, führt ihn schließlich auch zu einem *neuen Reden* ihm gegenüber. Das Ende der Klagen und Anklagen ist gekommen. Er *widerruft und tröstet sich* (V 6a)[255] an dem, was er durch die Reden aus dem Wettersturm erfuhr. Und dieser Sinneswandel Hiobs vollzieht sich, obwohl er nach wie vor *auf Staub und Asche sitzt* (V 6b). Seine Lebenssituation ist unverändert. Der Leser weiß ihn immer noch an dem Ort, an dem er sich mit einer

---

254 F. STIER, Das Buch Ijjob, 250.
255 Dass hier mit dem Verb *nacham* Ni. nicht ein Akt der Reue Hiobs zum Ausdruck gebracht wird, sondern die Erfahrung der Tröstung, das hat TH. KRÜGER (Did Job Repent?, 224) nachgewiesen.

Scherbe seine Schwären kratzte (2,8). Aber der Vorwurf,
den er Gott gemacht hatte –

Er hat mich zum Dreck geworfen,
so dass ich dem Staub und der Asche gleich geworden bin.
(Hi 30,19)

– geriet ins Wanken. Denn nach alledem, was ihm der
Schöpfer vor Augen führte, war es ja keineswegs mehr
so gewiss, dass dieser selbst ihn ins Unglück gestürzt
hatte, dass er der Verbrecher war, der die Welt in seiner
Hand hielt (9,24), der Feind, der ihn zu töten suchte
(13,15). Vielmehr gab es Stolze und Frevler (40,11–14)
und hochgefährliche Chaoswesen (40,15–41,26), widergöttliche Kräfte und Geschöpfe, die, wenn überhaupt einer, dann nur der Schöpfer zu bändigen verstand und auch bändigte. Im Kampf gegen diese durfte
Hiob Gott an seiner Seite wissen. Menschen konnten
ihm in seinem Leid nicht wirklich helfen.

Daher erfolgte sein Widerruf wohl kaum aus Op-
portunismus oder blinder Unterwerfung unter die
Übermacht eines grausamen Gottes, sondern weil Gott
ihm eine neue Perspektive, eine veränderte Durchsicht
und Einsicht in die Geheimnisse der Schöpfung eröffnet hatte.[256] Er konnte widerrufen und Gott Recht
geben, weil dieser ihm nicht Unrecht gab. Das ist das
Erstaunliche, dass Hiob – trotz der ungeheuerlichen
Anklagen, die er gegen Gott erhob – mit keinem Wort
schuldig gesprochen wird und gerade deswegen nicht
länger auf seiner bisherigen Position beharren muss.
Es traf ja zu, dass es keinerlei Rechtfertigung für sein
Leiden gab. Und weil dies außer Frage stand, musste

---

256 Anders R. FELDMEIER / H. SPIECKERMANN, Der Gott der Lebendigen, 170 ff.

264

Hiob auch nicht länger vor Gott auf seinem Recht bestehen.

Damit wird der Konflikt zwischen Hiob und seinem persönlichen Gott auf eine neue Ebene gehoben. Hiob wollte mit Gott und gegen Gott prozessieren, den Streit auf der juridischen Ebene austragen. In der Fragestunde, die Gott mit ihm veranstaltete, werden ihm die Augen dafür geöffnet, dass es im Leiden der Gerechten gar nicht in erster Linie um Schuld oder Unschuld und auch nicht um Recht oder Unrecht geht, sondern um Macht oder Ohnmacht angesichts der schöpfungsfeindlichen und gottwidrigen Mächte. Das Recht ist wichtig, unaufgebbar! Aber es gibt menschliche Dramen, die kein gerechter Richter zu lösen vermag, weil es in ihnen um mehr als um das Recht geht, nämlich um das nackte Leben. Diese Lektion hat Hiob gelernt. Und daher kann er *widerrufen* und sich zugleich *getröstet* wissen. Denn er durfte in dem großen Frager den Gott des Lebens schauen; den, der den Kosmos fest gegründet hat (38,4–35), der sich in rastloser Fürsorge selbst um die wilden Tiere kümmert (38,36–39,30) und als Chaoskämpfer die lebensfeindlichen Mächte bannt (40,6–41,26).

6. Reden über Gott – reden zu Gott?

In Hi 42,7–9 begegnen wir wieder dem Erzähler, der die dramatische Dialogdichtung mit einem Rahmen versehen hat. Die Freunde, die in 2,11–13 eingeführt wurden, werden jetzt wieder ausgeführt. Der Erzähler berichtet, dass JHWH sich nach diesen Gottesreden auch an Elifas, den ersten von den drei Freunden Hiobs gewandt habe und ihm mitteilte:

Mein Zorn ist gegen dich und deine beiden Freunde entbrannt,
denn ihr habt nicht (auf-) richtig über mich/zu mir (?) geredet wie
mein Knecht Hiob. (Hi 42,7)

Am Verständnis dieses Verses hängt viel. Haben die
Freunde nicht richtig *über* JHWH gesprochen, oder haben sie den fundamentalen Fehler gemacht, dass sie in
der Angelegenheit Hiobs nicht richtig *zu* ihm geredet
haben? Stimmte ihre *Dogmatik* nicht, oder stimmten
Adressat und *Sprechrichtung* nicht?[257] Die Präposition
'äl, die hier im hebräischen Text steht, ist eine Rich-
tungspräposition. Daher kann sie sowohl mit reden *zu*,
aber auch mit reden in Bezug auf etwas, also *über* etwas übersetzt werden. Bei Sprechhandlungen in der
Rahmenerzählung des Hiobbuches findet sie immer
dann Verwendung, wenn JHWH oder ein anderer
Sprecher das Wort an jemanden richtet.[258] War das also
der Fehler der Freunde, der JHWHs Zorn entbrennen
ließ, dass sie Hiob große Reden *über* JHWH hielten,
dass sie über Gott dozierten, aber die Sache Hiobs
nicht *vor* Gott gebracht haben, also nicht *zu* ihm geredet haben? Für diese Deutung spricht der Kontext.
Denn nun gibt JHWH Elifas den dringenden Rat:

Jetzt aber nehmt euch sieben Stiere und sieben Widder und geht zu
meinem Knecht Hiob und bringt für euch ein Brandopfer dar. Hiob
aber, mein Knecht, möge für euch beten, denn ich will sein Ange-
sicht erheben, damit ich euch nichts Schlimmes antue, weil ihr zu
mir nicht (auf-) richtig gesprochen habt wie mein Knecht Hiob.
(Hi 42,8)

---

257 In dem zuletzt genannten Sinne übersetzen M. OEMING /
     K. SCHMID (Hiobs Weg, 135 ff.) den Kausalsatz.
258 Hi 1,7.8.12;2,2.3.6.10.13.

Bereits an der Wiederaufnahme der Opferproblematik aus Hi 1,5 wird deutlich, dass hier der Erzähler der Rahmenerzählung wieder das Wort nimmt. Die Opfer, die Hiob für seine Kinder dargebracht hatte, blieben ohne Wirkung. Ein Grund dafür wurde nicht angeführt. Wird dieser jetzt nachgeliefert? Lag es an der Opferlogik, die kein stellvertretendes Opfer des Vaters für seine Kinder zuließ, die doch die eigentlichen Nutznießer der Brandopfer sein sollten? Deutet der Erzähler jetzt an, dass ein Mensch im Opfergeschehen unvertretbar ist, dass der Nutznießer des Opfers immer nur derjenige sein kann, der es auch darbringt?[259] Wie dem auch sei, wichtig für das Verständnis dieser Überleitungsverse ist die Verbindung der Opferproblematik mit der *Fürbitte* Hiobs. Die Opfer müssen die Freunde schon selbst für sich darbringen, um ihre durch ihr falsches Reden und den Zorn JHWHs belastete Gottesbeziehung nicht endgültig scheitern zu lassen. In dieser Hinsicht kann niemand etwas für sie tun. Aber Opfer allein tun's freilich nicht. Zu ihnen muss vielmehr ganz elementar das hinzukommen, was die Freunde Hiob schuldig blieben, die Fürbitte, das Eintreten für den anderen vor Gott! Der, an dem sie durch ihr falsches Reden schuldig wurden, den sollen sie jetzt bitten, dass er für sie vor Gott als Fürbitter tätig werden möge, damit ihnen keine Dummheit, nichts Schlimmes zustoße.

Ein leichter Opfergang dürfte das für die Bescheid- und Besserwisser nicht gewesen sein, die Hilfe desjenigen zu erbitten, dem sie selbst nicht helfen konnten. Das mag für sie ein größeres Opfer gewesen sein als die sieben Stiere und Widder. Doch leichter konnte

---

259 Vgl. dazu R. Lux, Der leidende Gerechte als Opfer und Opferherr, 53 ff.

und wollte es JHWH ihnen nicht machen, denn es ging in alledem nicht allein um die Heilung der Gottesbeziehung, sondern auch um die Aufhebung der Beziehungslosigkeit, die sich immer tiefer in ihr Verhältnis zu Hiob hineingefressen hatte. Jetzt, von Hiob, sollen die Freunde lernen, was rechte Seelsorge heißt. Angesichts des Leidens der Gerechten und der abgrundtiefen Übel, die sich nicht in Worte fassen lassen, gibt es mehr als die Alternative zwischen Schweigen und Geschwätzigkeit. Wo das wortlose Leiden regiert, wo die Gequälten sich immer tiefer im Netz der Klagen und Anklagen Gottes verfangen, wo Gebete verstummen, da ist immer noch Seelsorge durch *Stellvertretung* möglich. Da kann der Seelsorger stellvertretend als Fürbitter für die Leidenden vor Gott treten und ihn um Rettung bitten. Es gibt solche Lebenssituationen, in denen dieses stellvertretende Eintreten für die Leidenden vor Gott angemessener ist als die Belehrung der Geplagten über Gott. Nicht Hiob, sondern die Freunde waren jetzt darauf angewiesen.

In unseren Überlegungen zum Prolog wurde bereits darauf hingewiesen, dass mit dem Titel *Knecht JHWHs*, der in 42,7f. wieder aufgegriffen wird, das besondere Vertrauensverhältnis Hiobs zu JHWH unterstrichen wird, und dass diesen Titel nicht nur auserwählte Einzelpersonen trugen, sondern auch das erwählte Volk Israel.[260] Wird damit endgültig klargestellt, dass sich an Hiobs besonderer Gottesbeziehung trotz der in der Dialogdichtung erkennbaren Irritationen und Verwerfungen zwischen ihm und Gott nichts verändert hat? Will der Erzähler seinen Lesern deutlich machen, dass Hiob – obwohl seiner Herkunft nach ein Nichtisraelit –

---

260   Siehe S. 87 f.

zum wahrhaftigen Zeugen und Repräsentanten des erwählten Volkes Israel wurde?[261] Dafür spricht einiges. So wie Hiob, so wurde auch Israel in seiner Geschichte durch viele Täler der Leiden und der Tränen geführt. So wie er erging sich Israel in seiner Geschichte immer wieder in Klage und Anklage.[262] Doch wie seinem Knecht Hiob gegenüber so hat JHWH auch seinem Volk Israel die besondere Gottesbeziehung, den Bund, niemals aufgekündigt. Und wenn am Ende die Freunde Hiobs »aus aller Herren Länder« zu ihm gehen sollen, damit er als Fürbitter vor JHWH für sie eintreten möge, dann leuchtet darin die Rolle Israels auf, die ihm die Propheten für die Völkerwelt zugeschrieben hatten.

²²Und es werden viele Nationen kommen
und starke Völker,
um JHWH Zebaot in Jerusalem aufzusuchen,
und das Angesicht JHWHs zu besänftigen.
²³So spricht JHWH Zebaot: In jenen Tagen werden zehn Männer
zupacken aus allen Sprachen der Völker, und sie werden packen
den Mantelsaum eines judäischen Mannes und sagen: Wir wollen
mit euch gehen, denn wir haben gehört, dass Gott mit euch ist.
(Sach 8,22 f.)

Dass Israel nicht um seiner selbst willen erwählt worden ist, sondern eine Aufgabe an der Völkerwelt hat, dass es vor JHWH für die Völker eintritt und zum Heilsmittler wird, das war den Propheten ebenso wenig ein fremder Gedanke wie dem Hiobzähler, der

---

261 Das ist die zentrale These der Hiobinterpretation von R. HECKL.
262 Man vergleiche dazu nur die Klagelieder Jeremias, in deren Hintergrund das Exilsgeschick Israels steht.

Hiob in diese Rolle einwandern lässt.[263] Kommt mit der Fürbitte Hiobs für seine Freunde indirekt das jüdische Leben in der Diaspora zur Sprache? Die Aufgabe Hiobs an seinen Freunden entspricht jedenfalls dem, was der Prophet Jeremia in seinem berühmten Brief an die Verbannten von Babel schrieb.

Sucht den Schalom der Stadt, in die ich euch hinweggeführt habe, und betet für sie zu JHWH, denn in ihrem Schalom wird euer Schalom liegen. (Jer 29,7)

Hiob – Figuration und Sinnbild des leidenden Israel, das seiner Berufung nachkommt, für die Völker der Welt bittend und betend vor JHWH einzutreten. Diese Spur hat der Erzähler für die aufmerksamen Leser ausgelegt. Und er hat sie durch den folgenden Vers noch einmal kräftig unterstrichen:

JHWH aber wendete das Geschick Hiobs durch sein Gebet für seine Freunde.
Und JHWH vermehrte alles, was Hiob gehörte, um das Doppelte.
(Hi 42,10)

Jetzt konzentriert er sich wieder ganz auf Hiob und dessen persönliches Schicksal. Dabei gebraucht er eine vorgeprägte Redewendung: *JHWH schab 'ät-sch^e^bit 'ijjob.* Übersetzt lautet dieser hebräische Satz: *JHWH wendete das Geschick (wörtlich die Wendung) Hiobs.* Die Formulierung *er wendete die Wendung* bzw. *das Geschick* begegnet im Alten Testament häufig, wenn es um die Exilssituation oder eine andere Katastrophe geht, die

---

263 Vgl. dazu auch die Rede von Israel als dem »Licht der Völker« in Jes 42,6;49,6;51,4.

das gesamte Volk Israel getroffen hat.[264] Gott kehrt zu
den Seinen zurück und wendet sich ihnen erneut zu.
Auf diese Weise erfahren diese eine heilsame Veränderung in ihrem Geschick.[265] Er ist der Vater der »Wende«
und keiner sonst! Wieder leuchtet damit im individuellen Geschick Hiobs das kollektive Geschick Israels
auf. Die individuelle Hiobsgestalt wird immer durch-
lässiger für das Leiden und Leben des Volkes. Und
umgekehrt hat sich das Leiden und Leben des Volkes
tief in die individuellen Schicksale derer eingegraben,
die sich ihm zugehörig und verbunden wussten. Die
Fürbitte Hiobs/Israels für die Freunde/Völker wird
zur Quelle des Heils, die nicht nur in Israel sprudelt,
sondern durch Israel hinüberströmt zu den Völkern
der Welt.

7. Mehr als ein Happy End?

Nachdem den Satan im Prolog der eigene Fluch getroffen hatte,[266] weil Hiob ihm noch nicht einmal das
Böse als Tummelplatz überließ, trat der wahre Gott in
seiner Menschenfreundlichkeit wieder ans helle Tageslicht und wendete das Geschick Hiobs. Sein Vertrauen
auf JHWH ist nicht enttäuscht worden, so wie auch er
JHWH letztlich nicht enttäuschte. Denn der Gott Israels ist nicht auf das Böse fixiert. Er kann Böses zum
Guten wenden. Genauso wie die Brüder Josefs ge-
dachten, es mit Josef böse zu machen, so auch der Sa-

---

264 Jer 30,3.18;33,7.11; Ez 39,25; Hos 6,11; Joel 4,1; Am 9,14; Ps 14,7;
     53,7;85,2.
265 Vgl. I. Willi-Plein, ŠWB ŠWBT, 189 ff.; J. Kiefer, Exil und Dia-
     spora, 158 ff.; R. Heckl, Hiob, 302 f.
266 Vgl. S. 131 f.

tan mit Hiob. Gott aber gedachte es gut zu machen (Gen 50,20). Heißt das, dass hinter dem, was böse scheint, nicht in jedem Falle auch ein Wille zum Bösen stehen muss? Das Gute mag zuweilen eine grässliche Maske tragen. Aber kann sich dahinter nicht auch Gutes verbergen? Stand hinter dem bösen Geschick des Hiob die feste Überzeugung Gottes, dass ein Mensch die Kraft hat, dem Satan zu widerstehen,[267] dass er darüber hinaus auch die menschliche Größe aufbringen wird, für seine Quälgeister und hoffnungslos hörunfähigen Seelsorger zu beten? Damit soll nun allerdings nicht die abgrundtiefe, grauenhafte Erfahrung des Bösen kleingeredet werden. Das Böse bleibt böse, auch wenn sich Gutes dahinter verbirgt. Und es kommt sehr darauf an, wer solche Sätze sagen darf, dass selbst hinter Bösem noch Gutes sichtbar werden kann. Als dekretierte Lehre sind sie falsch. Als Wort Hiobs aus der Asche hören sie sich anders an.

Der Hioberzähler wäre nun aber kein orientalischer Erzähler, wenn sich die Wende im Geschick Hiobs nicht auch in einem erneuerten irdischen Glück sehen, greifen und schmecken ließe. Denn mit dem Fürbittamt, das Hiob an den Freunden ausübte, tat er nicht nur diesen einen Dienst, sondern auch sich selbst. Ihm widerfuhr der doppelte Segen.

»Ijjobs Geschick ward ›damit [indem]‹ gewendet, ›daß er fürsprach für seine Freunde‹ [42,10b]. Und das will heißen, daß gerade darum, daß Ijjob gelöst und still geworden, für sich nichts mehr verlangte, diesem innerstgewendeten Ijjob das Zwiefache zugewendet ward.«[268]

---

267 Siehe S. 93.
268 F. STIER, Das Buch Ijjob, 255 f.

Reicht denn nicht die einfache Wiederherstellung seines früheren Wohlstandes? Wieso das Doppelte? Ist darin nur eine narrative Ausschmückung zu sehen, die den bereits am Anfang erwähnten sagenhaften Reichtum Hiobs (1,2f.) am Ende ins Unermessliche steigert? Oder hat das kompositorische Ursachen? Wird Hiob, so wie er durch zwei Anschläge des Satans geprüft wurde, nun durch die Doppelung seines Besitzes für die doppelte Prüfung entschädigt? »Soll dem Übermaß des Leids ein Übermaß des Glücks entsprechen?«[269] Hat er damit letztlich nicht doch ein gutes »Geschäft« gemacht? Bleibt Hiobs Glaube am Ende ein Handel, gefangen im *do ut des*? Und hat daher eben nicht nur der Satan, sondern auch Hiob hoch gepokert? Dürfen Frömmigkeit und Glaube also nicht doch auf einen Lohn hoffen? Erwiesen sie sich letztlich doch nicht »umsonst« (Hi 1,9)? Wir stellen diese Fragen noch zurück bis zur Schlussbetrachtung. Nur soviel sei schon gesagt: Der Hioberzähler verbietet sich die Frage nach dem Lohn der Frömmigkeit nicht. Und wir sollten vorsichtig damit sein, diese Sicht der Dinge theologisch reflexartig in ein Zwielicht zu rücken.

Die Wiederherstellung Hiobs erfolgt in drei Schritten:

- Besuch der Verwandten und Bekannten (V 11),
- Erneuerung der Segensbeziehung Hiob – JHWH (V 12),
- erneute Geburt von sieben Söhnen und drei Töchtern (V 13–15).

Den Abschluss bildet eine kurze Notiz über Hiobs Ende (V 16f.).

---

269 F. STIER, Das Buch Ijjob, 255.

Am Anfang steht die Aufhebung der sozialen Isolation Hiobs durch seine Brüder, Schwestern und Bekannten. Sie kommen, um mit ihm zu essen, zu trinken und ihm ihr Beileid zu bekunden (V 11a). Die Bekundung ihres Mitgefühls hat einen anderen Charakter als die seiner Freunde. Während diese zunächst mit ihm trauerten und schwiegen, bevor sie damit begannen, ihm lange Reden zu halten, holen die Brüder, Schwestern und Bekannten den Geplagten wieder in ihre soziale Gemeinschaft einschließlich der vitalen Lebensvollzüge zurück. Sie essen und trinken mit ihm. Welcher Trost könnte wirksamer sein als ein gemeinsames Mahl? Mit der Tischgemeinschaft beginnt die Heilung all dessen, was unheilbar zerstört schien. Dieser Demonstration des Mitgefühls folgt der Versuch des Trostes über all das Böse hinweg, das – wie bereits von Hiob in 2,10 bekannt worden war – JHWH ihm angetan hatte (V 11a). Noch einmal unterstreicht der Erzähler, dass sich Hiob und seine Besucher im Guten wie im Bösen allein ihrem Gott JHWH überließen. Geschah dies in dem Vertrauen darauf, dass das Böse aus der Hand Gottes dem Guten diente, nämlich der Widerlegung und der Abwehr der infamen Verdächtigungen des Satans?

Der Trost der Verwandten und Bekannten bestand darüber hinaus nicht aus leeren Worten. Er erging auch in klingender Münze. Jeder von ihnen gab ihm eine *q*ᵉ*sitah* und einen goldenen Ring (V 11b). Bei der *q*ᵉ*sitah* handelt es sich um ein bestimmtes Gewicht unbekannter Größe aus Edelmetall (Hacksilber?), das als Zahlungsmittel diente, aber noch keine geprägte Münze darstellte. So kaufte Jakob in Gen 33,19 von den Sichemiten ein Stück Land um hundert *q*ᵉ*sitah*. Auch die goldenen Ringe (*näsäm sahab*), die man als Nasenring (Gen 24,22.30.47; Jes 3,21) oder Ohrring (Gen 35,4;

Ex 32,2f.) trug, und die im gesamten Alten Orient bereits zu den modischen Accessoires der Damenwelt gehörten, dienten zusätzlich als Zahlungsmittel. Die milden Gaben bildeten jedenfalls die Grundlage für einen wirtschaftlichen Neuanfang. Sie waren eine Art »Solidaritätszuschlag«, den die Besucher dem unschuldig in Not geratenen Verwandten zukommen ließen, um ihm aus den gröbsten Schwierigkeiten herauszuhelfen.

Das ganze Trost- und Solidaritätszeremoniell fand im Hause Hiobs statt (V 11a). Der Erzähler setzt damit voraus, dass Hiob von seiner Krankheit wieder genesen war und jetzt nicht mehr auf der *mazbala*, dem Aschehaufen, saß. Erst dieses Ende der Krankheit hatte den Besuch der Verwandten im Haus Hiobs überhaupt möglich gemacht. Alle Vermutungen in den Kommentaren, dass diese reichlich spät gekommen seien, dass sie sich von Hiob ferngehalten hätten, weil eben Krankheit als Strafe Gottes galt und man mit einem Frevler nichts zu tun haben wollte, dass man erst nach dessen sichtbarer Heilung Hiob auch wieder als von Gott angenommene Person anerkannte und mit ihm Gemeinschaft pflegte,[270] sind dem Text direkt jedenfalls nicht zu entnehmen. Mag sein, dass der Erzähler auch diesen Unterton von den »treulosen Verwandten« mitschwingen lassen wollte, doch ist es müßig, darüber zu spekulieren. Ihr Trost wird vom Erzähler weder kritisiert, noch von Hiob abgelehnt. Und daher bilden sie in der Gesamtkomposition eher das positive Gegenbild zu den Freunden Hiobs in 2,11–13;42,7–9, die sich in der Dialogdichtung Schritt für Schritt von ihm entfernt hatten.[271]

---

270 So u. a. V. Maag, Hiob, 34f.
271 Vgl. dazu auch R. Heckl, Hiob, 305.

Mit V 12–16 beginnt sich der Ring zu schließen, den der Erzähler um die Dialogdichtung gelegt hatte. So wie die erste Szene mit einer Beschreibung des sagenhaften Besitzstandes Hiobs und der Nennung seiner Kinder eröffnet wurde (1,2f.), so schließt sie auch damit. Noch einmal erweist sich der Erzähler als ein Meister der Komposition; hatte er den wertvollsten Besitz eines Mannes in 1,2 dem Viehbesitz vorangestellt, nämlich die Kinder, so beschließen diese jetzt in einer breiteren Schilderung (42,13–16) den Bericht von der Schicksalswende. Die Kinder stehen am Anfang und am Ende der glücklichen Lebensjahre Hiobs. Wem sind sie zu danken? Allein dem Segen Gottes!

JHWH aber hatte das Ende Hiobs mehr gesegnet als seinen Anfang. (Hi 42,12a)

Nicht der vorzeitige Tod war demnach das Ende, den Hiobs Frau schon kommen sah (2,9), sondern neues Leben, ein Haus voller Kinder. Kein Mensch sollte Gott das Ende aus der Hand nehmen wollen. Er allein ist es, der sich den Ausgang der Lebensgeschichten vorbehält. Auch tiefes Leid kann ein glückliches Ende nehmen. Weil Hiob darauf vertraute und hoffte (2,10), weil er dem Gott des Lebens mehr zutraute als nur Tod und Verderben, weil er *umsonst*, ohne jeden Grund diesem Gott die Treue hielt und ihn nicht ins Angesicht verfluchte (1,11;2,5), deswegen haben sie beide, Hiob und JHWH, den Satan widerlegt. Wo aber *das* Böse in der Gestalt *des* Bösen nicht mehr zwischen Gott und Mensch sein Unwesen treibt, da lebt die Segensgemeinschaft zwischen beiden wieder auf und nimmt ganz konkret in leiblichem und materiellem Wohlbefinden Gestalt an. Auf diese Weise empfing Hiob am Ende den doppelten Segen.

Noch einmal wird die Zahlensymbolik des Eingangs aufgegriffen.[272] Denn auch die Kinder bekommt er nicht nur einfach in Gestalt von sieben Söhnen und drei Töchtern zurück, wie mancher Kommentator vermerkt.[273] Vielmehr darf Hiob nach V 16 *Kinder und Kindeskinder* sehen, insgesamt vier Generationen. Ist das ein Zufall, dass da am Ende die vier Generationen noch einmal ausdrücklich genannt werden? Wohl kaum! Vier Generationen waren das Äußerste, was unter einem Dach zusammenwohnen konnte: Urgroßvater, Großvater, Vater und Sohn. Das ist die äußerste Zeitspanne, die ein Mensch des Alten Orients noch zu seiner eigenen Lebenszeit überschauen konnte.[274] Noch einmal begegnet die *Vier* als symbolische Erdzahl. Diesmal aber nicht als Unglückszahl in Gestalt von vier Hiobsbotschaften (1,13–19), sondern als Zahl eines vollkommenen Lebens. Während im Eingang nur von zwei Generationen die Rede war, Hiob und seinen Kindern, steht am Ausgang die Erweiterung um die Enkel- und die Urenkelgeneration. Auch darin erlebte Hiob, der auf der Schwelle des Todes stand, eine Verdoppelung seines Familiensegens.

Sind die Töchter darüber hinaus die besondere Schwäche des Vaters gewesen? Sie werden ja im Gegensatz zu den Söhnen und anders als am Anfang auch mit ihren Namen genannt (V 14). Und diese Namen waren Ausdruck und Markenzeichen ihrer Schönheit und ihres Liebreizes. Jedenfalls sind es typisch orien-

---

272 Siehe S. 75f.

273 So u. a. G. FOHRER, Das Buch Hiob, 544.

274 Bei einer durchschnittlichen Lebenserwartung zwischen 30 und 40 Jahren (vgl. F.-L. HOSSFELD, Graue Panther, 2) kam es wohl äußerst selten vor, dass jemand noch Groß- oder gar Urgroßelternfreuden erleben durfte.

talische Namen, die – was häufiger vorkam – aus dem Tier- und Pflanzenreich abgeleitet wurden: *Jemimah* (arab. *jamomah*), das Turteltäubchen, *Qeziah* (arab. *qassiah*), die Zimtpflanze/Zimtblüte und *Keren-Hapuch*, das Schminkhörnchen. Die geradezu legendäre Fülle an Schönheit und Reichtum, die Lebensharmonie und der Segen, die Hiob und sein familiäres Umfeld bereits am Eingang des Buches charakterisierten, werden am Ende über jedes Maß hinaus gesteigert. Wen wundert es da, dass der Leser fast wie im Märchen alle Spiegel des Vorderen Orients befragen kann: »Spieglein, Spieglein an der Wand, wer sind die Schönsten im ganzen Land?«. Der Hioberzähler wusste die Antwort auf diese Frage: *Jemimah, Qeziah* und *Keren-Hapuch*, Hiobs Töchter!

Und um das öffentliche Ansehen dieser Schönheiten des Orients auch noch zu unterstreichen, entschloss sich der Erzähler, seinen Helden einen ungewöhnlichen Schritt tun zu lassen, der eigentlich nach alttestamentlichem Recht gar nicht rechtens war. Hiob räumt seinen Töchtern eine *nach^{a}lah*, einen *Erbbesitz* unter ihren Brüdern ein (V 15). Das bedeutet, dass er sie am familiären Landbesitz beteiligte. Das war eigentlich nur dann möglich, wenn keine männlichen Erben vorhanden waren.[275]

Wenn jemand stirbt, ohne einen Sohn zu hinterlassen, dann sollt ihr seinen Erbbesitz auf seine Tochter übertragen. (Num 27,8)

Hiob aber hatte Söhne, sogar mehr als Töchter. Der Grund für diese Sonderbehandlung der Töchter ist wohl darin zu suchen, dass der Erzähler damit sowohl

---

275 Num 27,1–8;36,5–9; Jos 17,3–6.

den außergewöhnlichen Reichtum Hiobs[276] als auch seine besondere Zuneigung zu seinen Töchtern zum Ausdruck bringen wollte. Und wenn es richtig ist, dass die Gestalt Hiobs und sein Geschick für den Erzähler immer auch durchsichtig waren für das Geschick Israels, dann mag hinter dem Erbteil für die Töchter Hiobs auch der Heilswille JHWHs für Israel erkennbar werden. Sollte mit der Zuteilung einer *nach*ᵃ*lah* an sie auch die Wiedereinweisung *ganz* Israels in sein Erbe nach den langen Jahren der Vertreibung und des Exils zum Ausdruck kommen (vgl. Jes 49,8)?

Nach alledem lebte Hiob noch 140 Jahre (V 16). Ein letztes Mal begegnet das Zahlenspiel. Zweimal 70 Jahre, das ist im Grunde ein doppeltes Leben, das ihm geschenkt wurde (vgl. Ps 90,10). Hiob hat nach der schweren Prüfung, in der sein erstes Leben versank, ein zweites Leben erhalten. Und danach starb er *alt und satt an Tagen* (V 17). Das bedeutet nicht, dass er das Leben satt gehabt hätte, sondern dass er es aus der Hand legen konnte ohne die Empfindung, etwas versäumt zu haben.[277]

Für manch einen Hiobleser ist dieses Ende zu schön, um wahr zu sein. Weht nicht ein Hauch von Kitsch durch diesen Schluss, wie wir ihn aus manch einem tränenreichen Familiendrama kennen, das in den Traumfabriken von Hollywood in Szene gesetzt wurde? Ist dieser Schluss nicht all zu simpel, Ausdruck einer romantisierenden Phantasie? *Hans-Jürgen Hermisson* hat mit Recht vor derartigen Simplifizierungen gewarnt:

---

276 So gibt es auch altorientalische Belege dafür, dass ein wohlhabender Vater alle seine Kinder unabhängig von deren Geschlecht mit einem Erbteil versehen konnte. Vgl. E. Lipinski, *nāḫal*, 348.

277 Gen 25,8; 35,29; 1.Chr 29,28 u. ö.

»Im übrigen kann nur ein Kleinbürger die bürgerliche Wiederherstellung Hiobs als kleinbürgerliche Lösung verschreien. Wer jemals auch nur ein geringes Maß von ›Hiobs‹ Leiden erfahren hat, weiß, was solche Wiederherstellung bedeutet. Man darf sie nur nicht als die einzige Antwort auf das Leiden gelten lassen, weil bei Hiob bereits ein größerer Spielraum gewonnen wird, der über die weltliche Existenz hinaus tragen kann.«[278]

Diesen größeren Spielraum sieht *Hermisson* in der Hoffnung Hiobs auf den (Er-)Löser, den er schauen wird (19,25–27). Diese Hoffnung ist nicht an seine leibliche, innerweltliche Wiederherstellung gebunden. Allein das Schauen Gottes, die unmittelbare Gottesbegegnung, ob tot oder lebendig, ist ihm Antwort genug (42,5f.). Wer die Gesamtkomposition des Hiobbuches einschließlich der Dialogdichtung im Blick behält, darf das nicht vergessen. Für Hiob selbst musste diese Geschichte nicht so enden, wie es der Erzähler seinen Lesern nahelegte. Er bestand nicht auf einer Wiederherstellung seines früheren Glücks. Er bestand nur auf einem, dass Gott ihm im Leben oder Sterben Antwort gibt.

Wenn der Erzähler dieser »*Lösung*« der Dialogdichtung eine weitere, innerweltliche *Erlösung* Hiobs von seinen Leiden hinzufügt, dann unterstreicht er damit den Anspruch JHWHs, des Gottes Israels, nicht erst jenseits der Todesgrenze, sondern bereits mitten im Leben, in Krankheit, Not und Tod wirksam zu werden und seinem leidenden Knecht beizustehen. JHWH, der Gott Hiobs und Israels, ist ein Gott der ganzen Wirklichkeit, der sich aus den menschlichen Leiden und

---

278 H.-J. HERMISSON, Gott und das Leid, 13.

Leidenschaften nicht heraushält. Dazu gehört auch, dass er gefährdetes, ruiniertes Leben erneuern kann. Wer solche Rettungserfahrungen als realitätsblinden Kitsch abtut, unterschätzt den Schöpfer in seinen Möglichkeiten und überschätzt sich selbst in seinem vermeintlichen Realitätssinn. Zu der Wirklichkeit, die Menschen erleiden und erleben, gehören ja immer wieder beide Aspekte des Lebens: Verlorenheit und Rettung, Fluch und Segen, Böses und Gutes! Hat uns das nicht Hiob selbst ins Stammbuch eingeschrieben (2,10)? Daher ist der Schluss des Hiobbuches mehr als ein *Happy End.* Er ist vielmehr ein eindrucksvolles Zeugnis für die Berechtigung der Position Hiobs, an JHWH unabhängig von seinem Ergehen festzuhalten. Dies, dass er sich in Geduld übte *und* Protest anmeldete, dass er *mit Gott gegen Gott* gekämpft hat, dass er vor dem *zornigen Gott* zu dem *barmherzigen Gott* geflohen ist, dass er Gott die Freiheit ließ, Gott zu sein und nicht im Regelkanon menschlicher Gottesvorstellungen aufzugehen, das hat seinen Realitätssinn für die ganze Wirklichkeit geschärft. Und dass diese Wirklichkeit nicht allein aus der Wirklichkeit des Todes besteht, sondern aus einer unermesslichen Tiefe und Weite des Lebens vom Schöpfer stets erneuert wird, das war der Trost, der Hiob widerfuhr, dem, der Gott alles zutraute, das Gute wie das Böse.

Die Restitution Hiobs durch JHWH macht deutlich, dass der *Logos* im *Mythos* wurzelt, Gottes *Wort* in Gottes *Tat,* die *Geschichte* (Hiobs, Israels und der Völker) in der *Schöpfung,* aus der und in der sie sich stets erneuert. Und das nicht erst am Ende der Tage unter einem »neuen Himmel und einer neuen Erde« (Jes 65,17), sondern schon jetzt mitten in der Zeit unter dem alten Himmel und auf der alten Erde. Denn unsere *Zeit* wurzelt in der *Ewigkeit* des Schöpfers, der ein Gott des Lebens ist. Damit sind nicht alle Fragen beantwortet, und schon gar nicht die Fragen Hiobs an Gott.

»Die extrem gestellte Frage nach Grund und Zweck des Leidens bleibt unbeantwortet. Ihre Beantwortung beendet die Weltgeschichte.«[279]

Der Hiobleser tut gut daran, wenn er es sich verbietet, dieses Ende vorwegzunehmen.

---

279   H.-J. HERMISSON, Notizen zu Hiob, 138.

»Das düstere Mysterienspiel des Buches Hiob ist ein einziges Kreisen um den, dessen Name unserer Welt versunken ist. Verborgen ist er auch dort, Gegenstand der reinen Frage. Ihren Sinn aber hat Hiobs Frage einzig und allein als Frage an Gott. Was bedeutet das aber im Zusammenhang der Erzählung? Es bedeutet, daß Hiob an eine letzte äußerste Grenze seines Daseins gestoßen ist und daß er damit auf eine Frage gestoßen ist, auf die ihm kein Mensch und kein menschliches Erkennen mehr Antwort geben kann.«

Margarete Susmann

C WIRKUNG

1. Stimmen der Neuzeit

Die Wirkungsgeschichte des Hiobbuches sprengt alle Grenzen des Darstellbaren. An diesem Buch hat sich, nachdem es wie ein Fels in der Brandung des Meeres der Zeit aufgetaucht war, jede Generation von neuem abgearbeitet. Dichter, Maler, Musiker, Philosophen, Theologen und Psychologen haben sich durch Hiob und seine Leidensgeschichte herausgefordert gefühlt, die sie nicht zur Ruhe kommen ließ. Vor allem dann, wenn große Menschheitskatastrophen mit verheerender Gewalt über Länder und Menschen hereinbrachen und unschuldiges Leben forderten, erhob Hiob seine Stimme und gab denen, die auf den Mund geschlagen waren, verstummt und verraten, Wort und Sprache.

Hier besteht weder die Möglichkeit, noch die Notwendigkeit, die Rezeptionsgeschichte des Hiobbuches umfassend nachzuzeichnen. *Georg Langenhorst*[280] und *Gabrielle Oberhänsli-Widmer*[281] haben dies für die literarische Rezeption in umfangreichen und überaus lesenswerten Werken getan, wobei auch sie nur eine exemplarische Auswahl treffen konnten.[282] Die umfassende Erarbeitung einer Rezeptionsgeschichte des Hiobbuches von der Antike bis in die Gegenwart in Literatur, Malerei, Musik, Philosophie und Theologie ist eine Aufgabe, die nicht mehr von einem Einzelnen zu leisten ist, sondern nur noch als interdisziplinäres Forschungsprojekt angegangen werden kann. Im Folgenden beschränke ich mich auf vier philosophische Stimmen aus dem 19. und 20. Jh. Dabei spielen vor allem die beiden Weltkriege des vergangenen Jahrhunderts eine Rolle, die viele Denker immer wieder auf Hiob zurückkommen ließen. Am Ende soll – in Gestalt einer Predigt – ein tröstlicher Ausblick stehen, der eigentlich ein Rückblick in einen bisher wenig wahrgenommenen Strang der antiken und mittelalterlichen Rezeptionsgeschichte darstellt.

2. Sören Kierkegaard – Welt als Wiederholung

1843 erschien in Kopenhagen die essayistische Novelle »Die Wiederholung. Ein Versuch in der experimentellen Psychologie«.[283] Ihr Verfasser war ein gewisser

---

280 G. Langenhorst, Hiob unser Zeitgenosse, ²1995.

281 G. Oberhänsli-Widmer, Hiob in jüdischer Antike und Moderne, 1998.

282 G. Langenhorst beschränkt sich auf das 20. Jh., während G. Oberhänsli-Widmer ihre Schwerpunkte auf die rabbinische Literatur der Antike sowie die jüdische Literatur des 20. Jh. gelegt hat.

Constantin Constantius, ein Pseudonym für den dreißigjährigen *Sören Kierkegaard* (1813–1855). Es handelt sich bei dem Text um ein eigenartiges, reizvolles Kapitel narrativ-psychologisierender Philosophie. Mit ihm versuchte *Kierkegaard* eine heftige Verwerfung seines Lebens zu bearbeiten. Die Auflösung seiner Verlobung mit Regine Olsen hatte in ihm weitgehende Selbstzweifel, Schuldgefühle und Irritationen ausgelöst. Formal geht er in dieser Schrift so vor, dass er mit großem Geschick sein eigenes zerrissenes »Ich« in zwei literarisch fiktive Figuren aufspaltet. Da ist einerseits der in ein unglückliches Liebesverhältnis verstrickte junge Mann, und andererseits ein präzise denkender, nahezu emotionsloser Beobachter, ein analysierender Freund, ein reiner Verstandesmensch. *Kierkegaard* tritt in dem objektiven Beobachter aus sich selbst und seinem Geschick heraus, um sich von außen über die Schulter zu schauen. Die Grundfrage, der er bei dieser Selbstanalyse nachgeht, lautet: Kann es eine Wiederholung geben, ja ganz existentiell eine Wiederholung der Liebesbeziehung zu Regine Olsen? Eine Zeit lang war *Kierkegaard* von dieser Hoffnung ganz erfüllt. Immerhin hatte ihm - wie sein Tagebuch vermerkt - das Mädchen am Ostertage 1843 beim Nachmittagsgottesdienst in der Frauenkirche »hingebungsvoll zugenickt«.[284]

Philosophisch hat *Kierkegaard* dieses Thema zu der Frage ausgeweitet, ob es überhaupt so etwas wie eine »Wiederholung« in der Geschichte geben könne. In der griechischen Philosophie wurde die »Wiederholung« als »Erinnerung« gedacht. *Kierkegaard* differenziert

---

283 S. KIERKEGAARD, Die Wiederholung, 1–97. Vgl. dazu auch H.-P. MÜLLER, Welt als ›Wiederholung‹, 355–372, und G. LANGENHORST, Hiob unser Zeitgenosse, 57–60.

284 Vgl. H.-P. MÜLLER, Welt als ›Wiederholung‹, 356.

aber zwischen *Erinnerung* und *Wiederholung*. Beide Begriffe haben unterschiedliche Bewegungsrichtungen oder Zeitpfeile in sich. Erinnert wird das, was gewesen ist, Vergangenes. Es wird »rücklings wiederholt«.[285] Die Wiederholung im eigentlichen Sinne ist aber eine Erinnerung nach vorne. Sie will sich nicht mit Gewesenem zufrieden geben, sondern es für die Zukunft wieder einholen, neu Wirklichkeit werden lassen. Erinnerung allein macht unglücklich; sie hängt Gewesenem hinterher. Wiederholung macht glücklich, weil sie nicht allein aus der Vergangenheit heraus, sondern auf eine Zukunft hin lebt. Kann es – so fragt *Kierkegaard* betroffen – eine solche Wiederholung geben, ein neues altes Glück? Ist das Neue, Zukünftige nicht doch immer anders als das Gewesene?

Mit diesen Gedanken kommt Constantin Constantius, alias *Sören Kierkegaard*, an den Punkt, an dem er die Gestalt Hiobs einführt. Er schreibt:

»Mein Freund (der unglücklich Liebende) sucht also glücklicherweise keine Aufklärung bei einem weltberühmten Philosophen oder bei einem ordentlichen Professor, er wendet sich an einen privatisierenden Denker, welcher voreinst der Welt Herrlichkeit besessen hatte, sich aber später vom Leben zurückzog – mit anderen Worten – er nimmt seine Zuflucht zu Hiob, der nicht auf einem Katheder Figur macht und mit beteuernden Gestikulationen für die Wahrheit seiner Sätze einsteht, sondern in der Asche sitzt und sich mit einem Tonscherben kratzt … in diesem kleinen Kreis von Hiob und Frau samt drei Freunden klingt, seiner Meinung nach, die Wahrheit herrlicher und froher und wahrer als auf einem griechischen Symposion.«[286]

---

285 S. Kierkegaard, Die Wiederholung, 3.
286 S. Kierkegaard, Die Wiederholung, 59.

Wahrheit, das ist das Erste, was wir daraus lernen können, lässt sich nicht ablösen von der Existenz, sie will erlitten und bewährt sein. Für diese Wahrheit, die mehr ist als objektive Wirklichkeit, steht Hiob, der Geschlagene. In einer Reihe fiktiver Briefe, die der unglücklich Liebende nun an seinen »verschwiegenen Mitwisser« schreibt, geht *Kierkegaard* dieser Existenzwahrheit des Hiob nach. Zunächst befragt er diesen kritisch:

»Hiob! Hiob! O Hiob! Hast du wirklich nichts anderes gesprochen als diese schönen Worte: ›Der Herr hat's gegeben, der Herr hat's genommen, der Name des Herrn sei gelobt‹?«[287]

Dieser Ergebungsspruch aus Hi 1,21 ist für *Kierkegaard* nicht Rede des wahren, wahrhaftigen Hiob. Das ist der dogmatisch entschärfte Hiob. Darf man von Hiob wirklich nur solchen Trost erwarten, den Trost der »beamteten Tröster« und »steifen Zeremonienmeister«, die sich das Klagen und Protestieren verbieten und die Widersprüche des Lebens in dogmatische Systeme einsperren? Gegen diesen zum frommen Dulder verfälschten Hiob klagt *Kierkegaard* den »getreuen Zeugen« ein, »der es wagte, in der Bitterkeit seiner Seele Klage zu erheben und zu streiten wider Gott.« Und er warnt alle die beamteten Tröster, die Leidenden um den einzigen Trost zu bringen, der ihnen bleibt, »sich Luft zu machen« und »zu hadern mit Gott«.[288]

Hier wird also die Klage – und sei es auch die Klage vor und gegen Gott – in ihr volles Recht eingesetzt. Wer sich die Klage verbietet wie Hiob in 1,21 und 2,10,

---

287   Ebd. 68.
288   Ebd. 69.

der hat keinen wirklichen Trost zu bieten. Die Klage ist die authentischste Rede des Leidenden von und zu Gott. Nachdem *Kierkegaard* sich damit das Recht zur Klage von Hiob geben ließ, entdeckte er in der Wahrnehmung dieses Rechts eine große menschliche Freiheit:

»Das Geheimnis an Hiob, die Lebenskraft, der Nerv, die Idee ist: dass Hiob trotz alledem recht hat ... Das ist das Große an Hiob, daß die Leidenschaft der Freiheit bei ihm nicht erstickt und nicht zur Ruhe gebracht wird ...«.[289]

Die Klage, das ist also nicht nur ein Ausdruck des Gefangenseins im Leid, sie ist eine Äußerung der Freiheit. Aber einer Freiheit, die sich eben nicht lossagt von Gott; Hiob geht es nicht um den autonomen Menschen. Er will gerade als Leidender, Klagender bei Gott bleiben. Er mutet sich ihm so zu. Er ist so frei, genau diesen Gott zum Gespräch zu fordern.

»Das Große an Hiob ist darum nicht, daß er sprach: ›Der Herr hat's gegeben. Der Herr hat's genommen, der Name des Herrn sei gelobt‹, ... sondern Hiobs Bedeutung liegt darin, daß die Grenzstreitigkeiten gegen den Glauben in ihm ausgekämpft worden sind«.[290]

Hier hat sich keiner klagend, nörgelnd von Gott abgewendet, sondern er hat sich gerade im tiefsten Elend Gott zugewendet, in aller Freiheit und Leidenschaft. Wie lautet das Ergebnis dieses Kampfes auf der Grenze des Glaubens?

---

289 Ebd. 77.
290 Ebd. 80.

»Hat Hiob ... Unrecht bekommen? Ja! auf ewig; denn höher hinauf kann er nicht gehen als zu dem Gerichtsstuhl, der ihn gerichtet. Hat Hiob Recht bekommen? Ja! auf ewig, dadurch, dass er Unrecht bekommen hat vor Gott.«[291]

Recht und Unrecht des Leidenden werden nach *Kierkegaard* dort zu vorletzten Größen, wo und indem er, der Leidende, es mit Gott zu tun bekommt. Unrecht hat Hiob, weil kein Mensch vor Gott gerecht ist aus eigener Kraft (Hi 9,19 f.). Recht hat er, weil er vor Gott und bei Gott geblieben ist wie kein anderer. So schließt sich der Ring der Hiobdeutung *Kierkegaards*, des Verehrers Hiobs.

Ausgehend von der Erkenntnis, dass sich Wahrheit nicht allein im Denken, sondern im Leiden und Bewähren erschließt, setzt er die Klage als angemessene Rede des Gequälten zu Gott und vor Gott in ihr Recht ein. Im Klagen erschließt sich ihm die klare, unverfälschte Luft der Freiheit des Menschen, der nicht autonom sein, sondern an Gott gebunden bleiben will. Die Freiheit, die Hiob nicht von Gott weg, sondern zu Gott hinführt, lässt ihn in der Begegnung erkennen, dass im Sein bei Gott Recht und Unrecht an ihre Grenze kommen. Dass Hiob in großer Freiheit geklagt hat, daran hat er recht getan, dem Leiden standgehalten. *Was* er hingegen geklagt hat, das mag im Einzelnen durchaus in Frage gestellt werden. Hiob hat die Prüfung bestanden, weil er sich durch nichts von Gott trennen ließ. So erfährt er schließlich eine Wiederholung früheren Glücks, weil er bei Gott blieb. Und *Kierkegaard* schließt seine verwegene Hiobmeditation mit den Worten: »Wo ich Hiob nicht hätte! Mehr sage ich nicht ...«.[292]

---

291   Ebd. 82.
292   Ebd. 83.

3. Rudolf Otto –
Vom Recht des Irrationalen

Rudolf Otto (1869–1937) siedelt seine Hiobdeutung auf der Grenze zwischen Theologie und Religionsphilosophie an. 1917 – mitten in den apokalyptischen Wirren des 1. Weltkrieges – erscheint sein Buch »Das Heilige. Über das Irrationale in der Idee des Göttlichen und sein Verhältnis zum Rationalen«. Das Buch hat eine nicht zu unterschätzende Bedeutung für das theologische Denken im 20. Jh. der beiden Weltkriege gespielt. *Otto* entlarvt in ihm das seit der Aufklärung gewachsene – oft blinde – Vertrauen in die menschliche Rationalität und denkt dem Sinn und dem Recht des Irrationalen nach. In der Erfahrung des Heiligen, Numinosen, bekommt es der Mensch mit einer Wirklichkeit zu tun, die nicht in objektiver Erkenntnis oder begrifflicher Rationalität aufgeht. Es ist die Wirklichkeit eines »ganz Anderen«, das mich überwältigt und fasziniert. Das Heilige ist eben sittlich-ethisch, wie auch empirisch-rational nicht verrechenbar.

Wir – Kinder der Moderne – sollten für diesen Versuch *Ottos* ein offenes Ohr haben. Es ist der Versuch einer Horizonterweiterung unserer Wahrnehmung. Die Wirklichkeit ist nicht an die Grenzen unserer Erkenntnisse und Rationalität gebunden. Auch jenseits von dem, was ich erkenne, wirkt noch die Wirklichkeit. Die Grenzen menschlicher Wahrnehmung sind weiter als die seiner Vernunft. Wahrnehmung überschreitet Rationalität. Von diesem Ansatz her wendet er sich gegen alle Versuche, das Heilige, die Erfahrung des Göttlichen, in die Rationalität zu überführen und in ihr aufgehen zu lassen.

Auf diesem Hintergrund geht *Otto* jetzt dem Heiligen, Numinosen im Alten Testament und ganz beson ders im Buch Hiob nach.[293] Dabei nimmt er seinen Ausgang bei den berühmten Gottesreden (Hi 38,1–41,26). Ist es nicht merkwürdig, dass Hiob in seinen Streitgesprächen mit und gegen Gott Recht bekam und nicht die Freunde (42,7)? Und doch wurde er in der Begegnung mit Gott überwunden, zum Schweigen und Einverständnis gebracht (42,3). Was hat Hiob zu diesem Rückzug, dem Bekenntnis seiner Grenzen der Erkenntnis bewogen?

Nach *Otto* war es nicht die Übermacht eines autoritären Vater- oder Übergottes, der Hiob überführte, indem er ihn in seinem Leiden noch zurechtwies mit einer Kanonade von Fragen. Gott rechtfertigt sich in den Gottesreden auf ganz andere Art und Weise als mit dem Argument der Allmacht oder dem erhobenen Zeigefinger. Die Rechtfertigung Gottes und die Versöhnung Hiobs geschehen im Verweis auf die »über dem Zweck-Begriffe liegende *Wunderbarkeit* selbst und schlechthin auf das Mysterium in reiner, irrationaler Gestalt«.[294] Die Pfeiler der Erde, die Quellen der Meere, das Siebengestirn und die Plejaden, Adler, Straußenhenne, Wildochs und Wildesel, wer will in all dem seltsam Monströsen, von dem da in den Gottesreden gesprochen wird, in dem spielerisch-zweckfreien Wesen, dem dämonisch Unfassbaren Weisheit und Zweck, *ratio* und klare Begrifflichkeit finden? So kommt *Otto* zu dem Schluss:

»Aber das schlechthin Stupende, das fast Dämonische, das ganz Unfassliche, das Rätselspielende der ewigen Schöpfermacht, ihr nicht Auszurechnendes, ›gänzlich Anderes‹ und allen Begriffen Spottendes, dennoch aber das Gemüt in allen

---

293 R. Otto, Das Heilige, 92–101.
294 Ebd. 99.

Tiefen Erregendes Faszinierendes zugleich mit tiefster Anerkennung Erfüllendes«[295] das macht den Zusammenhang und Sinn der Gottesreden aus.

Jedoch in all dem begegnet Hiob nicht allein dem schlechthin Unbegreiflichen und Unbegreifbaren, dem nackten Mysterium. »Das … könnte Hiob höchstens auf den Mund schlagen, nicht aber ihn innerlich überführen«.[296] Was Hiob überführt, still und versöhnt sein lässt, was Gott rechtfertigt und ins Recht setzt, das ist der positive Wert, der in all dem Unbegreiflichen trotzdem wahrgenommen und erfahren wird.

»Dieser Wert wird nicht ausgeglichen mit den Gedanken menschlicher, verständlicher Zweck- oder Sinn-Suche und ihnen nicht angeglichen. Er bleibt in seinem Geheimnis. Aber indem er fühlbar wird, ist dennoch zugleich Elohim gerechtfertigt und Hiobs Suche gestillt«.[297]

Ist das nicht so, dass der Mensch jenseits alles Begreifbaren nicht nur das kalte »Nichts« wahrnimmt, sondern immer noch hilfreiches, positives Entgegenkommen ahnt, in den Geheimnissen der Kreatur, des Lebens durch alles Leiden hindurch einen tragenden Grund erfahren kann? Gibt es mitten im Leiden immer noch die Möglichkeit der Erfahrungen eines positiven Wertes im unerforschlich weisen und unendlich gefährdeten Welt- und Menschenkosmos? Irrational und doch wahrnehmbar? Wer wollte sie ihnen ausreden, den Leidenden und Gefährdeten, diese Erfahrungen auf der Grenze der Erkenntnis?

---

295 Ebd. 100.
296 Ebd. 100.
297 Ebd. 101.

Für *Rudolf Otto* wurde Hiob auf diese Weise zu einem Paradigma der Legitimität des Irrationalen im Gottesbegriff. Er kann darin weder ein Defizit menschlichen Denk- und Wahrnehmungsvermögens sehen, noch ein Defizit des Göttlichen selbst. Es ist vielmehr ein positiver Grund, der in der Begegnung mit dem Heiligen als dem *tremendum* und *fascinosum*, dem Schauerlich-Erschreckenden und dem Anziehenden, erfahren wird. So sei das Buch Hiob bereits im Alten Testament ein Gegengewicht gegen eine einseitige Versittlichung und Rationalisierung der mosaischen Religion. Ob diese im Rahmen des Rechts oder der Weisheit Israels geschahen, immer drohte die Gefahr, Gott in Verhaltensnormen und Denksystemen einzufangen. Hiob ruft dagegen den Unverrechenbaren, weder im frommen Tun, noch im theologischen Denken handhabbaren Gott auf den Plan. Bewunderte *Kierkegaard* die Freiheit des Hiob, klagend und anklagend Gott gegenüberzutreten, so betont *Otto* letztlich die Freiheit Gottes, die in der unbegreiflichen und doch überführenden Kraft des Irrationalen, Numinosen ihren Ausdruck findet.

Man kommt nicht umhin, in dieser Hiobinterpretation einen Reflex auf die dunklen Erfahrungen der irrationalen Leiden und Wirren des 1. Weltkrieges zu sehen. In einer schwer durchschaubaren Zeit wird das undurchschaubar Heilige beschworen. Uns Nachgeborenen soll auch gar nicht die Gefahr dieses Denkansatzes verschwiegen werden, der so leicht missbraucht werden kann zur Verschleierung der Ursachen von Unrecht, Krieg, Not und Tod. Und doch hat *Otto* etwas erkannt, was über seine Zeit hinausreicht. Auch jenseits von allem, was sich begreifen lässt, kann der geplagte, geschundene Mensch Erfahrungen machen, die ihn befähigen, dem Leiden standzuhalten: Erfahrungen des Heiligen.

4. Carl Gustav Jung – Wandlungen Gottes

Mit *Carl Gustav Jung* (1875–1961) begegnen wir einem Tiefenpsychologen von besonderem Format, der aufmerksam das Phänomen des Religiösen und seiner Bedeutung für die psychisch-seelische Hygiene des Menschen wahrgenommen hat. 1952 erschien sein bewusst subjektiv und emotional gehaltenes Buch »Antwort auf Hiob«.[298] In ihm wird der Versuch gemacht, die unfassbaren Ereignisse des 2. Weltkrieges, die Millionen von Toten, das Grauen der Konzentrationslager nicht einfach zu verdrängen. *Jung* will Antwort geben auf die Hioberfahrungen der europäischen Geschichte des 20. Jahrhunderts. Und er setzt bei seiner Antwort sehr tief an, nämlich bei den geistigen und religiösen Traditionen, die dieses Europa geprägt haben. In diesem Zusammenhang liest er das Buch Hiob und ist erschrocken, ja, im Innersten tief erregt über diesen Gott des Hiob. Diese Erschütterung kann er nur dadurch überwinden, dass er in Hiob letztlich den wahren Überlegenen sieht. Auch wenn sich Hiob vor Gott beugt und schweigt (40,4 f.; 42,1–6), so ist das letztlich nur ein Zurückweichen vor der brutalen Gewalt. *Jung* betont das *tremendum*, das Schauerhaft-Erschreckende am Gott des Hiob, das den Menschen wie einen Wurm zu zermalmen droht. Er spitzt dies sogar noch zu, indem er dieses *tremendum* moralisiert. Und dabei gewinnt Gott Züge einer erschreckenden Amoralität. Er, Gott, steht im »Widerspruch mit sich selbst«. Als »Hüter der Moral« vom Sinai gibt er sich »unberechenbaren Launen

---

298 C. G. Jung, Antwort auf Hiob, 1952. Siehe dazu auch H. Wildberger, Das Hiobproblem, 9–29, und G. Langenhorst, Hiob unser Zeitgenosse, 258–265.

und verheerenden Wutanfällen«,[299] Einflüsterungen des Dämonischen hin. Er reagiert eifersüchtig und empfindlich bei der Infragestellung seiner Moral. Er bricht dem Menschen gegenüber Bund und Treue. Und der Mensch, der Gott des offensichtlichen Bundesbruches beschuldigt, muss auch noch dessen Rache fürchten, ihn mit zusammengepressten Lippen und knirschenden Zähnen preisen. Warum zeigt sich Gott als so ein übermächtiger und zugleich kleiner und mieser Tyrann? Wohl weiß *C. G. Jung*:

»Man darf … einen archaischen Gott nicht mit den Bedürfnissen moderner Ethik konfrontieren. Für den Menschen des frühen Altertums lag die Sache etwas anders: an seinen Göttern blühte und strotzte schlechthin alles, Tugenden und Laster«.[300]

Und doch ist und bleibt der Gott des Hiob unerträglich.

»Sollte Jahwe Verdacht geschöpft haben, dass der Mensch ein zwar unendlich kleines, aber konzentrierteres Licht als er, Gott, besitzt?«[301]

Ist es also diese Angst Gottes vor einer letzten Überlegenheit des Menschen, die ihn so eifersüchtig auf seine Macht und seine Privilegien achten lässt? Wie kann denn Gott sonst gegen Amoral und Rechtsbruch am Sinai Gesetze geben und sich selbst dagegen vergehen? Bewegt sich dieser Gott des Hiob nicht in einem Netz von Antinomien? Ist nicht er es, der seinen Rat und

---

299 Vgl. H. WILDBERGER, Das Hiobproblem, 18.
300 C. G. JUNG, Antwort auf Hiob, 20f.
301 Ebd. 28.

seine Weisheit verdunkelt (Hi 38,2;42,3)? Hiob, so meint *Jung*, habe erfahren, dass Gott nicht nur kein Mensch ist, sondern eigentlich noch weniger als ein Mensch, ja tierisch sei er wie das Krokodil, von dem es heißt:

Alles, was hoch ist, fürchtet sich vor ihm:
es ist ein König über alle stolzen Tiere. (Hi 41,25)

So ist Gott in seiner »Doppelnatur« als Gesetzgeber und Gesetzesbrecher. »Er hat sich sozusagen tödlich blamiert«,[302] seine Macht missbraucht. Und dieser Missbrauch der Macht setzt ihn ins Unrecht. Der sich unterwerfende Hiob ist hingegen der zuletzt moralisch Überlegene.

Dieser äußersten Zuspitzung des biblischen, jüdisch-christlichen Gottesbildes im Hiobbuch, wie *Jung* es sieht, droht eine Katastrophe. An Hiob wird ein Irrweg des Gottesglaubens demonstriert, der nur dann vermieden werden kann, wenn es zu einer *Wandlung Gottes* kommt. Und diese rettende Wandlung sieht *Jung* dann tatsächlich im Prozess der Menschwerdung Gottes sich vollziehen, der in dem Juden Jesus, dem Christus, einen Höhepunkt erreicht. Der Gott des Hiob muss untergehen, so wie die Götter Griechenlands und Kanaans starben.[303] Nur ein sich wandelnder, zum Menschen und Menschlichen hin sich wandelnder Gott kann den Gott des *tremendum*, der einem Dämon gleicht, vergessen machen.

Zu dieser radikalen und schockierenden Hiobdeutung müsste viel gesagt werden. Nicht ohne Grund haben Theologen immer wieder gereizt auf die Interpre-

---

302   H. WILDBERGER, Das Hiobproblem, 19.
303   Ebd. 20.

tation des Psychoanalytikers reagiert. Und man hat ihm mit gutem Recht bestritten, damit den Texten des Hiobbuches gerecht geworden zu sein.[304] Und doch sollten Exegeten und Theologen dem philosophierenden und theologisierenden Psychologen nicht vorschnell den Vorwurf machen, er habe die Texte nicht ernst genug genommen. Ist in dieser Deutung nicht der erschütterte Leser des Hiobbuches mit Händen zu greifen? In der bestürzenden Offenheit der Fragen *Jungs* scheint er mir Hiob oft näher zu stehen als manch ein schriftgelehrter Exeget.

Doch eine Frage kann man auch *C. G. Jung* nicht ersparen: Worin gründen eigentlich seine Hoffnungen und sein Vertrauen, dass Gott durch eine Wandlung ins *Menschliche* den Zug des schauerhaften Dämons verliert? Worin ist denn der Mensch menschlicher als Gott, weniger erschreckend, tyrannisch, brutal? Hat nicht Auschwitz unrevidierbar das *tremendum hominis*, das Erschreckende am Menschen offenbart? Kommt die Interpretation *Jungs* nicht einer gefährlichen und unangemessenen Apotheose des Menschen gleich? Und wem beugte sich Hiob denn wirklich, der Hiob der Gaskammern und des Galgens, dem brutalen Gott, oder dem sich selbst vergötzenden Menschen? Darin ist der Kritik *Hans Wildbergers* an *Jung* und seinem Hinweis auf ein Wort *Anselms von Canterbury* in vollem Umfang Recht zugeben:

»*Nondum considerasti, quanti ponderis sit peccatum:* Du hast noch nicht bedacht, welches Gewicht die Sünde hat.«[305]

---

304 Vgl. dazu vor allem die Kritik H. Wildbergers (Das Hiobproblem, 22 ff.).

305 H. Wildberger, Das Hiobproblem, 25.

5. Ernst Bloch – Wandlungen Hiobs

Während *C. G. Jung* auf die vermeintliche Notwendigkeit einer Wandlung Gottes hingewiesen hat, könnte
man *Ernst Blochs* Hiobdeutung unter das Motto »Wandlungen Hiobs, des Menschen, vom Dulder zum Rebell«
stellen. Auch ihn packte das Erschrecken vor dem Ty-
rannengott. Schon in seinem Hauptwerk »Das Prinzip
Hoffnung« gibt er eine kurze Deutung des Hiobbuches.[306] Danach ist die gesamte Hebräische Bibel von
dem einen Grundthema des Exodus geprägt. Mose und
sein Gott des Exodus, das ist der Lebensnerv der Bibel
Israels. Dieser Geist eines Auszugs aus der Sklaverei
hinein in ein Reich der Gerechtigkeit, diese Rebellion
des Mose ist für *Bloch* im Hiobbuch auf ihre äußerste
Spitze getrieben worden. Hiob habe »dem Moseglau-
ben ein völlig anderes zugefügt, nämlich die Vernei-
nung« des Jahweglaubens. Er bläst nicht nur zum
Kampf, zur Absage an den Pharao Ägyptens oder die
Baale Kanaans, Hiob bläst zum Kampf gegen den
»Jahwe der scheinbaren Gerechtigkeit selber«.[307] Das ist
die unfassliche Hiobrevolte, die Revolte des »hebräischen Prometheus«.[308] Doch so ungewöhnlich neu diese
Revolte sein mag, letztlich ist auch sie im Exodusglau-
ben angelegt.

»Der Exodus wird bei Hiob radikal: nicht bloß als Messung
Jahwes am Ideal seiner Gerechtigkeit und des Reichs der Gerechtigkeit, sondern als *Exodus aus Jahwe selbst* ...«.[309]

---

306   E. Bloch, Prinzip Hoffnung, 1455 f.
307   Ebd. 1455.
308   Ebd. 1456.
309   Ebd. 1456.

Hiob lässt den an einen Wüstendämon erinnernden JHWH weit hinter sich. In seinem Buch »Atheismus im Christentum« wurde diese Deutung noch ausgebaut. In einem eigenen Kapitel, das in der typisch aphoristischen Diktion *Blochs* überschrieben ist – »Grenze der Geduld, Hiob oder Exodus nicht in, sondern aus der Jachwevorstellung selber, Schärfe des Messianismus«[310] – wendet er sich noch einmal Hiob zu. Zunächst wird da die Aufkündigung des Gottesglaubens durch Hiob beschrieben. Bei ihm beginnt eine bisher nicht da gewesene Umkehrung der Werte:

> »Ein Mensch kann besser sein, sich besser verhalten als sein Gott. Hiob ist nicht nur aus dem Kult, auch aus der Gemeinde ausgetreten, lauter Angriff ist da.«[311]

Was hatte die überlieferte Religion in Gestalt der Freunde Hiobs dieser Rebellion entgegenzusetzen? Nur »überliefertes Schmalz«, der »mild-gravitätische Eliphas« ebenso wie der »hausbackene Bildad« und der »grobe Zophar«.[312] Hiobs Aufruhr bringt aber das »Ende der Geduld«. Gott sieht dem Teufel zum Verwechseln ähnlich; die Hiobsbotschaften haben von dem sittlichen Prophetengott nichts übrig gelassen. Deswegen zieht er aus dem religiösen »Muckertum der vier Glaubensspießer« aus.

> »Ein Mensch überholt, ja überleuchtet seinen Gott - das ist und bleibt die Logik des Buches Hiob, trotz der angeblichen Ergebung am Schluß. Die Urkategorie des Auszugs arbeitet hier in der gewaltigsten Verwandlung fort. Nach dem Exo-

310   E. BLOCH, Atheismus im Christentum, 148–166.
311   Ebd. 150.
312   Ebd. 150.

dus Israels aus Ägypten, Jachwehs aus Israel geschieht nun ein Exodus Hiobs aus Jachwe«.[313]

Und dieser Auszug aus JHWH geschieht nicht kampflos. In den Gottesreden antwortet JHWH »auf moralische Fragen mit physikalischen, mit einem Schlag aus unermeßlich finster-weisem Kosmos gegen beschränkten Untertanenverstand«.[314] Hiob möchte Aufklärung über sein eigenes Schicksal, Gott aber erzählt ihm von Hagel und Schnee, Nilpferd und Krokodil. Da steht der Mensch nicht mehr im Mittelpunkt der Fürsorge Gottes. Da ist er ein Geschöpf unter anderen, Wurm unter Würmern. Hier - so *Bloch* - liege eine Gottesvorstellung vor, die mit dem Gott der Bibel kaum noch etwas zu tun habe. Ja, selbst der Schrecken erregende »Vulkan-Jachwe« vom Sinai sei ein anderer Gott als der Gott des Hiob.

Warum lässt sich Hiob aber nun von diesem tyrannischen, antibiblischen Gott überführen? *Bloch* sieht in dem Unterwerfungswort »Ich will meine Hand vor meinen Mund legen ...« (40,4) eine raffinierte Interpolation eines späteren Redaktors. Nur diesem sei es zu verdanken, dass Hiob seine Häresien in der Bibel überhaupt habe mitteilen können, dieses Buch nicht auf die Liste der religiösen Zensur gesetzt worden sei. Denn in dem Unterwerfungsspruch redet nicht der eigentliche Hiob. Dieser klagt vielmehr »aus der Tiefe der Rebellion« gegen Gott.[315] In dieser Rebellion bestehe die eigentliche Lösung des Hiobbuches, ein Stück Atheismus in der Bibel, ein letzter Auszug aus Gott. Hiob ruft

---

313 Ebd. 152.
314 Ebd. 154.
315 Ebd. 156.

»Gott gegen Gott«[316] auf den Plan. Er hat am Ende die Existenz eines Freundgottes beglückend erfahren, aber die hat in ihm die Rebellion gegen die schreckliche Wirklichkeit eines Feindgottes nicht einschläfern und abtöten können.

In einem zweiten Denkweg stellt *Bloch* dann die Frage, ob mit dem Auszug Hiobs aus dem Gott Israels, damit, dass er Gott los geworden sei, das Hiobproblem eine endgültige Antwort gefunden habe. Hebt der Atheismus die Hiob-Frage auf? Hat man in der marxistischen Geschichtsbetrachtungen nicht immer wieder proklamiert, dass mit der Veränderung der sozialen Verhältnisse die Entfremdungs- und Leiderfahrungen der Menschen ihren Nährboden verlieren würden? *Bloch* bleibt auch auf diese Frage keinem eine klare Antwort schuldig: »*auch bei Wegfall Jachwes sind Hiobs Fragen nicht erledigt*«.[317] Die Hiobdichtung ist kein Buch für denkfaule Atheisten. Wer Gott los geworden ist, der hat noch lange nicht die Erfahrung von Hiobsbotschaften hinter sich gelassen.

»Woher stammt das Reich der Notwendigkeit, das so lange bedrückt?, wieso ist das Reich der Freiheit nicht mit einem Male da?, wieso muss es sich so blutig durch Notwendigkeit hindurcharbeiten?, was rechtfertigt seine Verzögerung?«[318]

Erfahrungen von Heillosigkeit muss der Mensch mit und ohne Gott machen. Das Universum geht scheinbar gefühllos über menschliches Schicksal hinweg. Deswegen sind Hiobs Fragen mit seinem Auszug aus JHWH noch nicht beantwortet, ist dieser Auszug auch

---

316   Ebd. 158.
317   Ebd. 159.
318   Ebd. 165.

nicht unwiderruflich. Denn Hiob zieht letztlich aus einer irrigen Gottesvorstellung aus, aus der Vorstellung eines allmächtigen Caesarengottes:

»Jachwe kann nicht allmächtig und gut zugleich sein, wenn er Satan zulässt. Er kann nur allmächtig sein und selber böse, oder gut sein und schwach: in Allmacht und Güte zusammen ist für den Teufel so wenig Raum wie vorher für das Übel …«.[319]

Gott als Caesar, das nicht! Gegen diesen Gott rebelliert Hiob, gegen ihn ruft er seinen Bluträcher auf den Plan (Hi 19,25). Gegen Caesaren gibt es die Pflicht zur Auflehnung.

»Der Gott, von dem im Hiob die Rede ist: an seinen Früchten erkannt, mit so viel Gewalt und Größe herrschend und erdrückend, tritt nur als Pharao vom Himmel her entgegen, doch Hiob eben ist gerade fromm, indem er nicht glaubt. Außer an Auszug und daß das letzte Wort human noch nicht gesprochen ist, vom Bluträcher, vom Blutstiller, kurz vom Menschensohn selber, statt vom Großherrn. Ein Wort, aus dem nun nicht mehr ausgezogen wird, sondern das selber, gänzlich schreckenlos, ins aufgehobene Oben einzieht.«[320]

Damit hat sich der Dulder Hiob endgültig zum Rebellen gewandelt, ja, der Dulder war eigentlich nur ein listenreicher Trick, mit dem spätere Redaktoren die Stimme eines Rebellen in der Bibel Israels gerettet haben. Hiob rebellierte gegen einen Caesarengott, einen Pharaonengott, der seine Allmacht zur Bosheit missbrauchte, und dem Satan das Reich überließ. Aus die-

---

319   Ebd. 162.
320   Ebd. 165 f.

ser Gottesvorstellung, den bedrückenden Gottesphantasien der Herren, zog Hiob aus. Und er zog ein in den schwachen, mitleidenden Menschensohn, den Gott, der die flüchtenden Sklaven durch die Wüste begleitete, am Kreuz verblutete, in den Gaskammern mitstarb. Solcher Auszug ist immer wieder nötig. Der Atheist kann sich ebenso wenig wie der Glaubende getröstet zur Ruhe setzen. Immer wieder müssen sie die Götter der Herren hinter sich lassen, ausziehen, den Aufstand wagen, gegen das versklavende Leid.

In der Hiobdeutung *Blochs* ist das unverkennbare Pathos eines jüdisch-marxistischen Denkansatzes versammelt. Aber dieser lässt eine atheistische Offenheit erkennen, hin zum Menschensohn, zum solidarischen Mitleiden, zu dem, der seine Allmacht drangibt und gerade darin den Rebellen und Sklaven nahe bleibt.

6. VOM TROST DER MUSIK – EINE HIOBSPREDIGT[321]

Liebe Gemeinde,
im Hiobbuch ist im 30. Kapitel zu lesen:

[24]*Aber wird man nicht die Hand ausstrecken unter Trümmern und nicht schreien in der Not?*
[25] *Ich weinte ja über die harte Zeit, und meine Seele grämte sich über das Elend.*
[26] *Ich wartete auf das Gute, und es kam das Böse; ich hoffte auf Licht, und es kam Finsternis.*
[27] *In mir kocht es und hört nicht auf; mich haben überfallen Tage des Elends.*

---

321 Die Predigt wurde am Sonntag Kantate 2009 im Dom zu Meißen vom Autor gehalten.

²⁸ *Ich gehe schwarz einher, doch nicht von der Sonne;*
ich stehe auf in der Gemeinde und schreie.
²⁹ *Ich bin ein Bruder der Schakale geworden*
und ein Geselle der Strauße.
³⁰ *Meine Haut ist schwarz geworden und löst sich ab von mir,*
und meine Gebeine sind verdorrt vor hitzigem Fieber.
³¹ *Mein Harfenspiel ist zur Klage geworden,*
und mein Flötenspiel zum Trauerlied.

Sicherlich wird sich manch einer fragen, warum ich ausgerechnet am Sonntag Kantate, dem doch so fröhlich gestimmten Singesonntag der christlichen Gemeinde, einen solchen Predigttext gewählt habe. Soll uns in unseren Gottesdiensten, die ja nun wahrlich nicht an einem Überfluss von Heiterkeit leiden, auch noch die Freude am Singen genommen werden? Das ganz bestimmt nicht! Das Singen und Musizieren ist aber mehr als nur eine Quelle der Freude. In ihm findet der Mensch auch reichen Trost. Und davon, vom *Trost der Musik,* soll heute einmal die Rede sein.

Die Kirche kennt eine alte, leider fast vergessene Tradition, nach der sich ausgerechnet die mittelalterlichen Musikanten, die Spielleute und das fahrende Volk den leidenden und gequälten Hiob zu ihrem Schutzpatron erwählten. Am 4. Sonntag nach Ostern wurde seiner gedacht. Hiob und die Musikanten – wie passt das zusammen? Der leidende Gerechte und die fahrenden Spielleute, was bindet sie aneinander?

Man kann sich das als ein soziales Phänomen erklären. Fahrende Spielleute galten immer wieder als recht- und schutzlos, angewiesen auf das Wohlwollen ihres Publikums. Hinter der Maske der Fröhlichkeit, die sie zur Schau stellten, standen nicht selten Hiobserfahrungen. Wir kennen sie, die Tränen des Clowns, der für Heiterkeit sorgt, während ihm eigenes Leid die Kehle zuschnürt. Ausgrenzung, Heimatlosigkeit, Verarmung und Spott, das war all zu oft der Alltag des fahrenden Volkes und der Straßenmusikanten. In manch einer niederländischen Kirche des 16. Jh. finden sich Hiobsaltäre und Hiobsbilder, vor die die Spielleute am Sonntag Kantate mit dem Gebet traten:

(Hiob), »*O heiliger Diener Gottes, Ihr habt mit Eurer Tugend / eine Harmonie gemacht, die Gott und Mensch erfreut. / Der Satan suchte durch einen Sturm von Süden und von Nord / Euch o orientalischer Fürst, in Missklang zu bringen. / Euer Vieh wurde weggeführt, Eure Knechte alle erschlagen, / Eure Kinder unterm Haus Eures Bruders zerschmettert lagen. / Eure Hausfrau beleidigte Euch durch ihr Spotten sehr. / Euer Fleisch wurde abgeschält, Ihr lobtet noch den Herrn. / Nehmt uns in Euren Schutz, die die Instrumente handhaben, / dass wir in süßem Einklang der Tugend mögen wandeln! / Uns, die wir mit Frömmigkeit besuchen Euren Altar, / erwerbt uns Gottes Gunst, befreit uns von Gefahr!*«[322]

Worin Hiob den Spielleuten so nahe stand, das war wohl dieser tiefe Riss, der durch sein Leben ging. Mit dem süßen Einklang der Tugend schuf er eine Harmonie. Und doch zerriss der satanische Missklang sein Leben. Wie das fahrende Volk, unstet wie ein wildes Tier, ein Bruder der Schakale und ein Geselle der Strauße, das Fleisch schwarz und abgeschält vom Gebein. Noch schlägt er sie, die Leier, aber sie lässt sich nichts entlocken als Klagetöne. Noch haucht der Fiebernde in die Rohrflöte, doch es entsteigt ihr nur ein Tränenlied. Der Missklang des Satans überfiel ihn mit Tagen des Elends.

---

322   Text nach M. HEYMEL, Trost für Hiob, 37 f.

Abb. 10: Hiobsaltar um 1530 aus der St. Hiobskirche in Schoonbroeck
(Antwerpener Schule)

Kennen wir das nicht, diesen Riss, der Biographien
zerstört? Wie oft wurden und werden wir aus Paradie-
sen vertrieben? Sind wir nicht allesamt Söhne und
Töchter Adams und Evas, ausgetrieben aus dem Garten Eden? Wie oft scheitern unsere Hoffnungen? Wie
oft scheitert der Mensch an sich selbst? Wie oft scheitert der Mensch am dunklen, absurden, unvorherseh-
baren Geschick, das ihn bricht und wie ein gefräßiges
Monster zu verschlingen droht? Wie lange noch zieht
Hiob seine einsame Bahn?

Aber – und darin war der leidende Hiob den Sän-
gern und Musikanten ein Heiliger – er lobte dennoch
den Herrn! Einklang und Missklang, Klagelied und
Gotteslob, beides behielt seinen Ort in Hiobs Leben.
Sein früheres Musizieren wurde ihm zum gellenden
Schrei, »Aus tiefer Not ruf ich zu dir …«, und doch
wollte und konnte er nicht lassen vom Gotteslob.

Haben wir Gutes von Gott empfangen
und sollten das Böse nicht auch annehmen? (Hi 2,10)

Das war Hiob, der mit Gott gegen Gott gestritten hat, der keinen Zentimeter dieser Erde dem Bösen preisgegeben hat. Ja, selbst das Böse noch überließ er nicht dem Satan, sondern Gott. Mach was draus, Ewiger! Wer, wenn nicht Du, kann Böses zum Guten wenden? Mach was draus, Ewiger, wer, wenn nicht Du hat den Gefolterten, Gekreuzigten, Hingemordeten aus Nazaret zum ewigen Leben erweckt? Mach was draus, Ewiger! Bei Dir ist es besser aufgehoben, das Böse, als bei irgendwem sonst. Mach Gutes draus! Hoffnung Hiobs ist das und Christushoffnung ist's. Da rücken sie ganz eng zusammen, die Zeugnisse des Alten und des Neuen Bundes.

Doch solcher Glaube ist ja alles andere als selbstverständlich. Wenn die Finsternis und das Böse ein Leben derartig im Würgegriff haben wie das Leben Hiobs, dann verwirren sich dem Menschen schnell die Töne. Dann tut sich die Gefahr auf, dass die Harmonie der Tugend, das Gotteslob, vom Missklang des Satans geschluckt wird. Dann wird der Gesang als gute Gabe Gottes zum dämonischen Spiel.

Ja, auch das kann die Musik sein: Die Lagerkapelle von Auschwitz, zynisch abgepresste Begleitmusik zum tödlichen Spiel. Erscheint sie nicht wie eine bösartige Persiflage des Geschicks der nach Babylon deportierten Judäer, die da klagten:

Denn die uns gefangen hielten, forderten Lieder von uns,
und unsere Antreiber Fröhlichkeit. (Ps 137,3)

Musik als Folter! Gegen solches dämonische Spiel mit der Musik erscheinen andere Formen ihres Missbrauchs nahezu als Harmlosigkeiten. Und doch sind auch sie vom Bösen infiziert. Das unaufhörliche Plätschern und Rieseln aus den Lautsprechern der Kaufhäuser und in den Gaststätten, dieser allgegenwärtige Beschallungsterror, der uns umgibt, und der ja nicht unser Herz will, sondern unser Geld.

Die martialischen, menschenverachtenden Schlachtengesänge mit dem stampfenden Rhythmus, die nur eine Botschaft in sich tragen: Niedertreten, unterwerfen! Die Kampflieder der Partei- und Massenaufmärsche, die mit ihrer suggestiven Propaganda nur eine Funktion hatten: Gleichschaltung der Hirne, Gleichschaltung der Beine und der Marschkolonnen. Die plärrenden Schalmaienkapellen zur letzten Kommunalwahl der DDR vor den Wahllokalen vor zwanzig Jahren – eine Begleitmusik der Lüge und des Betrugs. Auch der Leibhaftige singt seine Lieder! Musik als Larve des Bösen!

Wie aber erkennt der Mensch, ob ihn im Lied, in der Musik ein Engel oder ein Dämon anrührt, ob er Gottes oder das Lied des Satans singt, ob er sich mit dem Schöpfer des Lebens oder mit dem großen Verderber verbindet?

Eine Musik – und darum wussten die Sänger und Musikanten vor den Hiobsaltären – eine Musik, die nicht um den Schmerz und das Leiden der Menschen weiß oder wissen will, verliert ihre Seele. Nicht dadurch, dass Gesang und Musik in einer grenzenlosen Spaßgesellschaft über die Abgründe des Bösen und der Leiden hinwegtingeln, entfalten sie ihre tröstende Kraft. Die seichten Melodien von »Deutschland sucht den Superstar« werden morgen schon wieder vergessen sein.

Aus dem Anblick Hiobs aber, des Leidens der Gerechten, empfangen Gesang und Musik ihre tiefe Humanität. Und nur dort, wo Musik diesem Anblick standhält und nicht darüber hinwegposaunt, da kann der Mensch sie in ihrer elementaren Menschlichkeit als eine Berührung Gottes erfahren. Da darf er erleben, womit Elihu, ein Freund Hiobs, diesen zu trösten suchte, nämlich dass Gott selbst es ist, der uns Loblieder eingibt in der Nacht. Was für ein Gedanke! Gott ist's, der mitten im Dunkel, im Absurden unseres Lebens den Trost der Lieder aufklingen lässt. Musik aber, die die Leidenden ignoriert oder gar verspottet, anstatt ihre Nöte zu lindern, wird zum scheppernden Geplärr, degeneriert zum seelenlosen Kommerz.

Und dass Musik trösten, ja böse Geister vertreiben kann, dass sie eine seelsorgerliche und therapeutische Dimension hat, darum wusste man längst im alten Israel. So kam der Hütejunge und Spielmann David an den Hof des schwermütigen Königs Saul:

Sooft nun der böse Geist von Gott über Saul kam, nahm David die Harfe und spielte darauf mit seiner Hand. So wurde es Saul leichter, und es ward besser mit ihm, und der böse Geist wich von ihm.
(1 Sam 16,23)

Musik im Kampf gegen die bösen Geister, gegen Depressionen, das war das Geheimnis, das die Spielleute und Musikanten mit Hiob verband. Aus einem aus dem 2. Jh. stammenden apokryphen »Testament des Hiob«, einer antiken, frühjüdischen Schrift, erfahren wir viel darüber:

»Ich (Hiob) hatte auch sechs Harfen und eine Zither mit zehn Saiten. Und täglich nach dem Mahl der Witwen stand ich auf und nahm die Zither und spielte ihnen vor, und diese sangen. Und also lenkte ich ihren Sinn durchs Saitenspiel zu Gott, dass sie den Herrn lobpriesen.« (14,1–4)

Hiob, Tröster und Wohltäter der Witwen, der sie zum Gotteslob führte. Als er dann schließlich selbst im Elend saß, so wird weiter erzählt, da kamen seine königlichen Freunde und besuchten ihn. Bei seinem jämmerlichen Anblick stimmten sie ein Klagelied an. In der mittelalterlichen Tradition treten dann an die Stelle der Freunde plötzlich Musikanten, Gaukler und fahrendes Volk. Und diese stimmen nicht in die allgemeine Klage mit ein, sondern spielen dem auf dem Kehricht hockenden Kranken fröhliche Weisen, um ihn aufzumuntern. Hiob, so wird erzählt, habe sie dafür mit einem Stück seiner geschundenen, von eitrigen Schwären überzogenen Haut belohnt, das sich in den Händen der Musikanten in Gold verwandelte.

So war die Musik an Hiobs Seite in guten und in schlechten Tagen. In der Zeit seines Glücks tröstete er selbst damit die Witwen und Armen, zur Stunde seiner Leiden wird er durch sie getröstet und geheilt. Er darf noch einmal Gesundheit und gute Jahre sehen. Doch auch die irdischen Tage Hiobs blieben nicht ungezählt. Alt und lebenssatt sah er dem Ende entgegen. Da ging es an die Verteilung des Erbes unter seine sieben Söhne und er bestellte sein Haus.

Was wurde aber aus den liebreizenden Töchtern, *Jemimah*, dem Turteltäubchen, *Qeziah*, der Zimtblüte, und *Keren-Hapuch*, dem Schminkhörnchen? Sollten sie leer ausgehen? Natürlich nicht! Welcher alte Vater kann denn solchen Töchtern widerstehen? Er übergab jeder einen Zaubergürtel. Diese Gürtel verliehen Hiobs Töchtern die Gabe des Engelgesangs. Und erst jetzt konnte der Alte friedlich sterben. Das Testament weiß noch zu berichten:

Da »erblickte er heilige Engel her zu seiner Seele kommen. Sofort erhob er sich, griff nach der Zither und gab sie seiner Tochter, die Je-

Abb. 11: Unbekannter Meister (2. Hälfte 16. Jh.). Hiob entlohnt zwei Musikanten.

mimah hieß. Der Qeziah gab er ein Räucherfass in die Hand und Keren-Hapuch eine Pauke. Sie sollten damit die begrüßen, die jetzt zu seiner Seele kämen [...] Sie nahmen alles; drauf sahen sie leuchtende Wagen zu seiner Seele fahren. Sie sangen Preis- und Ruhmeslieder, in ihrer besonderen Sprache eine jede. Dann stieg der Wagenlenker aus dem größten Wagen und grüßte Hiob. Er nahm die Seele Hiobs, schloss sie in seine Arme und flog empor und brachte sie auf seinen Wagen und fuhr gen Osten. Sein Leichnam aber wurde eingehüllt und so zu Grabe getragen. Es schritten an der Spitze die drei Töchter; sie trugen ihre Gürtel und sangen dem Vater Lobeshymnen.« (52,2–12)

Liebe Gemeinde, wer wollte nicht so selig und getröstet sterben? Der Leib von den Töchtern singend und spielend ins Grab gelegt, die Seele von einem Engel geborgen?

Auch das kann der Tod sein, ein letzter gewaltiger Sonntag Kantate! Selbst dem Sterben vermögen sie standzuhalten, die Musik und das Gotteslob.

Nicht nur Hiob und auch nicht nur die Spielleute und das fahrende Volk kannten dieses Geheimnis. Gegen Ende der grauenhaften Verwüstungen, des Mordens und Brandschatzens im Dreißigjährigen Krieg, da dichtete der unweit von Leipzig, in Gräfenhainichen, geborene Paul Gerhardt:

Sollt ich meinem Gott nicht singen?
Sollt ich ihm nicht dankbar sein?
Denn ich seh in allen Dingen,
wie so gut er's mit mir mein'.
Ist doch nichts als lauter Lieben,
das sein treues Herze regt,
das ohn Ende hebt und trägt,
die in seinem Dienst sich üben.
Alles Ding währt seine Zeit,
Gottes Lieb in Ewigkeit.

Gott segne uns und unser Singen am Sonntag Kantate in dieser Zeit. Und er gebe uns, wenn sich unsere Tage zum Ende neigen, die Kraft und die Hoffnung auf einen Sonntag Kantate in aller Ewigkeit. Amen

LITERATURVERZEICHNIS

ALBERTZ, R., Religionsgeschichte Israels in alttestamentlicher Zeit, ATD Erg. 8/1 und 2, Göttingen 1992.

ASSMANN, J., Ma'at. Gerechtigkeit und Unsterblichkeit im Alten Ägypten, München 1990.

— Tod und Jenseits im Alten Ägypten, München 2001.

BARTA, W., Das Gespräch eines Mannes mit seinem Ba, Berlin 1969.

BARTH, K., Hiob, (hrsg. und eingel. von H. Gollwitzer, BSt 49, Neukirchen-Vluyn 1966.

BAUKS, M., »Was ist der Mensch, dass du ihn großziehst?« (Hiob 7,17) – Überlegungen zur narrativen Funktion des Satans im Hiobbuch, in: M. Bauks / K. Liess / P. Riede (Hg.), Was ist der Mensch, dass du seiner gedenkst? (Psalm 8,5). Aspekte einer theologischen Anthropologie, FS B. Janowski, Neukirchen-Vluyn 2008, 1–13.

— »Chaos« als Metapher für die Gefährdung der Weltordnung, in: B. Janowski / B. Ego (Hg.), das biblische Weltbild und seine altorientalischen Kontexte, FAT 32, Tübingen 2001, 431–464.

BERGES, U., Der Ijobrahmen (Ijob 1,1–2,10;42,7–17). Theologische Versuche angesichts unschuldigen Leidens, BZ 39, 1995, 225–245.

BLOCH, E., Atheismus im Christentum, Frankfurt a. M. 1968.

— Das Prinzip Hoffnung, Bd. III, Frankfurt a. M. ³1976.

BLUMENTAL, E., Hiob und die Harfnerlieder, ThLZ 115, 1990, 721–730.

BONHOEFFER, D., Widerstand und Ergebung. Briefe und Aufzeichnungen aus der Haft, DBW 8, München 1998.

BROCK-UTNE, A., »Der Feind«. Die alttestamentliche Satansgestalt im Lichte der sozialen Verhältnisse des nahen Orients, Klio 28, 1935, 219–227.

BRUNNER, H., Altägyptische Weisheit. Lehren für das Leben, Darmstadt 1988.

BUBER, M., Schriften zur Philosophie, Werke Bd. I, Heidelberg 1962.

— Die Schriftwerke, in: Die Schrift verdeutscht von M. Buber gemeinsam mit F. Rosenzweig, Heidelberg 1976.

BÜCHNER, G., Dantons Tod, Kritische Studienausgabe hrsg. v. P. v. Becker, Frankfurt a. M. ²1985.

CRÜSEMANN, F., Das Gericht im Tor – eine staatliche Rechtsinstanz, in: J. Hausmann / H-J. Zobel (Hg.), Alttestamentlicher Glaube und Biblische Theologie, FS H. D. Preuß, Stuttgart u. a. 1992, 69–79.

Dietrich, J., Über Ehre und Ehrgefühl im Alten Testament, in: B. Janowski / K. Liess (Hg.), Der Mensch im Alten Israel. Neue Forschungen zur alttestamentlichen Anthropologie, HBS 59, Freiburg 2009, 419–452.

Dietrich, W. / Link, Chr., Die dunklen Seiten Gottes, Bd. 1, Willkür und Gewalt, Bd. 2, Allmacht und Ohnmacht, Neukirchen-Vluyn ²1997 u. 2000.

Dubach, M., Trunkenheit im Alten Testament. Begrifflichkeit – Zeugnisse – Wertung, BWANT 184, Stuttgart 2009.

Ebach, J., »Ist es ›umsonst‹, dass Hiob gottesfürchtig ist?« Lexikographische und methodische Marginalien zu חנם in Hi 1,9, in: Ders., Hiobs Post. Gesammelte Aufsätze zum Hiobbuch, zu Themen biblischer Theologie und zur Methodik der Exegese, Neukirchen-Vluyn 1995, 15–31.

— Gott und die Normativität des Faktischen. Plädoyer für die Freunde Hiobs, in: Ders., Hiobs Post. Gesammelte Aufsätze zum Hiobbuch, zu Themen biblischer Theologie und zur Methodik der Exegese, Neukirchen-Vluyn 1995, 55–66.

— Streiten mit Gott, Hiob Teil 1 (Hi 1–20); Hiob Teil 2 (Hi 21–42), Neukirchen-Vluyn 1996.

— Die Einheit von Sehen und Hören. Beobachtungen und Überlegungen zu Bilderverbot und Sprachbildern im Alten Testament, in: R.-M. Jacobi / B. Marx / G. Strohmaier-Wiederanders (Hg.), Im Zwischenreich der Bilder, Erkenntnis und Glaube 35, Leipzig 2004, 77–104.

Feldmeier, R. / Spieckermann, H., Der Gott der Lebendigen. Eine biblische Gotteslehre, TOBITH 1, Tübingen 2011.

Fohrer, G., Das Buch Hiob, KAT, Berlin 1967.

Freuling, G., »Wer eine Grube gräbt …«. Der Tun-Ergehen-Zusammenhang und sein Wandel in der alttestamentlichen Weisheitsliteratur, WMANT 102, Neukirchen-Vluyn 2004.

Fuchs, G., Mythos und Hiobdichtung. Aufnahme und Umdeutung altorientalischer Vorstellungen, Stuttgart u. a. 1993.

Gehlen, A., Der Mensch, seine Natur und seine Stellung in der Welt, Bonn ⁴1950.

Görg, M., Bildad, NBL I, Zürich 1991, 295.

Gunkel, H., Das Märchen im Alten Testament, Frankfurt a. M. 1987.

Gutbub, A., Die vier Winde im Tempel von Kom Ombo (Oberägypten), in: O. Keel, Jahwe-Visionen und Siegelkunst, SBS 84/85, Stuttgart 1977, 328–353.

HECKL, R., Hiob – vom Gottesfürchtigen zum Repräsentanten Israels, FAT 70, Tübingen 2010.

— Die Figur des Satans in der Rahmenerzählung des Hiobbuches, unpubliziert, erscheint demnächst in *leqach* 10, Leipzig 2011.

HERMISSON, H.-J., »Ich weiß, dass mein Erlöser lebt« (Hiob 19,23–27), in: M. Witte (Hg.), Gott und Mensch im Dialog, FS O. Kaiser, BZAW 345 II, Berlin / New York 2004, 667–688.

— Gott und das Leid. Eine alttestamentliche Summe, ThLZ 128, 2003, 4–18.

— Notizen zu Hiob, ZThK 86, 1989, 125–139.

— Nachwort: Das Alte Testament und die Märchen, in: H. Gunkel, Das Märchen im Alten Testament, Frankfurt a. M. 1987, 191–202.

HEYMEL, M., Trost für Hiob. Musikalische Seelsorge, München 1999.

HORNUNG, E., Das Totenbuch der Ägypter, eingeleitet, übersetzt und erläutert von Dems., Zürich/München 1993.

HORST, F., Hiob. Kapitel 1–19, BK XVI/1, Neukirchen-Vluyn ⁴1983.

HOSSFELD, F.-L., Graue Panther im Alten Testament? Das Alter in der Bibel, ArztChr 36, 1–11.

HOUTMAN, C., Der Himmel im Alten Testament. Israels Weltbild und Weltanschauung, OT.S 30, Leiden 1993.

ISER, W., Das Fiktive und das Imaginäre. Perspektiven literarischer Anthropologie, Frankfurt/M. 1991.

JANOWSKI, B., Rettungsgewissheit und Epiphanie des Heils. Das Motiv der Hilfe Gottes »am Morgen« im Alten Orient und im Alten Testament, Bd. I. Alter Orient, WMANT 59, Neukirchen 1989.

— JHWH und die Toten. Zur Geschichte des Todes im alten Israel, in: A. Berlejung / B. Janowski (Hg.), Tod und Jenseits im alten Israel und in seiner Umwelt, FAT 64, Tübingen 2009, 447–477.

— Die Tat kehrt zum Täter zurück. Offene Fragen im Umkreis des »Tun-Ergehen-Zusammenhangs«, in: Ders., Die rettende Gerechtigkeit. Beiträge zur Theologie des Alten Testaments 2, Neukirchen-Vluyn 1999, 167–191.

— »Die Erde ist in die Hand eines Frevlers gegeben«. Zur Frage nach der Gerechtigkeit Gottes im Hiobbuch, in: H. Lichtenberger / H. Zweigle (Hg.), Wo ist Gott? Die Theodizee-Frage und die Theologie im Pfarramt, Theologie Interdisziplinär 7, Neukirchen-Vluyn 2009, 1–18.

JONAS, H., Der Gottesbegriff nach Auschwitz. Eine jüdische Stimme, Frankfurt a. M. 1987.

JUNG, C.G., Antwort auf Hiob, Zürich 1952.

KAISER, G. / MATHYS, H.-P., Das Buch Hiob. Dichtung als Theologie, Berlin 2010.

KANT, I., Über das Mißlingen aller philosophischen Versuche in der Theodicee, in: A. Messer (Hg.), Kants Werke Bd. III, Berlin/Leipzig o. J., 702–718.

KÄPPEL, L., Phoinix [5], DNP 9, Stuttgart/Weimar 2000, 937–938.

KEEL, O., Jahwes Entgegnung an Ijob. Eine Deutung von Ijob 38–41 vor dem Hintergrund der zeitgenössischen Bildkunst, FRLANT 121, Göttingen 1978.

KIEFER, J., Exil und Diaspora. Begrifflichkeit und Deutungen im antiken Judentum und in der hebräischen Bibel, ABG 19, Leipzig 2005.

KIERKEGAARD, S., Die Wiederholung. Ein Versuch in der experimentellen Psychologie, in: Ders., Werke 5./6. Abteilung, Gütersloh, 1–97.

KNAUF, E. A., Hiobs Heimat, WO 19, 1988, 65–83.

— Tema/Teman, NBL III, Zürich 2001, 799.

— Zofar, NBL III, Zürich 2001, 1224.

KÖHLMOOS, M., Das Auge Gottes. Textstrategie im Hiobbuch, FAT 25, Tübingen 1999.

KREUZER, S., Zahl, NBL III, Düsseldorf/Zürich 2001, 1155–1169.

KRÜGER, TH., Did Job Repent?, In: Th. Krüger / M. Oeming / K. Schmid / Chr. Uehlinger (Hg.), Das Buch Hiob und seine Interpretationen, AThANT 88, Zürich 2007, 217–229.

KUNZ-LÜBCKE, A., Hiob prozessiert mit Gott – und obsiegt – vorerst (Hiob 31), in: Th. Krüger / M. Oeming / K. Schmid / Chr. Uehlinger (Hg.), Das Buch Hiob und seine Interpretationen, AThANT 88, Zürich 2007, 263–291.

LANGENHORST, G., Hiob unser Zeitgenosse. Die literarische Hiob-Rezeption im 20. Jahrhundert als theologische Herausforderung, Mainz ²1995.

LEIBNIZ, G. W., Versuch in der Theodicée über die Güte Gottes, die Freiheit des Menschen und den Ursprung des Übels, in: Ders., Philosophische Werke Bd. 4, Hamburg 1996.

LÉVINAS, E., Schwierige Freiheit. Versuch über das Judentum, Frankfurt a. M. 1992.

LIPINSKI, E., נָחַל nāḥal, ThWAT V, Stuttgart u. a. 1986, 342–360.

LUX, R., Die Weisen Israels. Meister der Sprache, Lehrer des Volkes, Quelle des Lebens, Leipzig 1992.

— Narratio – Disputatio – Acclamatio. Sprachformen des Leidens und seiner Überwindung im Hiobbuch, in: G. Schneider-Flume / D. Hiller (Hg.), Dogmatik erzählen? Die Bedeutung des Erzählens für eine biblisch orientierte Dogmatik, Neukirchen-Vluyn 2005, 83–99.

— Der leidende Gerechte als Opfer und Opferherr in der Hiob-
novelle, *leqach* 5, Leipzig 2004, 41–57.

— Das Böse – warum lässt Gott das zu? Hiobs Fragen an den
Gott, der der Allmächtige ist, in: Leben im Schatten des Bösen. Eine Vortragsreihe im Berliner Dom, Neukirchen-Vluyn
2004, 26–49.

— Alter und Weisheit. Reflexionen über die Lebenskunst des Al-
terns in den biblischen Weisheitsschriften, in: K. KÜHL / G. SE-
HER (Hg.), Rom, Recht, Religion, FS U. Ebert, Politika 5, Tübingen 2011, 629–644.

— »Musik« eine Gottesmetapher? Anmerkungen zu Ex 15,2; Jes
12,2; 118,14, MuB 17 (Mitteilungen und Beiträge der For-
schungsstelle Judentum der Theologischen Fakultät Leipzig),
1999, 34–44.

MAAG, V., Hiob. Wandlung und Verarbeitung des Problems in
Novelle, Dialogdichtung und Spätfassungen, FRLANT 128,
Göttingen 1982.

MARQUARD, O., Zukunft braucht Herkunft. Philosophische Es-
says, Stuttgart 2003.

— Entlastungen. Theodizeemotive in der neuzeitlichen Philosophie, in: Ders., Zukunft braucht Herkunft. Philosophische Es-
says, Stuttgart 2003, 124–145.

MARX, A., Opferlogik im alten Israel, in: B. Janowski / M. Welker,
Opfer. Theologische und kulturelle Kontexte, Frankfurt a. M.
2000, 129–149.

MATHYS, H.-P., Vier Exkurse, in: G. Kaiser / H.-P., Mathys, Das
Buch Hiob. Dichtung und Theologie, Berlin 2010, 173–205.

MEINHOLD, A., Zum Verständnis des Elterngebotes, in: Ders.,
Zur weisheitlichen Sicht des Menschen. Gesammelte Aufsätze, ABG 6, Leipzig 2002, 61–70.

— »Leben auf Dauer« als Argumentationsmetapher. Die
Alternative zu altorientalischen Selbsterhaltungsstrategien in
Hiob 19*, in: M. Bauks / K. Liess / P. Riede (Hg.), Was ist der
Mensch, dass du seiner gedenkst? (Psalm 8,5). Aspekte einer
theologischen Anthropologie, FS B. Janowski, Neukirchen-
Vluyn 2008, 351–361.

MICKEL, T., Seelsorgerliche Aspekte im Hiobbuch. Ein Beitrag
zur biblischen Dimension der Poimenik, ThA XLVIII, Berlin
1990.

MÜLLER, H.-P., Das Hiobproblem. Seine Stellung und Entstehung
im Alten Orient und Alten Testament, EdF 84, Darmstadt 1978.

— Altes und Neues zum Buch Hiob, in: Ders., Mensch – Umwelt
– Eigenwelt. Gesammelte Aufsätze zur Weisheit Israels, Stutt-
gart/Berlin/Köln 1992, 101–120.

— Gottes Antwort an Ijob und das Recht religiöser Wahrheit, in: Ders., Mensch – Umwelt – Eigenwelt. Gesammelte Aufsätze zur Weisheit Israels, Stuttgart/Berlin/Köln 1992, 121–142.

— Welt als ›Wiederholung‹. Sören Kierkegaards Novelle als Beitrag zur Hiobinterpretation, in: R. Albertz / H.-P. Müller / H. W. Wolff / W. Zimmerli (Hg.), Werden und Wirken des Alten Testaments, FS C. Westermann, Göttingen 1980, 355–372.

MULZER, M., Elifas, NBL I, Zürich 1991, 515.

NEEF, H.-D., Gottes himmlischer Thronrat. Hintergrund und Bedeutung von *sod JHWH* im Alten Testament, Ath 79, Stuttgart 1994.

OBERHÄNSLI-WIDMER, G., Hiob in jüdischer Antike und Moderne. Die Wirkungsgeschichte Hiobs in der jüdischen Literatur, Neukirchen-Vluyn, 1998.

OEMING, M. / SCHMID, K., Hiobs Weg. Stationen von Menschen im Leid, BThSt 45, Neukirchen-Vluyn 2001.

OORSCHOT, J. VAN, Die Entstehung des Hiobbuches, in: Th. Krüger / M. Oeming / K. Schmid / Chr. Uehlinger (Hg.), Das Buch Hiob und seine Interpretationen, AThANT 88, Zürich 2007, 165–184.

OTTO, R., Das Heilige. Über das Irrationale in der Idee des Göttlichen und sein Verhältnis zum Rationalen, München [35]1963.

POHLMANN, K.-F., Der Prophet Hesekiel/Ezechiel Kapitel 1–19, ATD 22/1, Göttingen 1996.

PREUSS, H.-D., Einführung in die alttestamentliche Weisheitsliteratur, Stuttgart u. a. 1987.

RAD, G. VON, Weisheit in Israel, Neukirchen-Vluyn 1970.

RIEDE, P., »Ich bin ein Bruder der Schakale« (Hi 30,29). Tiere als Exponenten der gegenmenschlichen Welt in der Bildsprache der Hiobdialoge, in: A. Lange / H. Lichtenberger / K. F. D. Römheld (Hg.), Die Dämonen. Die Dämonologie der israelitisch-jüdischen und frühchristlichen Literatur im Kontext ihrer Umwelt, Tübingen 2003, 292–306.

ROHDE, M., Der Knecht Hiob im Gespräch mit Mose. Eine traditions- und redaktionsgeschichtliche Studie zum Hiobbuch, ABG 26, Leipzig 2007.

SCHMID, K., Hiob als biblisches und antikes Buch. Historische und intellektuelle Kontexte seiner Theologie, SBS 219, Stuttgart 2010.

— Innerbiblische Schriftdiskussion im Hiobbuch, in: Th. Krüger / M. Oeming / K. Schmid / Chr. Uehlinger (Hg.), Das Buch Hiob und seine Interpretationen, AThANT 88, Zürich 2007, 241–261.

SCHNEIDER-FLUME, G., Der Realismus der Barmherzigkeit in der Gesellschaft. Überlegungen zur theologischen Debatte um die Bioethik, in: Dies., Glaube in einer säkularen Welt. Ausgewählte Aufsätze, Leipzig 2006, 223–239.

SCHOLEM, G., Zur Kabbala und ihrer Symbolik, Frankfurt a. M. ²1977.

SCHROER, S., Trauerriten und Totenklage im Alten Israel. Frauenmacht und Machtkonflikte, in: A. Berlejung / B. Janowski (Hg.), Tod und Jenseits im alten Israel und in seiner Umwelt, FAT 64, Tübingen 2009, 299–321.

— Das Buch Ijob feministisch lesen?, BiKi59, 2004, 73–77.

SCHWEMER, Altbabylonische therapeutische Texte, TUAT.NF 5, Gütersloh 2010, 35–45.

SCHWARZ-BART, A., Der Letzte der Gerechten, Berlin ⁴1982.

SCHWEMER, Altbabylonische therapeutische Texte, TUAT.NF 5, Gütersloh 2010, 35–45.

SITZLER, D., Vorwurf gegen Gott: ein religiöses Motiv im Alten Orient (Ägypten und Mesopotamien), Wiesbaden 1995.

SODEN, W. VON, Texte der Umwelt des Alten Testaments (TUAT), III/1, Gütersloh 1990, 110–135.

SPIECKERMANN, H., Die Satanisierung Gottes. Zur inneren Konkordanz von Novelle, Dialog und Gottesreden im Hiobbuch, in: I. Kottsieper (Hg.), »Wer ist wie du, Herr, unter den Göttern?«. Studien zur Theologie und Religionsgeschichte Israels, FS O. Kaiser, Göttingen 1994, 431–444.

— Dies irae. Der alttestamentliche Befund und seine Vorgeschichte, VT 39, 1989, 194–208.

STIER, F., Das Buch Ijjob. Hebräisch und Deutsch, München 1954.

STRAUSS, H., Hiob. Kapitel 19,1–42,17, BK XVI/2, Neukirchen-Vluyn 2000.

TERTULLIAN, Q.S.F., De praescriptione haereticorum, Fontes Christiani, Bd. 42, Turnhout 2002.

UEHLINGER, CHR., Das Hiob-Buch im Kontext der altorientalischen Literatur- und Religionsgeschichte, in: Th. Krüger / M. Oeming / K. Schmid / Chr. Uehlinger (Hg.), Das Buch Hiob und seine Interpretationen, AThANT 88, Zürich 2007, 97–163.

WILDBERGER, H., Das Hiobproblem und seine neueste Deutung, in: Ders., Jahwe und sein Volk. Gesammelte Aufsätze zum Alten Testament, München 1979, 9–27.

WILDE, A. DE, Das Buch Hiob, OT.S XXII, Leiden 1981.

WILLI-PLEIN, I., Opfer und Kult im alttestamentlichen Israel: Textbefragungen und Zwischenergebnisse, SBS 153, Stuttgart 1993.

— ŠWB ŠWBT – eine Wiedererwägung, in: Dies. Sprache als

Schlüssel. Gesammelte Aufsätze zum Alten Testament, Neukirchen-Vluyn 2002, 189–2008.

WITTE, M., Das Hiobbuch (Ijob), in: J. Chr. Gertz (Hg.), Grund-
information Altes Testament, UTB 2745, Göttingen [3]2009,
432–445.

— Vom Leiden zur Lehre. Der dritte Redegang (Hi 21–27) und
die Redaktionsgeschichte des Hiobbuches, BZAW 230, Berlin
/ New York 1994.

ABBILDUNGSVERZEICHNIS

Abb. 1: *Keel, O.*, Die Welt der altorientalischen Bildsymbolik und
das Alte Testament. Am Beispiel der Psalmen, Benziger Verlag Neukirchener Verlag, Zürich/Einsiedeln/Köln/Neukir-
chen-Vluyn 1972, 69, Abb. 91.

Abb. 2: *Keel, O.*, Die Welt der altorientalischen Bildsymbolik, 189,
Abb. 287.

Abb. 3: *Hornung, E.*, Das Totenbuch der Ägypter, Goldmann,
München 1993, 184, Abb. 49.

Abb. 4: *Keel, O.*, Die Welt der altorientalischen Bildsymbolik und
das Alte Testament. Am Beispiel der Psalmen, Benziger Verlag Neukirchener Verlag, Zürich/Einsiedeln/Köln/Neukir-
chen-Vluyn 1972, 193, Abb. 291.

Abb. 5: *Koch, H.*, Es kündet Dareios der König … Vom Leben im
Persischen Großreich, Reihe: Kulturgeschichte der Antiken
Welt Bd. 55, Verlag Ph. v. Zabern, Mainz 1992, 15, Abb. 5.

Abb. 6: *Keel, O.*, Die Welt der altorientalischen Bildsymbolik und
das Alte Testament. Am Beispiel der Psalmen, Benziger Verlag Neukirchener Verlag, Zürich/Einsiedeln/Köln/Neukir-
chen-Vluyn 1972, 63, Abb. 83.

Abb. 7: *Schroer, S. / Keel, O.*, Die Ikonographie Palästinas / Israels
und der Alte Orient – eine Religionsgeschichte in Bildern.
[IPIAO] Bd. 1, Academic Press, Fribourg, 301, Abb. 203.

Abb. 8: *Keel, O.*, Jahwes Entgegnung an Ijob, Eine Deutung von
Ijob 38–41 vor dem Hintergrund der zeitgenössischen Bildkunst, FRLANT 121, Göttingen 1978, 137, Abb. 78.

Abb. 9: *Keel, O.*, Jahwes Entgegnung an Ijob, 145, Abb. 83b.

Abb. 10: *Heymel, M.*, Trost für Hiob. Musikalische Seelsorge,
Strube, München 1999, 168, Abb. 1.

Abb. 11: *Heymel, M.*, Trost für Hiob, 176, Abb. 10.